丝路百城传

丝路百城传

"丝路百城传"丛书编委会和编辑部

编委会

主　任：杜占元

常务副主任：陆彩荣

副主任：刘传铭

委　员：（按姓氏笔画排序）

丁　方　万俊人　马汝军　王卫民　王子今

王邦维　王守常　吕章申　邬书林　刘文飞

齐东方　李敬泽　连　辑　邱运华　辛　峰

张　帆　张　炜　陈德海　胡开敏　徐天进

徐贵祥　诺罗夫（乌）　黄　卫　龚鹏程

阎晓宏　彭明哲　葛剑雄　谢　刚

编辑部

主　任：马汝军　胡开敏

副主任：邹懿男　文　芳

委　员：简以宁　蔡莉莉　陈丝纶

KAIFENG
THE BIOGRAPHY

夷门自古帝王州

开封传

刘海永 —— 著

出版说明

2013年,中国国家主席习近平向世界提出共建"一带一路"的倡议。自提出以来,"一带一路"倡议深刻影响世界,逐渐从理念转化为行动,从愿景转变为现实,建设成果丰硕,得到国际社会热烈响应。

古丝绸之路打开了各国各民族交往的窗口,书写了人类文明进步的历史篇章。新时代共建"一带一路"的实践,为沿线国家和地区相向而行、互学互鉴提供了平台,促进了不同国家和地区、不同民族、不同文化、不同文明的深入交流。

城市是人类文明的结晶。"一带一路"沿线的城市中,蕴藏着人类千年的历史、多元的文化和无尽的动人故事。我们希望通过出版"丝路百城传",展现每座城市独一无二的历史和性格,汇聚出丰富多彩、生动可感的"一带一路"大格局,增进文化交流和文明互鉴。

这是一次前所未有的出版探索,我们虽竭尽全力,也深知有诸多不足。期待这套丛书能够得到读者的喜欢,也期待更多的读者、作者、专家、学者等各界朋友们对我们的出版工作给予指正。

"丝路百城传"丛书编辑部

第一章　雕栏古风应犹在　先秦典籍传遗韵

　　八朝古都文明微光 / 3
　　老开封从这里起步 / 12
　　重返典籍历史现场 / 16
　　玉振金声吹台雅韵 / 20

第二章　驼铃古道丝绸路　胡马犹闻中原风

　　嫘祖，养蚕缫丝教先民 / 27
　　汴州，水陆要冲连丝路 / 31
　　开封，丝绸之路新起点 / 35
　　香料，宝马雕车香满路 / 43
　　繁塔，砖雕铭刻丝路旅 / 49
　　汴绣，十指春风摹宋韵 / 54
　　汴绸，驰名天下景文州 / 59

第三章　魏王此地昔为都　琪树明霞五凤楼

　　大梁，列国名城闪光彩 / 67
　　火魏，悲风千里梁都毁 / 74
　　梁园，文人雅士的乐园 / 82
　　陈留，开封不尽此地兴 / 87
　　开封，国家水运互联网 / 92

第四章　你方唱罢他登场　城头变幻大王旗

　　后梁，启幕开封国都史 / 101

后晋，开封从此称东京 / 106

后汉，短命的开国皇帝 / 111

郭威，黄袍加身创始人 / 116

柴荣，壮志未酬事堪哀 / 121

第五章　曾观大海难为水　除去梁园总是村

最佳导演赵匡胤 / 129

不择手段赵光义 / 143

三城环套水润城 / 153

观习水战与民乐 / 163

州桥南北是天街 / 169

天圣铜人是国礼 / 176

题名记中群星灿 / 181

亡宋原来是石头 / 187

第六章　大河浩浩汤汤　浪花淘尽英雄

名冠诸侯信陵君 / 195

李勉筑守汴州城 / 203

韩愈遭遇汴州乱 / 209

丝路三贤会中州 / 214

一代词帝殉汴京 / 222

家国情怀书梦华 / 229

清明上河绘神品 / 235

汴京记忆诉兴亡 / 242

第七章　河底日隆堤日高　黄河竟是天上涛

王府遗址新地标 / 251

于谦铁犀镇河妖 / 258

水淹开封城毁灭 / 263

抗旨保固开封城 / 270

黄河归故硝烟起 / 278

第八章　等闲识得东风面　万紫千红总是春

皇家寺院市井风情 / 287

科举制度在此终结 / 297

近代教育在这启航 / 304

冯玉祥建设新开封 / 310

第九章　黄河名都醉开封　"一带一路"助复兴

中原民居"线装书" / 317

古城老街宋朝味 / 324

文脉传承贯古今 / 335

满城尽带黄金甲 / 343

丝路黄河汴京城 / 352

后　记 / 361

KAIFENG
THE BIOGRAPHY

开封传

雕栏古风应犹在　先秦典籍传遗韵

第一章

北望思逢泽,

千年古汴流。

羊湖犹淼阔,

沙海自沉浮。

——清 汪价《汴梁感怀》

八朝古都文明微光

开封古称汴州、汴京、东京、汴梁等,地处中原腹地、黄河之滨,是中国首批国家历史文化名城之一,迄今已有4100余年的建城史和建都史。先后有夏朝,战国时期的魏国,五代时期的后梁、后晋、后汉、后周,宋朝,金朝等在此定都,因此有"八朝古都"之称。开封是古人类繁衍生息之地,也是中国古代文明的主要发祥地,中华文明起源最早的地区之一。

文明的曙光早在新石器时代就已在此开"封"。

远古文明在这里闪烁

说起文化遗存,先说一下开封市杞县"一溜十八岗"的事儿。远古时期,杞县有很多高岗,段岗、牛角岗、陶陵岗、鹿台岗、伯牛岗等,从杞县的东北向西南方向有"一溜十八岗"的说法。因为黄河水泛滥,淤泥不断淤积,有的地方还余留十多米高的丘陵,显示着曾经的高度。传说被考古慢慢验证,大部分有"岗"的地方后来都有文物出土,史前文明在开封散发出微光,寻常百姓的田野下面竟然有远古的文化层堆。

竹林仰韶文化遗址在河南省开封市杞县竹林村北土岗上,文化层分布在土岗顶端南侧,上部为扰土层,下部为遗址,遗址分为东西两片,总面积

椅圈马遗址挖掘现场（拍摄于开封市博物馆）

28200平方米。1983年勘探有泥质红陶片、灰陶片、夹砂灰陶片、烧骨、烧土、野猪骨、鹿角等遗物。采集有泥质红陶壶口沿，夹砂灰陶罐口沿，外部平光发亮，除有慢轮（又称转盘）修整的痕迹外，没有纹饰，有早期手制痕迹，陶坯内壁有指纹等。1986年公布为省级文物保护单位。

椅圈马遗址位于河南省尉氏县大营乡椅圈马村东南的台地上。遗址总面积约20000平方米，原为一处高地，后因群众取土遭到破坏，形成了一处稍高于周围地面的坡状台地。1992年考古发掘，揭露面积620平方米，清理房基3座、灰坑86个、墓葬49座。发现了一批较为丰富的仰韶文化大河村类型的遗迹和遗物。其文化内涵包括有新石器时代早、中期遗存，出土文物100余件，主要有石斧、石刀、骨针、陶环、彩陶壶等。该遗址地处东、西、南、北文化交汇区，文化面貌较有特色。现为河南省文物保护单位。

"逐鹿中原"从这里启航

开封地区龙山文化遗存主要发现于段岗遗址和鹿台岗遗址,其中鹿台岗遗址尤为丰富。

段岗遗址现为全国重点文物保护单位,位于开封市杞县高阳镇段岗村北部台地上,现存遗址范围东西宽约200米,南北长400米左右。1989年发掘的时候,考古人员把田野中的地块分成很多平整的方块,均匀布满洛阳铲的探洞,勾连出来的泥土夹杂着地下土层的文化信息。那一次考古,共发现灰坑75个、灰沟3条、残房基1处、墓葬2座。第二年又进行一次发掘,专家判断为龙山文化至晚商及春秋时期遗址。段岗遗址修复的器物达一百余件,陶器上装饰的夔龙纹和二里头文化早期陶器上的饕餮纹,雕刻精细,在国内尚属首次发现。该遗址的发掘为探讨中原地区和东方沿海古文化的分界与相互关系提供了实物证据。

先秦时期的开封杞县,曾是中原逐鹿,争夺天下的重要区域。这就不得

鹿台岗遗址考古现场(拍摄于开封市博物馆)

不提起鹿台岗遗址了，该遗址位于杞县裴村店乡鹿台岗村西部。1959年，河南省文物工作者专门到此地进行考察。在考察期间，他们发掘、采集到了鬲腿、鬲当、泥质灰色陶器残片以及砂质褐色陶片、鹿角化石、蛋壳陶片、骨针等文物。1990年发掘的遗址面积约19000平方米，出土了大量陶器、骨器、角器、蚌器、石器以及少量的铜器等遗物，文化遗迹有房基、窑穴、烧灶、排水沟等。包含有仰韶文化、龙山文化、下七垣文化（或称先商文化）、岳石文化、商文化和春秋时期等不同时期的古文化遗址。2006年4月，鹿台岗遗址被国务院公布为第六批全国重点文物保护单位。

鹿台岗遗址是一个有故事的地方。在古代这里有方圆数百里的沼泽，沼泽地里有一块凸出的高岗。当时高岗上居住着一个氏族部落，这个氏族部落以打猎为生。一天，高岗上的氏族首领发现了一群鹿，于是他率领族人围剿鹿群，恰好有另一氏族部落的人也发现了这群鹿，他们在首领的带领下，正从另一方向向鹿群追去。后来，在两个部落的夹击下，鹿群全被捕获。面对战利品，两个部落的人都想据为己有或者多分一些，双方都不肯退让。于是发生冲突，从局部械斗到集体战斗，双方都死伤无数。最后，居住在高岗上的氏族获胜。为了纪念这次斗争的胜利，高岗上的部落就将高岗命名为"得鹿岗"，清代写成"鹿台岗"。鹿台岗宛如一部古代的厚重史书，记载并见证了部族之间的血雨腥风和兴衰交替。鹿台岗在夏朝时期就达到了鼎盛时期，当时以鹿台岗为界，形成了华夏、东夷、先商三大部族三足鼎立的局面。成为黄河中下游豫东地区各部族交往、角逐和融合的中心。

东夷部落发明了带羽毛的弓箭、创造了对汉字具有启蒙作用的东夷文字，青铜器制作、冶铁、制造舟车以及治水和农业发展，影响并推进了紧邻的华夏部落文化的发展。当时相对落后的中原华夏部落吸收了先进的东夷文化后渐渐进入文明社会，历经伏羲、神农、炎黄直到夏商两代，进而超越东夷文化，最终华夏族起到了文明的主导作用。

文字始祖在这里造字

仓颉，原姓侯冈，名颉，俗称仓颉先师，又称史皇氏，又曰苍王、仓圣。在仓颉的后裔中，有一支是夷门氏。《史记》中有"夷门者，城之东门也"。开封文史专家孔宪易先生认为，这个夷门乃仓颉氏后人夷门氏居住的地方，大梁东门因夷门氏而得名。夷门氏早于大梁城，侯嬴之所以能为"大梁夷门监者"，是因为侯氏也是仓颉后裔中的一支，所以祖居于此。开封城西有个仓家寨（今仓寨），现已划归中牟县，

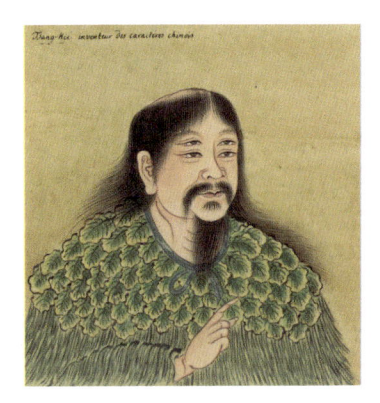

仓颉（摘自《历代帝王圣贤名臣大儒遗像》，法国国家图书馆藏。）

村中仓姓自称系仓颉后裔，早年他们曾多次到仓颉墓祭祖。

仓颉墓的遗址，全国有多处，而开封这处墓葬却被学界认为真实可信。孔宪易先生在1990年撰文指出："开封城北的仓颉冢比较早些、可靠些，而白水、寿光、东阿、虞城等地的仓颉冢、庙属于纪念性的冢庙。"墓东南约300米处有一方形土丘，高1.5米，占地约30平方米，相传为仓颉造字台。旧时台上有石牌坊、仓颉庙，庙于明末清初时被拆。台基已被铲平，现在造字台上已栽上树木。据说，造字台附近地下还埋有石碑一通。民国初年，仓姓后裔还来认祖宗。村里人说他们是抹帽认祖宗，因为过去仓颉也写作"苍颉"，去掉草字头就像去掉了帽子一样。仓姓后裔把造字台上的白杨树砍伐几棵卖掉，又扒坟寻找宝物，被村附近的几个秀才制止，并控告到开封县衙，经过官方调查落实，惩罚了那批仓姓后裔，令其用牛羊大祭仓颉才算了结。这个事件在1922年4月21日出版的《两河新闻》报纸"本省新闻"中有记载——《北乡学界保存古迹》。

仓颉可能是古代造字的集大成者，他吸取了前人经验，创造出独有的汉字。至少在战国时候，就公认汉字的发明权属于仓颉了。《荀子·解蔽》中就有："好书者众矣，而仓颉独传者壹也。"史书记载，仓颉发明文字，顷刻之

开封市仓颉陵

间,"天雨粟,鬼夜哭"。天雨粟,是说天上像下雨一样把米撒下来,表示上天的祝贺。因为这给人类文化提供了利器,故此,万民匍匐在地,顶礼膜拜。鬼夜哭,是说有了文字以后,民智一开,世无宁日,灾祸亦将起。鬼知道这里面的厉害,老百姓从此再不会整日浑浑噩噩了,所以鬼就悲伤地哭了。仓颉造字震惊天地,堪称人文始祖。

宋太宗将开封《仓王造字碑》命名为《仓颉书》,编排刻印进宋代淳化、大观年间的《淳化阁》帖内。此帖也称《淳化秘阁法帖》,《仓颉书》4行28字,传为仓颉留下的文字。宋徽宗重新拓印上石,入《大观太清楼帖》。

开封为北宋都城,称作汴京,或称汴梁。京师各个官府办理文书的小官——胥吏,奉仓颉为胥吏之祖,每年秋季举行"赛神会",以祭祀仓颉。孟元老《东京梦华录》中多处提到仓王庙在外城之北,是都人出城探春及重阳登高之处。开封仓颉庙内原有一通仓颉造字碑,民国时期,庙毁碑存。20世纪80年代末,孔宪易和王宴春二位专家学者曾到刘庄考察,他们见到了石碑,碑高约4尺,宽约2尺,厚约四五寸,碑顶有篆书"碑记"二字,碑中有碗口大小楷书,隐约可见"古造字台……"诸字。

开封本地还有一个传说，说是"仓颉造字圣人猜，二十八字一未开"。说的是孔圣人一次路过这里，看见仓颉碑上的28个字，一个字也不认识。关于这通碑，开封流传：仓王造字碑上的字捶（拓）不走，碑上的文字可以捶拓下来，但是拓片一出仓王庙就变了样。现在碑已没有了，到底捶（拓）走、捶（拓）不走，已无从验证。

夏朝在这里走向了辉煌

一直以来，夏朝在史学的遥远地带，因为疏于文献记载和考古发现，开封老丘的定位一直没有结论。但是在民间语境中，老丘从遥远的传说走进了人们的视野。

早在1995年，开封地方文史专家王宴春先生就在《汴梁晚报》刊发《开封第一古都夏都老丘今安在？》一文。王宴春先生在文中说："据口碑相传老丘原是上古汉字创始人——仓颉氏大家族后裔的储粟子仓垣，后呼为仓垣城；因此地储有大量谷物，故夏帝杼迁都于此。"此处把仓垣城和仓王城混为一谈了。储粮的地方一定要选在地势高的地方，避免洪水损害。仓垣城传说是秦始皇在陈留建的大粮仓。司马迁在《郦生陆贾列传》中提到的陈留城中多积粟，郦食其建议刘邦占领陈留，其中一个重要的原因就是陈留存粮多。仓王城，一名仓皇城，其位置距离开封城东北10公里。老丘这个地方大致位置在今天的开封市祥符区国都里附近，仓垣城的位置在开封城东北23公里附近，南距现在的陈留镇18公里。仓垣城是在夏都老丘城的基础上建设而成的。

《太平寰宇记》则明确说老丘城在陈留县北45里。春秋时郑国的罕达在老丘打败了宋国的军队，齐国和卫国的国君曾一度住在蘧挐商议谋划着救宋。汉代为浚仪县仓垣亭。相传此处古时地势较高，平坦广阔，是抗御自然灾害、储粮建都的理想地址。

老丘城的位置如今是一个叫国都里的村庄，寻常的豫东乡村街景，普通的街道房舍。殊不知地下曾经是一个王朝的辉煌与记忆。

老丘的高岗已经在黄沙之下漫为平地，考古人员在国都里、刘京寨和陈寨村西进行勘察，1998年在国都里村距离地表11米处发现了一处夏代文化堆积层和大量的夏商时期文化特征的陶器残片，此次发现再一次证明了老丘城遗址的位置的可能性，为老丘文化内涵提供了有价值的线索。国都里村一带西距开封城（曹门）20公里。

在刘京寨经探测发现在汉代地层以下地势不平坦，多有起伏样地貌，地下13—15米尚未触及生土层。在地下9—10米地层发现绳纹灰陶片和布纹灰瓦片。夏朝是我国历史上建立的第一个奴隶制的中央王朝。在这470年中，夏王朝共迁都约有12次，每次迁都都有不同的因素，或是因为寻找粮草丰美之地，或是躲避敌人的侵扰找一避风港湾，或者励精图治发愤图强渴望中兴，或者抵御自然灾害寻找高地避免洪涝等等，但其政治、经济重心一直在淮河流域的中原地区。

夏朝是我国进入上古文明的开始，是一个十分重要的朝代。少康重新掌权夏朝，东夷诸部落时有叛乱，九夷中只有方夷来宾，向夏朝称臣纳贡。帝杼继承少康遗志，积极备战东征，传说是他发明了矛和甲，这些矛和甲制作精良，进攻和防御性能非常好。制造武器，扩充军队，训练杀敌本领，然后，帝杼便亲自率军东征，顺利地征服了分布在今河南东部、江苏北部和山东各地的夷人部落，一直打到东海之滨。军队所到之处，夷人部落的首领都来朝贺，纳贡称臣。3年后，东夷9个最强大的部族前来归顺夏王国，史称"九夷来御"。

夏朝统治者对都城老丘的长期经营，使之规模宏大热闹繁华。

夏朝大约从公元前2070年起至公元前1600年止，共470年，与《竹书纪年》记载基本相符。2013年10月17日至19日，中国古都学会2013年（开封）年会在开封召开，与会专家学者一致通过《中国古都学会2013年（开封）年会宣言》，宣言指出：根据古文献记载和文化遗存，早在4000多年以前，开封就是人文始祖带领部族生存活动的主要地区，是早期华夏文明重要的发祥地，为中华民族的早期文明做出了重要贡献。公元前21世纪夏朝建立后，至第七位夏王杼时，将国都设在位居中原腹地的老丘（开封）。夏定都于老丘历时200余年之久，这对推动中原地区的开发和夏王朝的兴盛，发挥了十分重要的作用。

老丘，开启中国第一个王朝在开封的文明之光。作为第一个世袭制王朝的重要都城，夏都老丘存在的意义和影响是巨大的，其时间之早、规模之巨、对后世的影响之大，超过了夏代任何一个都城。在当今中国的八大古都中，只有开封早在夏朝就曾经有过如此辉煌的建都历史。开封抢占了古都文明的先机。

老开封从这里起步

世界上没有一座城像开封这样，深埋于地下，触手可及，却无法清晰可见。地势高低不同，一边层层叠罗汉，一边又不完全堆叠，因为黄河的泥沙淤积，给考古工作带来了重重困难。夏都老丘的论证仅仅是文献的支撑，考古也只是同时期的类比参照。同样，大梁城的考古目前也是没有重大发现，仅仅知道了大致方位，地下水的渗透给古老的地下城注入了一层"保护伞"，层层黄沙给地下城穿上了层层铠甲。宛如一个怀春的贫寒少年，明明知道心爱的少女就在朱楼绣帘之后，却无法逾越高墙。老开封，面纱神秘，疑问重重。需要抽丝剥茧，层层剖析。

大梁城是毕公高所筑吗？

关于开封城垣营建的开始，据《北道刊误志》转引《城冢记》所记，大梁系三千多年前周文王的儿子毕公高所筑，即西周初期，约公元前12世纪末至公元前11世纪初，这是最早的记载。

毕公高是周文王姬昌第十五子，周武王姬发之弟。商朝末年，毕公高随周武王伐纣立下赫赫战功。西周建立后，毕公高被封于毕（今陕西省咸阳市北部），为公爵。周武王驾崩后，毕公高为顾命大臣之一，与周公、召公一起辅

启封故城遗址，2000年被河南省人民政府公布为省级文物保护单位。2013年5月被国务院核定为第七批全国重点文物保护单位。

政，使周王朝形成了"成康之治"的盛世。毕公高的子孙，数代以后绝封，成为庶人。其中有一位后裔名叫毕万，他在晋献公麾下立下辉煌的战功，被封在魏。毕万的子孙不断扩充势力就以魏为根据地建立了魏国，建都于安邑。

如果真是毕公高初筑大梁城，魏国迁都大梁似乎还是有关联的，毕竟是自己家的地盘儿嘛，祖宗的基业，后辈们继承过来也无可厚非。

启封故城是谁筑？

春秋时，开封境内有仪邑和启封两个城邑，仪邑系卫国属地。712年，开封（启封）县治移至汴州（今开封城所在地）城内，与原设在汴州城内的浚仪县同城，从而形成浚仪、开封二县同城而各有所辖的建制。而启封故城从唐贞观年间以后，久无修葺，逐渐荒废。宋代文人梅尧臣看到启封故城赋诗一首：

荒城临残日，鸡犬三四家。

岂复古阡陌，但问新桑麻。

颓垣下多穴，所窟狐与蛇。

汉兵堕铜镞，青血为土花。

——梅尧臣《过开封古城》

启封故城旧址在今开封南25公里处的古城村，如今城垣旧址还依然残存夯土堆。却已经不是"鸡犬三四家"了，附近已然有多个村落。只是被黄河泥沙淤积，不见当年城池的雄姿了。

启封故城是谁建的呢？我找到了下面3种说法：

大禹的儿子启。《帝王世纪》说禹避商均于浚仪。《太平御览》上说，大禹居住的阳城，本在大梁以南。开封以南有古城名"启封"，至今有城墙遗迹留存，附近有新石器时代遗物出土。启封者，启之封疆也，这座古城的得名，似乎与禹居阳城有关。启封这个名，相传是因夏启初封于此，以前曾有一座小禹（指夏启）庙。在古代夏禹父子在今开封一带居住过还是很有可能的。

启封故城出土的北魏《开封县郑胡铭》墓志砖，载"开封城西门西二百步，横道北五十步"，北魏时期郑氏家族墓地以东两百步之地的故城，就是开封城，和大梁城并非一地。

郑庄公。宋代吴曾的《能改斋漫录》说开封城是郑庄公所筑。《太平寰宇记》就提出了质疑，说不知道郑邓是什么人，恐怕搞错了吧。

共叔段。郑庄公的弟弟共叔段在母亲武姜面前很有面子，因为郑庄公出生的时候先出脚，武姜受到惊吓，十分讨厌这个逆生的孩子。武姜格外喜欢共叔段，他向郑武公提出要立共叔段为王，郑武公一直没答应。因有母后撑腰，共叔段从来不把哥哥放在眼里。武公去世后，庄公继位。武姜见扶植共叔段的计划失败，转而请求庄公将京邑（今河南荥阳东南）封给共叔段，庄公不好推辞，只好答应。郑国大夫知道后，认为将京邑封给共叔段，不合法度。这样下去恐怕将来失控。

共叔段得到京邑后，开始招兵买马，积蓄力量，准备推翻庄公。他将城池进一步扩大，还逐渐把郑国的西部和北部的一些地方据为己有。又将他的地盘向东北扩展到与卫国接壤。光绪《祥符县志》有一篇文章就质疑郑庄公建启封城——提出开封得名始于共叔段的开拓封疆。按照历史的发展进程，有可能是野心膨胀的共叔段占据郑国北部后在此地建立粮仓并武装城池。当时这个地方与卫国交界，再往北就是卫国的地盘了。

两个新里城

新里，战国时为周梁伯之地，位置在今开封城的西南。梁伯是受东周之封才来到在现今开封城西南20多公里的地方筑建了新里城。梁伯爱好土木工程，屡次修城却无人居住，民众疲倦得不能忍受。近代地理学家河南大学教授李长傅在《开封历史地理》中认为，在公元前4世纪中叶，魏国一方面想要控制中原，一方面要避秦国的武力威胁，梁惠王六年（前364）便把首都从山西高原的安邑迁到新里城附近，命名大梁。

汉武帝建元元年（前140）废新里而立浚仪县，属陈留郡。

但是后来开封东北又出现了一个新里，隋朝开皇十六年从浚仪县拆分一个新里县，位置在今天开封城的东北15公里附近。而春秋战国时期的新里城在开封城的西南方向20多公里。

重返典籍历史现场

春秋时，启封属于郑国，仪邑属于卫国。之间隔着一个逢泽，逢泽又名篷池。战国时逢泽先属宋国，后属魏国。

孔子经行　封人请见

春秋时期，仪邑是卫国的一座小城，在其西南边境。仪邑有个掌管边疆的"封人"，封人是诸侯国国境地界典守封疆的专门管理人员。孔子于卫灵公四十二年（前493）出卫去陈国，路过仪邑，仪邑封人请求见孔子。这位小官员见识高远求见孔子，可能担心孔子的弟子不肯引见，于是就采用了一番说辞，说凡是路过仪邑的有道德学问的君子，他都要亲自拜见，还没有一个是我没有见的呢，所谓"强龙不压地头蛇"，结果弟子们就为他引荐了孔子。

孔子当时在鲁国辞了官位，周游列国，到了卫国的仪邑，他没有官职，乃一介平民，没有人信任他。他的志向是宣传圣人之道，当时颇为落魄潦倒，将丧斯文。封人说，圣人之道是不会丧亡的，为什么圣人之道不会丧亡？因为天下无道已经很久了！上苍将以夫子为木铎啊！封人以"木铎"为喻，说老天将让夫子来教化世间，圣人虽不得位，必为天下制法。当时孔子仕途不顺，忽然之间遇到了知音。莫愁前路无知己，天下谁人不知君。仪邑的封人小吏唤醒了孔子的内心活力，他给了孔子以信心和鼓舞。他们是千古知己啊！

还有一种说法说仪邑在今天的兰考县境内，历史上的兰阳、仪封建县之始在金开兴元年。春秋时名为户牖，户牖与仪邑在春秋时各有其地。

所以，仪邑是在现在开封附近。战国时代，魏国击败楚国，势力北移，仪邑属于魏国，这就为后来梁惠王迁都大梁打下了坚实的基础。大梁就是在仪邑的基础上建设成一代名都的。

开封文庙广场的孔子塑像

孔子所见到的那名封人的故事，已经成为遥远的巨响。但是这段经典言论，依旧在《论语》里面熠熠闪光。

浚邑：重返《诗经》历史现场

春秋时期，在卫国南部边境，有一个小城邑叫"浚"，因邑北有浚水而得名。浚与郑国的启封隔逢泽相望，它们就是今日开封的前身。浚邑一名，形成很早。

凯风自南，吹彼棘心。棘心夭夭，母氏劬劳。
凯风自南，吹彼棘薪。母氏圣善，我无令人。
爰有寒泉，在浚之下。有子七人，母氏劳苦。

睍睆黄鸟，载好其音。有子七人，莫慰母心。

——《诗经·凯风》

《陈留风俗传》说浚属于卫国的城邑，在浚水之下。浚水在"五帝"时代已有，《诗经·玄鸟》说简狄误吞燕子蛋而怀孕，生下了契，契是商族部落的始祖。简狄是黄帝四代孙帝喾的次妃，其后也称圣女，三人行浴之水，称圣女渊，后称少海、沙海，在今开封市龙亭区水稻乡黑岗口一带。

《诗经》中的另一首——《干旄》也写到了开封：

孑孑干旄，在浚之郊。
素丝纰之，良马四之。
彼姝者子，何以畀之？
孑孑干旟，在浚之都。
素丝组之，良马五之。
彼姝者子，何以予之？
孑孑干旌，在浚之城。
素丝祝之，良马六之。
彼姝者子，何以告之？

这是一场发生在浚邑的历史短剧，描绘了在一个美好的日子，一群人举着牛尾之旗迎风飘扬，车马走进浚邑的情形。旄是"素丝纰之"，用素丝织的流苏镶在旗帜的边上，可见其色彩鲜明及飘扬姿态；四匹高头大马驾车而行，十分气派，意气风发。距离浚邑越来越近，车马排场越来越盛。而离目的地越近，其情越怯。

《干旄》一诗，古今解其主旨之说甚多，各家之说，可谓洋洋大观，但其中影响较大的，主要有3种：一是以《毛诗序》为代表的"美卫文公臣子好善说"；二是以《诗集传》为代表的"卫大夫访贤说"；三是现代一些学者所持的"男恋女情诗说"。无论是哪一种解读，我们所要明白的是只有一个历史现场，那就是浚邑，现在的开封。《宋史》卷八十五说此地风俗注重礼仪，勤于耕种纺织，古城浚邑之郊地处四通八达的枢纽，所以建为都城。这里是政令和教化的源头，来自四面八方的人居住在一起。

西汉文帝时改大梁县为浚仪县，属陈留郡。汉文帝封皇子武为梁王，以此为王都所在地，后因其地卑湿，迁王都至睢阳。东汉仍为浚仪县，属陈留郡。

玉振金声吹台雅韵

仪邑有一个人十分著名，虽不是开封人，至今仍在开封的历史中存活，他就是师旷。盲人乐师师旷心里明镜一般清亮，看不见眼前却心怀整个世界，双手抚琴，弹奏出阳春白雪般的雅韵。

吹台因师旷而闻名

师旷与吹台的关系，早在汉代就有文献记述。古人将吹台与仓颉、师旷联系到了一起。甚至在六朝时期，还出现了吹台为仓颉、师旷所造的说法。

师旷仅仅是来到仪邑这个地方学习技艺，在仪邑待的时间也不是很长，短短几年筑造一个高台，无论从人力还是物力上都不太现实。倒是这个台因为师旷而名气大增，于是就纷纷挂靠其名，得以流传矣。

据传师旷姓范，少年时以行医为业。善弹琴、喜读书，虽处于乡野却满腹经纶。当时，卫国的宫廷乐师高扬避难居于仪邑（今开封），师旷听说高扬精于音乐，便投到高扬门下学习。

开封市古吹台,因师旷在此演奏而得名。

创制《阳春》《白雪》成"乐圣"

少年师旷不仅酷爱音乐,还爱美人。他在高扬门下学艺的时候,爱上了高扬的女儿高娥。常言道:"一心不能二用",师旷因恋着高娥而不能专心,转眼3年,师旷的技艺竟然远远没有达到预期,师父异常生气,于是就狠狠训斥了他一顿。师旷羞愧难当,暗下决心要把技艺学精,于是就跑到高娥房里取来绣花针,不由分说地刺瞎双眼。双目失明后,师旷勤学苦练,心无旁骛,终成大器,熟练掌握各种音乐技艺,并能够弹奏各种乐器,最终连高扬也赞叹不已。高扬临终前,把女儿高娥许给师旷为妻。

师旷是我国古代著名音乐大师,创制了古典雅乐《阳春》《白雪》,被人们尊为"乐圣"。今天开封市禹王台公园内,御书楼北侧有师旷祠。晋国盲人音乐家师旷神态自若、端坐抚琴的塑像还在槐荫竹影下讲述过往的历史。

精于辨音，品格正直

《淮南子·原道篇》中说"师旷之聪，合八方之调"，说他有辨别八方风声乐调的才能。成名后的师旷成为晋国宫廷的一名乐师。师旷在晋悼公初年进入宫廷担任主乐大师，凭借其艺术造诣、满腹经纶和善辩口才赢得君王的信任。

师旷具有高超的辨析音律的才能，当楚国派兵要攻打晋国时，师旷能从楚国军队吹奏的律管声音中，发现楚国根本没有这种奢望。

卫灵公到晋国去，途经濮水，宿于岸边。夜间琴声悠扬，问左右随从皆没听到。卫灵公叫来卫国乐师师涓，说他听到了似乎是鬼神弹奏的琴声，请把它记下来。师涓经过两个夜晚的聆听，记下来曲谱。到晋国后，晋平公摆下酒宴招待卫灵公。酒酣之际，卫灵公说，这次来的路上听到了一首新曲，他叫乐师演奏给晋平公欣赏。师涓抚琴演奏，一曲未终，师旷按着琴弦制止了，说这是亡国之音，不要再弹了。师旷听出来了这曲子是殷纣王时乐官师延所作《清商》。殷纣王被周武王攻灭后，师延就抱琴东走，自投于濮水，因此这首曲子被乐坛的老前辈称为亡国之音。晋平公不以为然，下令继续弹奏。师旷执拗地说，佳音美曲可以使人振奋，亡国之音会使人堕落。您是一国之君，为什么要听亡国之音呢？晋平公无奈，只好作罢。

晋平公已经70岁了，想要学习，又恐怕为时已晚，就请教师旷，师旷拿晚上点上蜡烛的比喻劝说晋平公学习。他说，少年学习，如朝阳初升，中年学习，如正午太阳，晚年学习如秉烛夜游。《史记·乐书》中记载，师旷给晋平公弹琴，引来玄鹤起舞，天地动容。师旷禀性刚烈，正道直行，从不趋炎附势，具有不畏权势的正直品格。晋平公时曾在宫中铸造一口大钟，大钟铸成以后，乐工们都说钟音符合音律要求。唯独师旷持反对意见。后来，卫国乐师师涓听了也说钟音不符合音律要求。

晋平公和臣子们在一起喝酒，在酒摊上他得意地说没有什么比做国君更快乐的了！当时，师旷在，听了这话拿琴撞他。晋平公急忙躲让，琴撞柱而毁。师旷说刚才有个小人在胡说八道，我气愤不过得怼这货。晋平公说是我说

古吹台上师旷雕像

的嘛。师旷说这可不是君王所说之言啊。臣子认为师旷犯上要求严惩，晋平公酒意清醒了过来说，他要引以为戒。

　　师旷之于开封，已经远远超越了一个音乐家的影响。他拥有朴素的"仁政"与"民本"思想，润泽着古城的文化。近年来，禹王台区举办的"师旷古琴艺术节"，引得八方艺术人士齐聚吹台，古琴艺术爱好者相互学习、交流、展示，礼敬师旷演奏佳音。

KAIFENG
THE BIOGRAPHY

开封传

驼铃古道丝绸路　胡马犹闻中原风

第二章

水门向晚茶商闹,
桥市通宵酒客行。
秋日梁王池阁好,
新歌散入管弦声。

——唐 王建《寄汴州令狐相公》

嫘祖，养蚕缫丝教先民

丝绸连结文明路

说起丝绸之路离不开丝绸，丝绸是从养蚕缫丝起步，再到"丝绸之路"的开辟，农业手工搅动了世界贸易。一缕蚕丝，维系东方世界与西方各国的物质交换和经济往来。一只蚕蛹，促进了中外文化的交融和文明传播。先民用双手把原始的辽阔大地改造成锦绣河山，再用丝绸贯穿地球部落。中国是世界上最早培育出饲养家蚕的国家，先民用生产的蚕丝来织造丝绸，为西方世界所知，古代西方人称中国为 Seres，意即丝国。丝国在东方创造了自己的科学与艺术，在一个相当长的时期内，中国人民擅长这种技术，引起西方世界人民的热爱，他们曾经不辞艰险穿过沙漠、雪山，漂洋过海而来。中国人民，也同样地克服困难、远洋传播、输送我们的文明成果。从汉唐时代的古都长安，到安息（波斯、伊朗）、拂秣（东罗马、拜占庭）等，用丝绸连结了一条文明之路、文化之路。

栽桑与养蚕。从选种、育种到蚕蚁出，再经历头眠、二眠、三眠和大眠4次蚕眠，渐至蚕吐丝结茧。

养蚕缫丝她是始祖

关于我国古代蚕丝的发明与丝绸的织造，传说起源于开封，与黄帝的元妃嫘祖有关。嫘祖是黄帝的贤内助，她协助黄帝部落发展生产，她最大的功绩是植桑养蚕，缫丝制衣，为部落人民造福。神话传说中把她说成养蚕缫丝方法的创造者。北周以后被祀为"先蚕"（蚕神）。嫘祖活着的时候，因养蚕缫丝和纺织而有功于民；死后，因她是养蚕缫丝的始祖，而被尊奉为蚕神。

开封已故地方文史专家王宴春先生1944年在相国寺听一位老人说："音乐之乐（樂）字相传产生在杞县空桑，此说还有一段故事。有一年树叶已落，一放牧者赶一群牛进入桑林，近几天又添几头小牛犊，很高兴，口中哼出小曲。当时有风，忽然听到桑树上发出了响声，很奇怪，经上一看，是桑树枝上缠的野蚕丝，大风一吹发出的响声。"他回去用几根小棍当框架，缠上数道蚕丝，先用嘴吹不发响声，后又用手指和小木条拨弹发出了音声。并说：乐（樂）上边中间白字，表示白色蚕蛹，左右各一幺字，代表数道蚕丝，下边木字为一棵桑树，此乐（樂）字共有4个字组成，既是字，后又为乐器的总称。

远古开封桑蚕兴

据传，古时开封杞县空桑一带桑树很多，嫘祖之所以能发明蚕桑业，与她在空桑居住有关。嫘祖天资聪慧，发现野蚕吐丝结茧，煮茧可以抽丝，制造出了丝帛，就尝试野蚕家养之法。黄帝带领下属到淮阳学习畜牧与农业的时候，路过杞县空桑，看到桑树下一个姑娘在侍弄一种吐丝的虫子，黄帝就问这是什么。这位姑娘灵机一动就命名为"缠"（蚕的谐音），杞县方言至今还是舌前舌后音不分。当时还未统一部落的黄帝大喜，就在开封迎娶了这位姑娘，她就是后来的嫘祖。

嫘祖原本是后人称黄帝和他的元妃的，祖指的是男人，嫘这个字是仓颉创造的，因桑树下的蚕吐出的丝往下垂，就是田字下加丝缠绕就是"累"字，这是指蚕变的过程，因为是黄帝的女人，加上一个女字旁就成了嫘，后人说起嫘祖就单指黄帝的元妃了。之后，黄帝带着嫘祖去了西平住了下来。

开封城内原有祭祀嫘祖的庙宇，其位置在今馆驿街西头路北，明末黄河

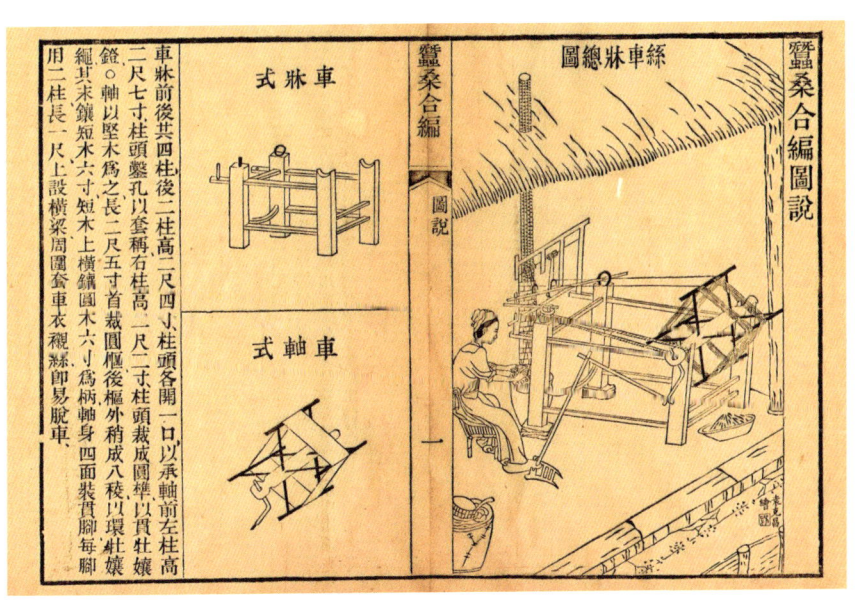

丝车床总图

丝织

决口淹城被毁。清初发展纺织业，庙里塑像改为黄道婆，称为机神庙，当时城内纺织作坊和农村养蚕户，每逢农历五月十五都会前往祭祀。进入民国之后，冯玉祥把机神庙改建成学校。

嫘祖之所以能发明蚕桑业，与她在开封空桑居住有关。桑树很多，当然有利于蚕桑业的发展。空桑还是商代贤相伊尹的出生地，有座伊尹庙。那里有一景叫"空桑夜雨"。据村里的老人讲，即使不下雨伊尹庙里也能听到沙沙的雨声。这事听起来很神奇，说起来也很简单，这沙沙声，其实是蚕吃桑叶的声音。由此可见，古代开封的蚕桑业非常发达，没有蚕桑业就没有丝绸业，也不会有丝绸之路。

嫘祖点亮丝绸文明的明灯，泽被天下，绵延不绝。

汴州，水陆要冲连丝路

大路驿东端起点城市

在隋唐时代的交通体系中，主要以长安、洛阳大道为枢轴，长安与洛阳、汴州之间的陆路交通，唐朝也非常重视，规定"从上都至汴州（开封）为大路驿"，即最为重要的大通道。唐代交通以长安、洛阳大道为两个核心，汴州、岐州（今陕西凤翔县）为核心的延伸。

隋唐时期洛阳成为东方丝绸之路的起点，而汴州则是其东路的核心城市。从汴州到洛阳从此有了一条以洛阳为中心的东道，此道系京洛大道的延伸。其经行路线自汴州出发，西经郑州、沿黄河南岸至洛阳都亭驿。此道是东方诸州行旅赴两京的必经之路，故商旅官使往来频繁，设有馆驿多处。该大道至汴州后，道路又四向辐射扩散：其北行一支，可渡黄河至卫、相，与洛阳至卫、相、洺、邢道会合；其东向一支，经曹州、郓州、兖州、沂州、密州、莱州至登州海边，于"登州海行入高丽、渤海道"。其东南行一支，则大体沿通济渠，经宋州、徐州、泗州南至扬州。

《通典》卷七记汴州至岐州一段及南北南路盛况："东至宋汴，西至岐州，夹路列店肆待客，酒馔丰溢，每店皆有驴货客乘，倏忽数十里，谓之驿驴。南至荆襄，北至太原、范阳，西至蜀州、凉府，皆有店肆，以供商旅，远适数千里，不持寸刃。"

处于汴河要冲的唐汴州城,是通往东都洛阳和唐都长安的重要门户。

运河振兴汴州城

隋朝所开凿的大运河,以东都洛阳为中心,北至涿郡,南至余杭,全长1782公里,沟通黄河、淮河、海河、长江、钱塘江等五大水系,使得南北方物资的流通更加畅通,促进了南北方经济的增长,加快了运河沿岸城市的发展,汴州城在这一时期的复苏就与大运河息息相关。

处于通济渠(汴河)要冲的唐汴州城是通往东都洛阳和唐都长安的重要门户,向南通江淮,大批江南的物资直达汴州。以洛阳为中心,西通陆上丝绸之路,东南衔接正在兴起的海上丝绸之路。中国的丝绸、陶瓷器、茶叶等就是沿着这两条丝绸之路输往国外的。

开封桑蚕业发达

唐前期,江南的丝织业不如黄河流域,但是随着江南经济的发展,黄河

汴州在大运河开通之后，才真正繁荣起来。

流域的丝织业相对落后了。开元时期的绢分为八等，上等绢多产于河南道，其中尤以宋、亳的绢质量最高，郑州、汴州的绢则列为二等。绢是用生丝织成的一种平纹织物，它的质地紧密轻薄，绸面平整挺阔，细洁滑腻，光泽柔和，多用来做服装和装饰物。

开元年间，汴州刺史王志愔一次就从市场买入3000匹丝织品，反映出当时民营丝织业已有相当规模。韩弘镇守汴州20余年，元和十四年（819），他离开汴州到京师汇报工作，一次就向朝廷进献绢35万匹、银器270件等物品。天宝十四年（755）汴州有109876户，577570人，辖开封、浚仪、陈留、雍丘、封丘、尉氏6县，盛产粮食和蚕丝，尤其以绢出名。天宝以后，精制丝织品中心开始向南方的成都和两浙转移。

作为漕运基地，汴州在城郊四周建立仓库、草场和造船工场。不仅淮南、江南，还包括岭南等地的粮食、丝绸、茶叶、瓷器，以及其他手工艺品等都要首先抵达开封，然后再转输洛阳、长安。北方的物资也由此转运到南方。北通涿郡之渔商，南运江都之转输。开封万船停泊、帆樯如林，待运的商品堆积如

33

山。汴州在大运河开通之后，才真正繁荣起来，成为漕运中心，从而给城市带来无限生机。

汴州联通陆路和水路

大运河起着沟通陆上"丝绸之路"与海上"丝绸之路"的巨大作用。日本、朝鲜等邻国派来的"遣唐使"大多经汴河到汴州再抵达长安、洛阳，朝廷所派出的使者也自两京经汴州南下或东进，进而出海与域外诸国联络。来自海外的官私商旅、留学生以及传教者等，也由此道走向全国各地。日本人入唐数量激增。仅见于记载的较大规模的往来就达37次（参见胡维草《中国传统文化荟要》）。

当时与唐朝交往最频繁密切的国家当属新罗，新罗与唐交往的路线有两条，一条是由朝鲜半岛渡过黄海至山东半岛的赤山镇（今山东文登斥山镇），然后取陆路经益都、济南、汴州西行至长安。另一条是沿山东、苏北一带海岸南下，在涟水入淮河，行至淮安再转入京杭大运河，由此可西达汴洛，南下扬州。经多年交往，这条通道成为新罗入唐的主要路线。

隋唐的通济渠，虽然是为满足隋炀帝的游乐目的而开凿的，但是客观效果却对中原和江淮地区之间经济文化的交流与发展产生了巨大的影响。特别是对汴州的发展也起到了极为明显的促进作用。汴州因位居漕运的中点，又靠近东都洛阳，很快就驶入发展的快车道。

汴州成为北方舟车辐辏、人口浩繁的商业都会，在全国也是仅次于扬州的国际贸易中心。南北方的经济交流大多数依赖汴河运输，汴州已经成为大运河上的"雄都"，是南北交通的中心，工商业繁荣，昼夜通商。

开封，丝绸之路新起点

中原远古丝绸之路

张骞从长安出使西域时所开辟的经陕西、甘肃、新疆至中亚、西亚的陆路通道，被称为汉代丝绸之路。在汉之前，还有一条远古丝绸之路，从中原出发，从开封起步，通往西域。

黄帝时代，从其都邑西行，沿陕西泾水北越六盘山，到达今宁夏固原的道路就已开通。颛顼时代，从中原地区西行达今甘肃河西走廊的张掖地区道路也已经开通。大致相当于今之东临大海，西至甘肃张掖，北抵北京密云，南达两广外界。尧舜时代，从中原及其毗邻地带西行通往敦煌地区的车马大道已经开通。尧帝时代已派遣官员管理今甘、宁、青、陇西之地。

《尚书》中记载了舜帝修明吉、凶、宾、军、嘉5种礼仪，规定诸侯用5种圭璧，3种彩缯，卿大夫用羊羔、大雁两种动物，士用死雉作为朝见时的礼物。为何不用活雉？雉鸡是耿介之鸟，很难家养，士大夫取其"守介而死"的气节，保留其完整的羽毛风干制成腊肉，羽毛光鲜如初，这就是古人所执的"死贽"，即死的雉鸡。高阳氏后用赤缯，高辛氏后用黑缯，其余诸侯皆用白缯。缯，是古代对丝织物的总称。这足以证明在尧帝时代，丝织物品就已经成为不同氏族的上层人士所用。普通百姓只可穿布衣，达官贵人穿丝绸，法律也会管制印有某些图案或颜色的丝绸,因为它们象征着特定的官职。君王会为丝绸的宽度、长度和质量颁布政令。

在甲骨文中已有"丝""帛""桑"等字,说明殷商时代已经制造和使用蚕丝织品。周穆王西巡会见西王母,赠送大批丝绸,开辟了西周官方的丝绸之路。周穆王的礼物是白色的玉、黑色的璧、100匹锦缎、300匹白绸。这个"赠"字,记录了丝绸"第一次"被运到"西王母之邦"。

此外,开封陈留(今属开封市祥符区)一带在汉代还出现了专业性的产蓝区,种植大量的靛蓝和茜草,用作丝织品染色的原料。当时开封,纺织品的染色技术已有很大发展。

陆上丝绸之路从开封出发

五代时期,不仅中原混战,西域各地也陷入动荡之中。于阗、高昌等地也处于割据状态。政权可以割据,朝贡贸易仍不绝于路。中原政权对西域的控制或者邦交从来都没停止。

后晋天福三年(938),于阗国国王李圣天派遣使者、检校太尉马继荣前往开封朝觐,进献红盐、郁金香、牦牛尾等贡物,以示尊崇中原政权,显示其正统地位。后晋石敬瑭随即遣供奉官张匡邺代理鸿胪卿、彰武军节度判官高居诲为判官,前往于阗国册封李圣天为"大宝于阗国王"。这一年的十月,张匡邺、高居诲一行从开封出发,十二月自灵州西行,经过凉州、河西诸地,又沿塔克拉玛干沙漠南缘西行,方到于阗国境内。灵州是晚唐、五代到宋初时期连接西域与中原朝贡、贸易往来的枢纽。天福七年他们返回开封,高居诲将旅行见闻整理成《高居诲使于阗记》。

后晋天福元年至八年,道圆前往天竺取经并长住五六年。归国时经过于阗,长住迎摩寺。北宋乾德三年(965)抵达开封,道圆进献给宋太祖佛舍利、水晶器、贝叶梵经四十箧。宋太祖问其所历风俗山川道里以及风土人情,他一一陈述。宋太祖十分赞赏他,赐紫袍。后来,道圆进入译经院与其他高僧一同翻译佛经。

北宋初期，朝廷不断派人出使西域。乾德四年（966），僧行勤带着150人出行西域，太祖皇帝赐钱30000遣行，行勤带着敕书给大食国王。

范成大于淳熙四年（1177）7月曾到峨眉山的牛心寺。寺内藏有《涅槃经》一函42卷，每卷后面分别记有西域行程。记载虽不甚详细，因范成大对西域地理有所考察，认为所见情况世所罕有，于是便将《西域行记》汇入他所著的《吴船录》中。《西域行记》原是僧人继业所写，964年，宋太祖赵匡胤派继业等157人（一说300人），入天竺，求舍利和佛经。他们从今甘肃陇南市武都县出发，出使印度取经。途中，继业常将所见所闻随手写在当天诵读的《涅槃经》卷末。976年，他们回到了河南开封，前后历时13年。奉宋太祖之命，继业带《涅槃经》择居四川峨眉牛心寺。

回鹘人一直与中原王朝保持着隶属关系。沿唐例，仍以甥舅相称，并常常派使臣去北宋开封贡献方物。962年，高昌回鹘派遣使团携带本地物产朝贡于宋；965年11月，高昌回鹘可汗又派遣僧人法渊来朝，贡献佛牙、琉璃器和琥珀盏。宋太祖很高兴"外甥"来走亲戚，盛情款待使者并馈赠礼物，还派出使臣礼节性地回访。981年5月，宋太宗派出以供奉官王延德为主使，殿前承旨白勋为副使的百余人回访使团出使高昌。王延德一行从开封启程，向西北过山西、陕北到夏州（今陕西靖边县北），继续向北，过玉亭镇、黄羊平，然后向西，坐羊皮筏子在宁夏境内过了黄河，沿河西北山的北麓，过合罗川、马鬃山，经哈密到高昌。

在高昌，王延德看到那里的人皮肤白皙相貌端正，心灵手巧。"善治金银铜铁为器及攻玉"。一匹良马可以换一匹绢，劣马仅仅能换一丈绢。983年春天，王延德出色地完成了出使高昌的使命，于次年四月回到开封。他向太宗皇帝汇报了出使高昌的详细经过。一年后，他根据自己出使高昌的亲身经历和所见所闻，撰写了《西州使程记》，又称《王延德使高昌记》，被收录在《宋史》中，详细记述了高昌回鹘汗国，特别是北庭地区的风土人情、物产资源、地理环境及人民生活状况等，是研究宋代西域诸族的珍贵资料。

法国巴黎收藏的一批宋初和田文书中有2件是朔方王子给于阗国王和在于阗的母亲的书信，记录了990年前后丝绸的传输情况。（详见黄盛璋《和田塞语七件文书考释》）两封信中提到的同一批货——200匹丝绢，走了很长的距离才到大夏国，150匹丝绸献给于阗国王，剩余的50匹给他的母亲。显然这是从中原运输过来的丝绸，200匹丝绸蕴含着对国王的尊崇和对母亲的爱戴。肩负王命之托，"朔方王子"的真实身份我们不得而知，但是他跋山涉水，在陆上丝绸之路留下了记录宋初丝绸运输和以丝绸为货币交换物的情景。按照信札叙述，他是从于阗出发，计划经沙州、朔方到中原朝贡，由于道路险阻，朔方未至，在敦煌停留。丝绸作为流通货币，珠宝玉石香料等物品的交易都是以丝绸作为等价物来衡量的。由此可见，在宋代丝绸之路上的贸易，多是以丝绸交换为中心的。

从开封出发，中原的丝绸驮到马背或者骆驼，沿着河西走廊抵达中亚和西欧国家。由于北宋时期土地版图大幅缩减，政府未能控制河西走廊，陆上丝绸之路日益衰落。但是，北宋官方在与西夏、吐蕃等政权辖区边境设置了诸多"榷场"，依然正常交换物资，一定程度上弥补了陆上丝绸之路短板造成的影响。

海上丝绸之路新起点

随着大运河的开通，开封成为南北交通要冲。北宋时期，开封代替洛阳成为陆上丝绸之路和海上丝绸之路东段起点。

宋代指南针的发明和造船技术的发展，为海上丝绸之路添加了两翼。宣和五年（1123），徐兢奉使高丽，航行途中运用了指南针，这是航海历史上的伟大发明。无论风雨昼夜，一枚指南针就可以确定航程方向。从海岸线走向国际大航海时代。由于指南针的使用，北宋的航线从大海深入大洋，从亚洲到欧洲、非洲等国家和地区。

宋代"水密隔舱"是中国造船工艺的一大发展，用水密隔板把船舱分成若干密闭的舱室，以免受损时一舱进水漫溢至其他舱室，确保了船舱破损后的浮性和稳性，使船舱具有一定的不沉性，大大提高了船只的安全系数。"水密隔舱"在中国海船中普遍使用，使中国迅速成为中外贸易中的主导力量，取代

北宋时期，开封成为陆上丝绸之路和海上丝绸之路的起点。图为开封市博物馆展示的宋代"水密隔舱"实物。

了原先称霸全球的波斯、阿拉伯等国的地位。美国学者斯塔夫里阿诺斯在《全球通史》中称"当时中国的经济占主导地位，这可以由以下事实看出来：中国的出口品大多数是制成品，如丝绸、瓷器、书画等，而进口品多半是原材料，如香料、矿石和马匹等"。

东南亚各国与北宋的交流

太平兴国八年（983）8月18日，日本僧人奝然率弟子搭乘宋船到中国台州。12月19日到达首都开封，21日在崇圣殿被宋太宗接见，奝然不会说中国话便以笔答问题。对于奝然的来朝及回答，宋太宗非常满意，赏赐紫衣，叫他住在太平兴国寺。第二年3月奝然离开开封去五台山。6月14日，再次回到开封，再次觐见宋太宗，太宗赐奝然以法济大师之号，并赏赐新雕的《大藏经》481函5048卷、新译经典41卷，以及御制回文偈颂等。6月27日，他们

海外贸易兴起,开封成为水陆要冲。

到达台州,将从开封带来的旃檀释迦佛像带到台州开元寺仿刻,装入绢制五脏,奝然带到日本的除《大藏经》和佛像外,还带有16幅画在绢上的罗汉画像。如今这些绢绸依然质地良好,已经成为日本的国宝之一。佛像胎内还珍藏104片平绢断片,它们见证了北宋海上丝绸之路的辉煌。

数年后,寂昭、元灯等日僧相继来到开封,宋真宗分别授予大师称号,赐给紫衣,他们顺汴水南下至江南,在苏州吴门寺留住多年。

宋神宗时期,成寻、寂然等日本僧人在北宋时期通过海上丝绸之路到达开封,进行文化交流活动。宋神宗熙宁五年(1072)3月,60余岁的成寻携徒7人于日本九州搭乘中国商人的船舶在海上漂流了一个月,于4月在杭州登陆,先到天台山参拜,10月抵开封,住太平兴国寺传法院。宋神宗在延和殿召见了成寻,成寻进献银香炉、木穗子、白琉璃、五香、水晶、紫檀、琥珀所饰念珠及青色织物绫,此外,还呈送有《梵文佛经》、《奝然日记》4卷、《觉大师巡礼》3卷等文献资料。宋神宗赐成寻紫袈裟、衫、衣裙等物,并授予"善慧大师"称号,又赠同来僧人紫方袍。并向成寻询问了日本国的人口、四至、州郡、姓氏、官吏情况,还问到了日本距中国的距离及日本所需的中国物品，成寻一一做了回答。熙宁六年（1073），成寻送弟子归国，带回神宗赠给日本朝廷的泥金写本《法华经》、锦20匹以及新印佛经278卷，其中包括《莲花心轮回文谒颂》《御制秘藏诠》《逍遥咏》《景德传灯录》等。成寻奉诏回开封，敕住开宝寺。现存著名的《参天台五台山记》就是成寻在中国的所见所闻。1081年，成寻在开封开宝寺圆寂，终年71岁，遗骸葬于天台山国清寺。

高丽国是与宋朝交往最密切的国家，《萍洲可谈》卷二说，宋神宗待高丽人最厚，沿路亭传皆名高丽亭。高丽商船，泛海至宁波，再溯汴河至宋都开封。将金银、铜器、绫罗、良马带入中国，换回大量绸缎、漆器、茶叶以及铜钱。宋代造纸业、雕版、活字印刷技术发展很快，刻书业也很发达，为适应海外客商使臣的需求，在运河沿线出现了许多印书坊。当时开封、杭州是全国印刷业的中心，民间商人常私刻中国经籍，由水路运往高丽出售。

交趾，又称交州，南宋淳熙元年（1174）后称其国为安南，即今越南北部和中部。交趾贡物基本上是本国的方物。主要有通犀、乳香、象牙等。

占城的贡物主要有香料药物、犀角、龙脑、玳瑁等。其中香料药物的种类繁多，数量巨大。早熟、耐旱、省肥还耐水的占城稻在北宋时期迅速适应并占领了中国南北农田，这得益于宋真宗的大力推广。占城稻被宋真宗引入我国，先在宫廷后苑开辟试验田，后迅速在江南地区推广。如此看来，宋真宗算是古代中国杂交水稻之父了。

与阿拉伯国家的贸易

阿拉伯商人从波斯湾航行到中国，要经过故临、三佛齐两个港口。大食是西域各国与北宋商业贸易时间最长、种类、数量最多的国家。他们在中国以贩卖香药、犀角、象牙、珠宝为主，在宋代以香药贸易最盛，种类多至40余种。其中有乳香、龙涎香、安息香等。993年，大食国又遣使进献象牙、乳香、宾铁、蔷薇水等，宋太宗诏赐敕书、锦袍、银器、束帛等以答谢。

优化营商环境贸易达全球

宋代大力招商引资，优化营商环境。《宋史·食货志》载，987年，宋太宗就派遣内侍8人往海南诸国联系香药、犀牙、珍珠、龙脑等买卖业务。宋仁宗天圣六年（1028）下诏说要在广州吸引国外商船，来了要好好招待。并以我国黄金和丝织品为特色诚邀外商，结果外商云集，各种货品源源不断进入中国。每当有外商入境或者离岸的时候，宋代地方官均尽"地主之谊"，为外商设盛宴接风洗尘或把酒送别。

民间商贾还在开封大量收购香料，在运河装船南下至浙东运河出海，长途贩运至日本，随船还带去中国产的丝绸、瓷器、茶叶等货物。他们在日本换回砂金、硫黄、水银、绢布、扇子、刀剑等，将满船日货沿运河载入开封市场出售。当时开封相国寺内就是繁华的交易市场，在那里可以看到日本的刀剑、折扇、屏风等。

当时与宋朝进行商贸交往的国家多达58个，为此，政府在开封设立榷易署，专门经营中外海商的舶来物品，同时也经营一些贡品，把国内各地货物增价卖给外国商人。同时，政府还允许中国商人将一部分南海舶来的香料、珠宝、象牙转卖给外国商人，从中赚取高额利润。一些外国使臣用宋朝回赠的大量银钱，在开封或其途经之地，购买许多所需之物，特别是丝绸和瓷器。

没有一座城市像开封这样，背靠"悬河"，生机勃勃，烟火人间，歌舞升平。那些河流，见证了开封海上丝绸之路起点的繁华，也见证了战火毁城的悲凉心酸。回望东京梦华，依然浮现的是《清明上河图》中的繁荣昌盛……

香料，宝马雕车香满路

丝绸之路给中国带来了异国香料，在宋代，这些来自西域的香料装点了宋人的风雅生活，焚香、点茶、挂画、插花是宋人的"四般闲事"，香料，熏染了宋朝人的逸趣闲情。

香料贸易丰富宋人生活

《清明上河图》上绘有一家香药铺，招牌上写"刘家上色沉檀拣香"，很明显这是一家姓刘的老板开设的店，当时香料是国家管控产品，开香药店是需要政府审批的。"上色"是指优质、上等。"拣香"是乳香的一种，乳香最上者为拣香，圆大者如指头，俗所谓滴乳是也。沉香、檀香、乳香等香料，都是富贵人家的最爱，价格昂贵，好的沉香市场价一片达到万钱之多。这一个小小的招牌背后却是庞大的丝路经贸往来。北宋时期，巨大的商船把南亚和西亚的沉香、檀香、乳香、龙涎、苏合等多种香料运抵广州、泉州等东南沿海港口，再通过漕运转往开封，同时将麝香、花椒等中国盛产的香料运往南亚和欧洲。

宋朝海外贸易的范围，东到朝鲜、日本，西至阿拉伯半岛和非洲东海岸。在宋代的开封，香料贸易十分火爆，大街上香料店铺林立，是京城最赚钱的生意。御街、潘楼街、马行街、大相国寺内香药铺林立。香药品种和数量，占据

《清明上河图》中的"刘家上色沉檀拣香"香药铺

贸易进口产品的一半以上。

香药丰富了宋朝人的生活。在宋朝，香药的作用被发挥得淋漓尽致，香药被玩得花样繁多，从宫廷到民间，无"香"不欢。

士大夫的日常熏香

汉代的熏笼，不仅仅是烘干衣服，更多的时候是通过熏染香料来驱逐异味、增添香气。汉代用香熏烤衣被是宫中的定制，衣服、床帐熏过，香气弥漫，走路带香风，休息助睡眠。

到了宋代随着海上丝绸之路的发展，西域的名贵香药源源不断进入中国。宋人把香药写进宋词里，留下了芬芳词句。《南柯子》："翠袖熏龙脑，乌云映玉台。春葱一簇荐金杯。曾记西楼同醉、角声催。"让才女李清照的词来呈现宋人的熏香之事吧，现以李清照的3首《浣溪沙》来看她玩的什么香。

"瑞脑香消魂梦断，辟寒金小髻鬟松。"瑞脑又称龙脑香、冰片。瑞脑香被很多文人所爱，因为它会缓解饮酒所带来的困倦感。品香，最好的方式是焚

44

香，微醺的李清照拿起一双香箸，将香丸或者香饼放在隔片上，借助炭火之力芳香缓缓弥漫，不断蒸腾出热气来，瑞脑香冒出缕缕白烟，轻盈持久，嗅之神清气爽。这就是宋代广泛流行的"隔火熏香"。

"玉鸭熏炉闲瑞脑，朱樱斗帐掩流苏。"玉鸭熏炉指的是玉制（或白瓷制）的点燃熏香的鸭形香炉。熏炉形状各式各样，有麒麟形、狮子形、鸭子形等；材质也有金、黄铜、铁、玉、瓷等不同。多放于帐中或床周围的私密空间，周邦彦《青门饮》中有"星斗横幽馆，夜无眠，灯花空老。雾浓香鸭，冰凝泪烛，霜天难晓"之句，这是帐中熏香。

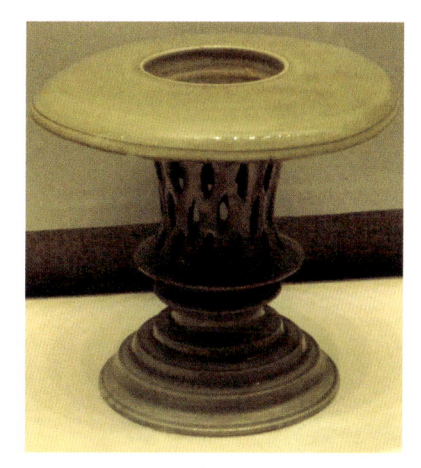

耀州窑青釉镂空复层式熏炉

"玉炉沉水袅残烟"。"沉水"就是沉香，熏香燃料，黑色，芳香，脂膏凝结为块，置水则沉，故名。这是围炉熏香。

宋代熏香已成风尚和习俗："凡欲熏衣，置热汤于笼下，衣覆其上，使之沾润，取去别以炉爇香，熏毕叠衣入箧笥，隔宿衣之，余香数日不歇。"《石林燕语》记载了赵清献公好焚香的事儿，赵清献公"尤喜熏香。所居既去，辄数月香不灭。衣未尝置于笼，为一大焙，方五六尺，设熏炉其下，常不绝烟。每解衣投其间"。赵清献公即赵抃，神宗时称作贤吏。

宋仁宗时期，崇文院学士梅询，好整洁，每日晨起，必焚香两炉，以熏香衣服，然后穿上官服捏着衣袖到办公室，坐定，将袖口慢慢展开，房间于是就飘满了浓香。

徽宗时的奸相蔡京，在家接待拜访他的官员，蔡京让女童焚香，久坐不见人过来，客皆暗自怪之，一会儿报云香焚好，但见香气自室内出，霭若云雾，濛濛满座，回去之后，衣冠芳馥，数日不歇。宋人熏香十分讲究方法，例如焚香"必于深房曲室，矮桌置炉，与人膝平。火上设银叶或云母，制如盘

《大宋·东京梦华》夜间演出时的"宝马雕车"道具

形,以之衬香,香不及火,自然舒慢,无烟燥气"。(参见《陈氏香谱》)

香车宝马一路芬芳

宋代开封的富贵人家使用的车辆和轿子也经常使用香薰,不但装饰散发香味的香包还要焚香球,熏后的车辆和轿子香气馥郁,被称为"香车"。京师贵族妇女还自制精巧小袋装上香药,称之为香囊或香球。"京师承平时,宗室戚里,岁时入禁中。妇女上犊车,皆用二小鬟持香球在旁,在袖中又自持两小香球。车驰过,香烟如云,数里不绝,尘土皆香。"《参见(陆游老学庵笔记)》

1987年法门寺地宫发现前,学术界将其定名为"熏球"或"香球",而法门寺地宫《衣物账》明确将其称为"香囊",这是一种熏香器。"案香囊者,烧香器物也。以铜、铁、金、银玲珑圆作,内有香囊,机关巧智,虽外纵横圆转,而内常平,能使不倾。妃后贵人之所用之也。"(唐代慧琳《一切经音义》)香囊唐代开始流行,宋代时已经远销海外。据《宋史·礼志》记载,在宋代,在最隆重、规格最高的国宴上，宴客所在的"殿上陈锦绣帷帘，垂香球，设银香兽前槛内"。

辛弃疾"宝马雕车香满路""笑语盈盈暗香去"（《青玉案》），晏殊的"油壁香车不再逢，峡云无迹任西东"（《寓意》），李清照的"来相召，香车宝马，谢他酒朋诗侣"（《永遇乐》），其中的"香车""宝马"或许指这类悬挂着香球的马车。

佩戴香囊成"标配"

宋代社会不论男女都流行佩戴香囊，有钱人的名贵，普通人的一般而已。佩香起源于宋徽宗时代的古龙涎香。龙涎，实际上是香鲸的分泌物。

宋代陈敬的《香谱》记载了傅身香粉和拂手香的制作方法：用英粉（单独研磨），青木香、麻黄根、附子（炮制）、甘松香、藿香、零陵香各自等分，以上各味除了英粉之外，一同捣碎筛罗为细末，以生绢夹袋盛装，沐浴完毕后涂抹身上，这叫傅身香粉。还有一种拂手香，用白檀香3两（选滋润的锉成末，用3钱蜜化成差不多一盏汤来炒，使水汽炒尽，觉得湿了些就焙干，用杵捣筛成细末），米脑一两（研磨），阿胶一片。将阿胶化成汤打糊，加入香末搅拌均匀，在木臼中捣三五日，捏成饼状，或者脱出花样窖藏阴干，在上面打洞穿线，悬于胸间。

飘香的风雅宋朝

在北宋开封，香铺里的"香人"着装统一，即"顶帽披背"。有"日供打香印者"，还有人"供香饼子、炭团"。

《东京梦华录》多处提到食香的风俗：酒店内"有向前换汤、斟酒、歌唱，或献果子、香药之类，客散得钱，谓之'厮波'""诸般蜜煎、香药果子、罐子党梅、柿膏儿、香药小元儿、小腊茶、鹏沙元之类。""四月八日佛生日，十大禅院各有浴佛斋会，煎香药糖水相遗，名曰'浴佛水'""端午节物：百索、艾花、银样鼓儿、花花巧画扇、香糖果子、粽子、白团。紫苏、菖蒲、木瓜,并皆茸切,以香药相和,用梅红匣子盛裹"。

宋代张时甫在《可书》中记载一个蕃客来开封出售真龙涎香的故事:有人见一阿拉伯商人卖真龙涎香,大概2钱,说开价30万缗可卖,当时皇宫明节皇后开价20万缗,竟然不卖。一缗就是1000钱,30万就是3亿钱,可见龙涎香价值非凡。遂命开封府验货物真假,府衙办事的小吏问:"怎么鉴别真假?"阿拉伯商人说:"浮于水则鱼集,熏衣则香不竭。"

香料走进日常生活,宫中以河阳花烛无香为恨,遂用龙涎、沉香、龙脑屑灌进蜡烛,数百支蜡烛排列两行,燃烧的气味一定很好闻。宋代《文会图》《西园雅集图》等传世名画中,多见焚香的场景。

作为文房四宝之一的墨也用香药,所谓"制墨,香用甘松、藿香、零陵香、白檀、丁香、龙脑、麝香"。宋神宗就嗜好用香墨:熙宁、元丰时黟州著名墨工张遇以油烟入龙脑、麝香,谓之龙香剂。用浓香的墨来作文书写,一定很雅致,就算书法不好,也很香。

繁塔，砖雕铭刻丝路旅

繁塔是开封市现存最古老的地上建筑，建于北宋开宝七年（974），是全国重点文物保护单位。繁塔采用不同的加釉灰色方砖砌成，每砖一尺见方，一砖一佛，有释迦牟尼、文殊、普贤、十二臂观音、十六罗汉等110种。塔身内外墙壁共嵌有6925块佛砖，个个形象鲜明、造型生动、相貌迥异。在塔内各层的墙壁和登道上，还镶嵌着琳琅满目的宋人石刻题记184方，繁塔内留存着与丝绸之路有关的实物和碑刻。

一支龟兹乐队

在繁塔一层南入口和塔心室内壁，有20尊乐伎俑砖雕。这是1983年为了便于观赏仿制的。真身在二层，这些伎乐菩萨石刻砖为全国罕见的宋代早期音乐遗存实物，造像砖为模印所制造，仔细观察可见有指痕在其上，为制造之初工匠处理细节时所留，整组伎乐砖做工细腻，均为菩萨造型，他们的面部表情和装束存在细微的差别，其中的乐器形制和演奏姿势也各不相同。

这些乐伎俑砖雕面部形象丰满，体态自若，表情端庄、静谧、肃穆，工艺精巧，其衣纹及各种手势动作均十分细腻逼真，雕工精湛、细腻入微，为国内不可多得的艺术珍品。

艺术宝库开封繁塔

彩绘乐伎俑砖雕

敲打鸡娄鼓的乐伎俑砖雕

　　尼树仁先生研究得出计有：击都昙鼓两件、击铜钹两件、击羯鼓两件、击鸡娄鼓一件、左手摇鞉牢右手击鸡娄鼓两件、打拍板一件、吹角笛一件、吹笙篥两件、吹排箫两件、吹横笛一件、吹笙两件、吹海螺（贝）一件、弹琵琶一件。在伎乐浮雕中打击乐器最多，共10件6种，吹奏乐器9件6种，拨弹乐器只有一件琵琶。（参见尼树仁、于致章《开封繁塔帝释乐人》）20尊乐伎砖雕共呈现22件乐器，其中有打击乐，有吹奏乐，还有弹拨乐。繁塔乐伎砖雕，呈现出来的是一支完整的以龟兹乐队为主中西混合乐队现场演奏的情景。敦煌壁画中所描绘的唐代乐队中常见的竖箜篌、卧箜篌、排箫、羯鼓等，均源自龟兹。

　　繁塔的乐伎砖雕是典型的宋初龟兹乐队演奏的形象，弥补了宋代乐器资料的不足，为研究宋代音乐制度的形成和发展演变提供了珍贵的资料，为北宋

50

开封与西域文明交流提供了重要证据。

繁塔高僧与敦煌

俄罗斯藏的敦煌汉文写卷，其中有一份《金刚般若经开玄钞卷第一》，该经名在各参考资料中未见著录。残卷，首题字之后指明作者："蜀郡沙门公哲述东京天清寺赐紫沙门志蕴后重删补"。（参见《俄藏敦煌汉文写卷叙录上》）在今天的开封繁塔一层塔心室甬道壁上《重立十善业道经要略石壁功德》碑的13个落款中，镌刻一位至关紧要的天清寺高僧："当寺讲《金刚经》《百法轮》赐紫沙门志蕴。"从繁塔的石刻上我们得知志蕴是寺院讲经的僧人，他的身份不一般，是一名被赐紫袈裟的僧人，宋延续唐代的一些规定，皇家赐紫衣是朝廷对得道高僧的一种褒奖。由此可以看出，志蕴能够得到紫衣，佛法水平高超，不但在天清寺内主讲《金刚经》《百法轮》，还能增删补订《金刚般若经开玄钞卷第一》。从北宋开封到敦煌石窟，2500公里的距离只隔着一卷薄薄的写本。

繁塔西域牵虎行脚僧是敦煌伴虎行脚僧的母本

开封市原建设委员会副主任、高级工程师、国家注册城市规划师宋喜信先生退休后醉心于繁塔的研究，一直为繁塔正名，著有《开封宋代繁塔原型论》。宋先生曾指出，从《大宋衣冠》一书所载的《清明上河图》线描局部人物图中，可以看到身负背篓的行脚僧人物像，貌似唐僧，其实是一个货郎，非行脚僧也。真正的行脚僧在繁塔，而且是宋代的原真造型。

繁塔的行脚僧是深眼窝、高鼻梁，身着交领束腰襦衫或井田袈裟，脚着草履，小腿绑有绑带，头顶悬有圆形伞盖。右手持麈尾，左手拿禅杖，背负的竹笈三层空间布满经书。伞盖的飘带迎风飘逸，伞盖前垂一熏香炉，香炉烟雾氤氲，烟雾顶端"幻化"出佛的模样。正对眼前方向系一经卷样的东西（或者地图），右侧有一只猛虎伴随。身负重载，步履沉重，眉头紧锁、嘴唇轻启、

西域牵虎行脚僧

面容刚毅、身体前倾，这正是行脚僧最好的写照。1000年后的崔健唱起了一首《苦行僧》："我要从南走到北/我还要从白走到黑/我要人们都看到我/但不知道我是谁。"披星戴月、风餐露宿、跋山涉水、无惧风雨，一路向前。

宋喜信先生给他命名为"西域牵虎行脚僧"，"牵"与"伴"的区别是老虎的神态和场景。赶路牵着老虎避免伤及路人或者吓着他人，显示出来的画面是和谐、安静，一般都是坐下来玩耍。繁塔内的伏虎罗汉佛像砖就是这样的画面。宋喜信先生认为，开封北宋繁塔的"西域牵虎行脚僧"像砖，无疑是现存最早的、真正的"行脚僧"图像实例。敦煌的伴虎行脚僧无疑是从北宋京城流传过去的。繁塔的"西域牵虎行脚僧"造像是母本。"伴虎行脚僧图"最先出现于中原地域，它的出现可能与当时中国僧侣到西域取经的风潮有关。

"西域牵虎行脚僧"是丝绸之路文化交流的一个重要证据。西域僧人到开封，开封的文化传播到西域，相互辉映，熠熠闪光。

繁塔内的其他丝路石刻

开封繁塔蹬道额石铭刻李光文施财题名高23厘米，宽17厘米。正书2

行，共 13 字。字迹清晰，题写"夏州番洛都知兵马使李光文施"，系党项夏州政权上层贵族在北宋都城开封留下的唯一实物遗迹。李光文即《宋史》《续资治通鉴长编》等典籍中所记载的宋代党项夏州定难军节度使李克睿之弟"李克文"。据《宋史·夏国传》记载，克睿初名光睿，避太宗讳改"光"为"克"。他曾历任银州刺史、绥州刺史、丰州刺史、麟州防御使等职，并在李继捧入宋朝后权知夏州事两年多时间。在《大宋故定难军节度使李光睿墓志铭》中，他的名为"李光文"，任职为"衙前都知兵马使"，是宋代衙前将吏都知兵马使、兵马使统称，为节度使麾下重要武职。（参见光建、邓文韬《开封宋代繁塔夏州李光文题刻考述》）

繁塔内还有"秦州（天水）客郭辰""交州使司马桓""黎氏八娘"捐施的刻石。这种地名和姓氏的指向性都证实宋初开封陆上、海上丝绸之路具有紧密的联系。

汴绣，十指春风摹宋韵

汴绣，起源于北宋，也称"宋绣"，它是在继承宋代刺绣的基础上发展而成。新中国成立以后被命名为汴绣，与苏绣、湘绣、粤绣、蜀绣等并称中国五大刺绣，素有"国宝"之誉。其主要的艺术特点为题材独特、绣工精致、针法细密、图案严谨、格调高雅、色彩秀丽。

汴绣是中国宫廷刺绣的制高点

刺绣又名针绣，俗称"绣花"。以绣针引彩线，按设计花样在织物（丝、绸布、帛）上刺缀运针，以绣迹构成纹样或文字。刺绣古称"针黹"，又称"针绣"、"扎花"，因古代多为妇女所作，还称"女工"或"女红"、"闺阁绣"。所谓"黻衣绣裳"，就是上衣手绘，下裳针绣纹样。

丝绸之路的开辟，加速了中西方文化的交流，葡萄纹、狮纹、缠枝纹等带有西域风格的图案大量出现。题材的丰富为刺绣技法的革新起到积极的促进作用，技法的进步又为题材的进一步拓展创造了条件，同时也为宋代刺绣的大发展创造了条件。

至南朝宋、梁间，张率写出《绣赋》，对刺绣的发端演进、刺绘的对象范围、刺工的奇思巧技、绣品及应用等，作了高度的文学概括，可以看出当时刺

明代周王府朝门遗址

绣发展的盛况。五代时期的刺绣是在隋唐刺绣的基础上产生的，其基本风格也延续唐代刺绣。唐宋时期刺绣已发展到很高水平，少女卢眉娘能在一尺见方的绢上绣出7卷《法华经》，字不超过小米粒，而且点画分明，唐顺宗赞叹其心灵手巧，称其为"神姑"。

960年，赵匡胤陈桥兵变取代后周，建立宋朝，建都于东京，刺绣业有了更大发展，成为开封手工业的重要行业。《东京梦华录》载，京城开封出现了专业"百姓绣户"，相国寺东门外有一条街叫"绣巷"，"绣巷，皆师姑绣作居住"。相国寺每月开放5次，"万姓交易""两廊皆诸寺师姑卖绣作、领抹、花朵、珠翠、头面、生色销金花样幞头、帽子、特髻、冠子、绦线之类"。汴绣，拓展了中国刺绣的应用范围，装点了宋人的生活。

绫锦院引领宋绣高质量发展

宋代官造丝绸沿袭自唐制，东京绫锦院专供赵宋宗室及百官织物。《宋会要辑稿》"职官""食货"中记载，绫锦院在昭庆坊（开封旧城东北隅），绫锦院最初由蜀工高手600人组成，太平兴国二年（977），分东西二院；到988年，织匠已增至1034人。织匠成分也有了变化，除四川的锦工外，还有先后送到"阙下"的济州机户、湖州织工。神宗熙宁六年（1073）裁减绫锦院，以织工400人为额。

绫锦院作为一家综合性的丝织作院，主要织造锦、绫、罗、绉、纱、绢等各类高档丝织物，代表了宋代官造丝绸织物的最高水平。其中锦是大宗，由于锦最费工费时费料，"端可织绢数匹"，宋真宗曾一度停止织做锦绫，改织绢匹。至南宋，已迁至临安的绫锦院，仍有织机300余架，织匠人数亦达千人。

1104年，宋徽宗在汴京又设置了文绣院，招刺绣工300人，一建立就有74作，其中有刻丝作、绣作、织罗作和绦作，之后又增加了金线作。在这些丝织作坊中也聚集了为数不等的高手工匠，专为皇家制作精美织品。

与绫锦院、文绣院产品相关的生产场院还有染院专门染色，有工匠613人；裁造院"裁制服饰"，有工匠267人。京师官营纺织、印染、裁缝、刺绣等作坊的工匠估计应在2500人左右。绫锦院精于织造、染院负责染色、文绣院尤善绣工。文绣院的绣品，主要是为帝王后妃、达官贵人绣制官服及各种装饰品。其造型严谨，色彩富丽，多为当时画院绘画的风格。

宋徽宗时期，朝廷又设置绣画专科，刺绣划分为山水、楼阁、人物、花鸟，因而名绣工辈出。宋代的刺绣在唐代宫廷绣和日用绣的基础上有了新的发展，绣品生产遍布河南、四川、湖南、湖北、江苏、浙江、广东等地，而开封的刺绣则体现了宫廷绣的最高水平。北宋后期已有相应的绣品生产培训、管理制度，优秀绣匠的高度集中，把宋绣推向了第一次高潮。

从现在辽宁省博物馆所藏南宋刺绣《瑶台跨鹤图》《海棠双鸟图》《金刚经册》来看，其技巧之高，确实令人倾倒叫绝。绣法恰当，针法细致，配色精妙，楼台花鸟栩栩如生，实乃佳品也。

由此可见，宋绣细密无缝、设色复杂、形象生动。至元代则用绒稍粗，落针不密，间用墨描眉目，不再有宋人之精工矣。其工艺大打折扣，价值远远不如宋绣。明末名士文震亨赞叹道："宋绣针线细密，设色精妙，光彩夺目，山水有远近的趣味，花鸟则绰约多姿、亲昵活泼……"（参见《长物志》卷三

中国工艺美术大师、首届中国刺绣艺术大师苗炜的汴绣作品《清明上河图》虹桥部分。

《宋绣宋刻丝》)

  1126年，东京城被金兵攻破，北宋灭亡。大批绣女、工匠或被金人掠走或被迫南迁，这就给南方的刺绣发展提供了契机。1127年，宋高宗迁都临安（今浙江杭州），一部分绣工随之到苏杭一带落户，刺绣中心遂转迁至南方。现今一些苏绣厂老艺人保存的家谱中，都记载有祖辈原籍祥符、大梁的字样。南宋的刺绣画依然沿袭北宋风格，在江南丝绸之乡继续发展着。

开封汴绣与宋绣一脉相承

  汴绣一词据考证源于1956年时任中共开封市委统战部副部长的贾子云在开封刺绣合作社（现开封汴绣厂前身）座谈时的讲话，当时特指的是开封汴绣厂出产的产品。现在，汴绣的概念明显扩大了，特指以开封为代表的地区，因其独特的地理位置、历史文化等因素所形成的，具有特殊表现形式和艺术技法的刺绣艺术。

开封汴绣是新中国成立后在继承古宋绣的基础上发展起来的,通过对河南民间刺绣及宋绣工艺的挖掘、搜集、整理、研究,同时向苏绣、湘绣学习借鉴,使汴绣在继承宋绣的基础有所发展,技巧和艺术效果都达到了新的水平。

1959年5月,中共河南省委指示开封市委向建国10周年献礼,由市政协组织文化局、政协书画组的画家、汴绣厂的绣工等一行6人赴首都参观学习,在全国政协、文化和旅游部、故宫博物院的关怀支持下,徐邦达亲自指导,工艺美术师蔡德全参考文物出版社《清明上河图》影印本并对照张择端原作,在洁白的绸缎进行摹绘,经过反复修正后把画稿交给了开封汴绣厂。汴绣厂挑选出绣花能手数十人,成立《清明上河图》绣制组,工人们克服重重困难,保质保量如期完成了国庆献礼之作。9月27日,开封市委连夜把汴绣《清明上河图》送往北京。绣品经故宫博物院专家鉴定,认为:开封绣制的宋画《清明上河图》独具特色,人、船、牛、毛驴针法运用效果好,继承了宋绣风格。中国历史博物馆专家史树青评价说汴绣《清明上河图》运用了"复原法",绘画与刺绣结合得非常好。(参见《汴绣志》)开封汴绣厂刺绣车间主任王素华代表绣花女工参加国庆10周年观礼,在人民大会堂受到毛泽东等党和国家领导人的亲切接见。

经过几代汴绣艺人努力发掘整理宋代刺绣技艺,并借鉴苏绣、湘绣等其他绣种的长处,如今已经总结出36种汴绣针法,使汴绣工艺日臻完善成熟。汴绣长于绣制花鸟虫鱼、飞禽走兽等传统题材,同时也精于摹绣名画。其绣作形象逼真传神,针法严谨工致,技艺精巧细腻,色彩古朴典雅,是刺绣艺苑中不可多得的珍品。2008年6月7日,汴绣经中华人民共和国国务院批准列入第二批国家级非物质文化遗产名录。

汴绸，驰名天下景文州

说汴绸，先说两个小故事，其一：1914年，美国为庆祝巴拿马运河开航，在旧金山举办了万国商品赛会。河南省在巡按使田中玉的支持下，组织了筹备巴拿马赛会河南出品协会，第一次在国外展出的开封市土特产品及工艺品有：各色汴绫、汴绸袍料、真皮制品、皮条、栽绒台布、编织枕头、绣花圆扇、彩绒地毯、柳条汴绸、山羊皮、黄狼皮、蚕豆、青豆、芝麻、高粱、小麦、杏仁、松子、佛手露酒、凤头鲜酒等100多个品种。其二：1924年夏，鲁迅应国立西北大学邀请赴西安讲学，往返均须途经河南，返程时抵达洛阳，8月10日鲁迅与《晨报》副刊编辑孙伏园到街市购物，花费18元钱买了汴绸一匹。鲁迅打算回京后酬谢在他购房装修过程中帮了大忙的一位同事。汴绸规格，每匹宽2.35尺，长50尺，头数7200根，重40两。原材料来自柘城、商丘等地区的家蚕丝。

说这两个小故事，无非是证明汴绸作为地方特产，已经是驰名中原，享誉海内外了，还走出了国门参加巴拿马万国商品赛会。

历史悠久的汴绸

汴绸并不是在清末民初就已畅销，早在明代晚期就担负起地方经济发展

中国工艺美术大师、首届全国轻工大国工匠、首届中国刺绣艺术大师苗炜在她的工作室向开封朱仙镇木版年画国家级传承人任鹤林展示她的汴绣作品《四时之气》。

的重任了。明代，开封钟楼以南机神庙设有相当规模的织染局。八府园第二道街的机房，也是一个规模颇大的丝绸工厂。那里织造的花素生缣、乌绫包头、秋罗和长绢护领等，都是当地的驰名产品。彩绸有黑、红、黄、棕、灰、蓝等花色，其中黑汴绸尤其贵重，光泽明亮，经久耐磨，明末清初卖到日本被称为"黑老汴"。

当时所织黄绫，曾由河南地方官作为贡品，不仅供应皇室，还作为贵重礼品馈赠外国使节，备受赞誉。乾隆《祥符县志》"物产"就有"汴绫"记载。《宋史》及《文献通考》说开封祥符贡方文绫，今汴绫似缯差薄而光亮，乃其遗制。

石子玉汴绸庄的绫绸和纱绉驰名中州，传说曾经得到康熙皇帝的关注和嘉奖。所织黄绫，明丽精致，轻飘柔软，由宫廷采购，号称"贡绫"。石子玉从丝织厂的一名学徒成长为一位丝织行业的能工巧匠。他辞职单干，在河南省开封市北土街找了一间门面房，创办"石子玉汴绸庄"。由于严格把控品质，他织造的各色绫、绸、纱、绉很快驰名中州，随着生意的兴旺，绸庄逐步扩大，成为国内著名的大绸庄，远销全国及海外。在石子玉本人及其后裔的努力下，"石子玉汴绸庄"蓬勃发展，成为驰名中外的名产，经历了清朝九代皇帝，直至民国年间，才被景文州兼并，前后延续达200多年。

景文州推动汴绸发展

景文州是明末以来开封汴绸业最大的商号。景文州原本是山西一个以贩卖绫绸、丝带、绒线为业的小商贩，无甚本钱。明代开封，势若两京，经济发展水平较高，关键是开封周边种桑养蚕产生丝，有资源。明代开封最繁华的商业区是三街六市，这里店铺林立，鳞次栉比，热闹非凡。《如梦录》中多处提到"机房"，如安昌王府就有布店和机房，后宰门二道街内也有很多机房，专门织造各种布匹及绸缎。街市上店铺最多的是绸缎商店，城内除十多家无名号的绸缎店外，还有一些有名的老字号店铺，如余大缎店、余济缎店、余鸣缎店、余深缎店等四大名店，余家的店主来自徽州，他们的商品来源于当时丝织业发达的江南地区。

景文州来到开封经商，凭借掌握的一些丝绸常识开始原始积累，资金逐渐增多之后就开设了一家绫店，并以自己的名字命名为景文州汴绫庄。起初，景文州本人和家属都参加劳动，等发展到一定规模的时候就开始雇工生产，规模不断扩大。

如果不是明末黄河水患开封城遭灭顶之灾，景文州这家小店再怎么发展也竞争不过徽州富商，余家的生意毁于大水，汴河淤塞不能通航，江南的丝绸无法通过水路抵达开封，余家的生意一蹶不振，已经无法翻盘，这给了景文州发展的机会。景家的业务依靠的是本土的蚕丝。到了清朝乾隆时，景文州汴绫庄已发展到鼎盛时期，主要经营包头、手帕、素缣、裱绫、画绢等，拥有织机99张，雇织工200多名。以三圣庙街一带为大本营，在开封开有景文州麟记、景文州瑞记、景文州兴记、景文州纯记、景文州成记等至少5家分号，此外还设有同泰丝庄、德兴丹局、德成油坊等产业。产品畅销于豫鲁晋冀各省，还远销云南、贵州、青海、新疆、西藏等边远省区。

景文州的生意在清朝中叶为全盛时期，他们的黄绫产品深受皇宫喜欢，接到大量宫里的订单，都是先款后货，一时名声显赫。一些地方官吏知道景文州深受皇家喜爱，路过景文州店的时候往往是文官下轿、武官下马，以示尊敬。

官方的追捧，使其生意大好，到了1869年景家就成开封巨富了，景家四兄弟在开封东郊有土地1300多亩，在城内有房产40余处。

景家发家致富之后，就把三圣庙街原已毁弃的三圣庙重新修建起来，祀关帝、火神、财神。民国初期，赵倜任河南督军时，景文州的掌门人景启骥当上了豫泉官钱局局长。豫泉官钱局，创立于1896年5月，设在开封的北书店街。甲午战争后，清政府被迫和日本政府签订《马关条约》。为了筹集对日赔款，清政府加倍向各地征收赋税。河南省军需、政费连年亏空。为了缓解财政困难，河南当局也希望建立一个省办金融机构，以便代理省库发行纸币，筹措军政费用。各地相继奏请政府开设官钱局来缓和财政紧迫的局面。先是张之洞1896年在湖北设立湖北官钱局后，河南也随着其他省设立豫泉官钱局。豫泉官钱局成立时的宗旨仅为兑换银两、平衡物价，布政司藩库拨银9万两。这是河南最早的官办金融机构。1917年3月，河南省省长田文烈为支付军费开支，将45万元豫泉新钞加盖军用戳记配现洋币作为军饷，豫泉钞充斥市面，不能兑现。1921年4月，时任河南财政厅厅长的王光第强令豫泉官银钱局再发新钞10万元，激起开封商界强烈不满。开封商界于当年5月1日起全体罢市两天。该局每次发行新钞，都由省财政厅按县分摊，强迫民众接受。但民众完粮纳税、购买车票等，该局又拒而不收。1922年，河南省财政厅在强大的舆论压力下，将印有岳飞像的银元票兑现了一部分，其余均留存民间，全成废纸，百姓蒙受重大损失。

从商场到官场，景启骥貌似完成了华丽转变，其实是暗藏了祸患。

开封徐府街关帝庙

景文州见证汴绸业盛衰

民国时期开封汴绸工业发达，城区加上县区大概有40多家工厂。景文州的营业额占据全开封汴绸业的三之一以上。在民国初年有分号6所，织机80余架。

1927年之后，因受时局影响，汴绸业开始走下坡路，景文州也仅仅剩下一所分号。《河南政治月刊》第二卷第11期刊文分析原因认为有3种：一是受人造丝影响，市场萎缩；二是木市成立工会之后，劳资双方不能协调，人力成本大幅增加，一小匹20尺的人工费用由四角银元上升到一块二三，是1927年之前的3倍多；三是经济衰退，人民购买力薄弱，加上交通阻断，无法运销各地。以上导致汴绸业一落千丈。

王华农先生在《开封文史资料》中回忆说，景文州的衰败是被官僚资本的掠夺和压榨所致。1920年前后，河南督军赵倜的弟弟赵三麻子，召景启骥酒后设赌局，景启骥打牌输给他10万元，赵三麻子扣人要钱，强令限期交款，景家慑于赵的淫威，不敢抗拒，于是将各号流动资金提取一空，花钱消灾，从此景文州元气大损。景启骥在主持豫泉官钱局期间，曾发行过100文制钱的纸票，在市面流行不久即开始贬值，百文只抵30文使用。赵倜又以景启骥发行纸票贪污中饱为名，将其撤职并罚以巨款，景启骥因此积郁成疾。这都不要命，最要命的是家中独子败家太伤人心。景启骥的独子景小六从小不务正业，挥金如土，青少年时代就染吸"老海"（海洛因），家中稍不给钱，就借高利贷。无力偿还，就从家中偷东西作价偿还，有时从家中偷出箱子，根本不看其中所装何物，不管里面是否是金银细软或者名人字画，原封不动贱价抵账。1923年景文州尚有织机72张，生产的汴绸、纱包头仍誉满各地。1925年前后，景启骥气上加气，终于一命呜呼，死时年方50多岁，景小六在其父死后，先后将动产变卖一空，后又将房产十分不值三分出售。

景家迭遭变故，绫店主产品除汴绸仍为广大群众喜用外，其他产品使用者渐渐稀少，生意萧条。1938年侵华日军占领开封，景文州织机减至20余张。经此一劫，终至破产。

1948年，开封有景文州祥记、德记、恒记、永记等12家作坊和数家个体劳动者，木织机不足百张。1956年合并成立开封市手工业生产合作社。1958年转为地方国营开封丝织厂，购买丝织机42台。1980年代，开封汴绸厂建立，繁盛时拥有织染机216台，近1000名职工，年产各色丝绸200多万米，成为中州地区规模相当可观的丝绸工厂。汴绸在继承传统的基础上，无论是取材、技术工艺还是花色品种，均发生了很大变化，从而把开封汴绸业推上了新的历史阶段。

KAIFENG
THE BIOGRAPHY

开封传

魏王此地昔为都　琪树明霞五凤楼

第三章

大梁一战委泥沙,秋色霜寒动暮笳。
地满荆榛藏虎豹,天高波浪走龙蛇。
王侯半逐黄流水,城阙新开白露花。
极目不堪回首处,何时重睹旧繁华?

——清 李昌祚《过大梁》

大梁，列国名城闪光彩

魏国改革速发展

春秋末叶，经过长期的争霸战争，中原大国晋国日益衰落，晋国国君的指挥棒也不灵了，掌管晋国的实权被栾、解、赵、魏、韩、智6家大夫把持着。他们都有自己的地盘和武装，为了争权夺势，他们就像大鱼吃小鱼、快鱼吃慢鱼一般，相互厮杀，经过激烈的争斗和较量，最后只剩下韩、赵、魏3家，这几个哥们儿一合计，就瓜分了晋国。公元前403年，这3家派使者上洛阳去朝见周天子，请求封为诸侯。周天子见木已成舟，也乐得做个顺水人情，就把韩康子、赵襄子、魏桓子3人正式封为诸侯。中国历史从此进入了战国时期。

魏桓子建立了魏国，他采取了一些改革措施，起用了一批像李悝、西门豹那样的有为官吏。为了加强军事力量，起用了军事家吴起为将。

李悝为相实施变法后，魏国国力增强，成为战国初期强国之一。他还汇集当时各国法律编成6篇《法经》。商鞅听说秦孝公雄才大略，便携带《法经》到秦国，以该书作他变法内容的蓝本，成就了历史上著名的"商鞅变法"。秦国由此迅速崛起，成为战国初期最强大、最富庶的国家，并始终是"战国七雄"之一。

战国时期大梁发行的梁充,"梁充釿当孚"方足布。

迁都大梁谋求霸业

魏国国都原在安邑,地处河东,受秦、赵、韩三国包围,只有上党山区有一线可以和河内交通,如果赵、韩联合攻魏,切断上党的路线,再加上秦的进攻,简直就是十面埋伏、四面楚歌。魏惠王太担忧了,连睡觉都不踏实啊。为了加强对中原各诸侯国的控制,避开逐渐强盛起来的秦国的武力威胁,同时为了增强综合实力图谋霸业,公元前364年,魏惠王将都城迁到仪邑(今开封)。为别于少梁和南梁,改仪邑为大梁,所以魏国也叫梁国,魏惠王也叫梁惠王。

开封作为强盛的魏国都城,从魏国迁都之后迎来了它的第一个辉煌时期。

大梁城成为战国时期魏国的新都城,因为黄河淤沙,考古暂时还没发掘出大梁城,从文献推测其位置,大梁城的位置与今天的开封城并不完全重合,西北两面城墙,分别在今开封的西北两城墙之外。城墙皆版筑有城门12座。各城门位置与名称大抵无考,只有东门、西门有迹可寻。东门,因其附近有座低平的土山叫夷山,故又称夷门。它的位置大约在今开封的北门和铁塔公园一带;西门,又称高门,《宋东京考》说高门在固子门外西北二里,即梁惠王故城之门也,门已废久。开封市文物考古研究所于2003年钻探发现的北宋东京城外城西墙上的固子门,就位于今天河南大学金明校区的东北角。

大梁南面的启封也纳入魏国的版图。梁惠王将逢泽之地奖民垦殖，又修凿鸿沟，引圃田之水，灌溉田地，使大梁一带的农业很快发展起来。

国富民强称雄诸侯

那是一个回不去的时代，灵光闪现、百家争鸣，文士仗剑四海游走；那是一片只可仰望的星空，大师纷呈，星辉灿烂，战火频仍文人神采奕奕。魏国在大梁经营有方，商业、经济繁荣，市井繁华，国富民强，对宫室建筑也是一味追求华丽壮美，借以炫耀国家富有，于是就在大梁修筑范台、兰台、文台、京台等苑囿，十分豪奢。

当时商鞅为秦国大良造，商鞅颇有心机，为了整垮魏国，使其迅速衰败，他便利用惠王称王称霸的心理，到大梁劝说惠王要率先称王，都城一定要摆出王家气势，建筑必须高端大气。惠王听后大为高兴，遂大兴土木，采用王家制度建造宫室苑囿。常言道，上帝要使其灭亡，必先使其疯狂。梁惠王这个时候已经疯狂了。他陷入一个开支巨大的土木工程建设的美丽棋局。这些壮丽的宫殿，消耗了魏国的财政收入，导致入不敷出。哪里有工程哪里就出现腐败，腐败不断销蚀百姓的信心，魏国的资本不足以支撑其王道霸业的春秋大梦，虽然一度富强，最终还是步入毁灭。

梁惠王在迁都大梁之后，把少水的蓬池沼泽地租赁给百姓，结果造就了一批工商主，使富商大贾财势日益剧增。当时大梁的富人虞氏，"家充盈殷富，金钱无量，财货无赀。升高楼，临大路，设乐陈酒，积博其上。"（《淮南子》）。像虞氏这样的富商，在当时的大梁城并不在少数。

大梁城的商人不仅在都城内开店设铺从事商业活动，而且很多人还到外地去长途贩运货物。白圭曾在梁惠王初期任魏国相，其间因治理大梁黄河水患而青史留名，他所提出的"千丈之堤，以蝼蚁之穴溃"被称为千古名言。作为商人，他曾经营粮食、丝帛、漆等物，在丰年，当粮食供大于求时，就大量购进粮食，而丝漆等农副产品就要卖出去；而在蚕茧丰收的时候，正值青黄不接之时，粮食求大于供，就出售收购来的粮食，买进茧絮丝帛。

到了魏襄王的时代，奢华之风更是大为盛行。魏襄王欲建中天台时，命令"敢谏者死"，大臣许绾冒死进谏，襄王听后沉默不语，从此不再提修筑中天台之事。

伤心孟子经行处

大梁城中有一处有名的苑囿，叫做葆真池，为梁惠王所修。这座苑囿的出名乃至留迹青史，跟伟大的思想家孟子有很大的关系。孟子为孔子的再传弟子，一代哲人，德才为天下敬仰。梁惠王时大集天下贤士，孟子也于公元前319年来到大梁，深受惠王器重，时常促膝谈论治国平天下的道理，成为历史上著名的一段逸事。孟子曾和惠王在王宫中讨论"义利"的问题。惠王先问，说老先生您不远千里而来，将会对我的国家带来很大的利益吧！孟子说大王何必谈利呢，太薄气了，只有仁义罢了。你问用什么方法可以使你的国家获得利益，大夫问用什么方法可以使他的家庭利益最大化，一般百姓问用什么方法可以使自身利益最大化。上上下下交相牟利，国家就危险了。孟子给惠王阐述了一番道理，说拥有万乘兵车的国家，杀害君主的必定是拥有千乘兵车的家族；兵车，国家如果有一万，大夫就有一千，倘若不顾义而看重利，那不夺取国君的兵车是不会满足的。只有仁义，才可以平衡这些野心。

有一次孟子去见梁惠王，惠王正伫立在葆真池岸边。但见一池绿水，满目秀色，鸿雁嬉戏于水中，祥鹿闲步于湖畔，丽人轻歌，丝乐缓动，此情此景，让人陶醉。惠王遂问孟子道："贤者会对此感到快乐吗？"孟子回答道："国家只有任用

孟子像

孟子见梁惠王

有能之士,使国富民足,贤者才会感到快乐。如果理政失当,国破家亡,即使再有快乐的池苑,也是为别人准备的,贤者能不感到忧虑吗?还怎么会感到快乐呢?"

接着孟子又列举文王筑灵台而百姓乐从之,商汤暴虐而百姓愿与之俱亡的典故来阐发儒家的"仁政"大义,论述精妙,深为惠王赏识和赞同。

梁惠王说:"我对于国家,很尽心了吧!邻国也没有像我这样尽心尽力的。邻国的民众不见减少,我的民众不见增多,是什么道理呢?"孟子答道:"大王喜好打仗,让我用打仗来做比喻吧,当战鼓咚咚,交战开始,战败的士兵丢盔弃甲拖着武器奔逃,有的跑了一百步才停下,有的跑了五十步就停下了。跑了五十步的人因此而讥笑跑了一百步的人,行不行呢?"惠王说:"不行!他只不过没有跑到一百步,也同样是逃跑。"

孟子在大梁对梁惠王说:"在五亩大的宅园中,种上桑树,上了50岁的人就可以穿着丝棉袄了;鸡鸭猪狗不失时节地繁殖饲养,上了70岁的人就可以经常吃到肉了。一家一户所种百亩的田地不误农时得到耕种,数口之家就不会闹灾荒了。注重学校的教育,反复强调孝敬长辈的道理,须发花白的老人们就不再会肩挑头顶重物，出现在道路上了。年满70岁的人能穿上丝帛、吃上鱼肉，老百姓不缺衣少食，做到了这些而不称王于天下的是不曾有过的。"

孟子告诉惠王："拥有方圆百里的土地就能称王天下。大王如能对民众施行仁政，减省刑罚、薄敛赋税，深耕土壤、清除杂草；青壮年在空闲时修习孝悌忠信的道理，在家用这些来事奉父兄，出外用这些来事尊长，就能使他们拿着木棒来打击秦、楚的坚甲利兵了。那些国家侵夺民众的农时，使他们不能耕种农田来养活自己的父母，父母挨冻受饿，兄弟、妻儿离散。那些国家虐害自己的民众，大王去讨伐他们，谁能和大王对抗？所以说仁者是无敌的，希望大王不要犹豫。"孟子的劝说，促使了梁惠王励精图治。

可惜的是，孟子在大梁只逗留了几个月，梁惠王便驾崩归西，来不及实行孟子的政治主张了。襄王继位后，对孟子的思想"池水有幸聆圣诲"，孟子怀抱希望试图说服襄王，但襄王更独断专权。在大梁，孟子乘兴而来，败兴而归，临走时留下一句"望之不似人君……"，于是，离开大梁。葆真池这座供王家宗室游乐嬉戏的苑囿，如果不是孟子的光临，恐怕早已泯灭在历史的尘埃之中了。但至今人们议论这段旧事，仿佛连池水也闪烁着灿烂的哲理光辉。

孟子在大梁的活动把其仁义学说做了全面发挥，后来其弟子整理其一生言行为《孟子》一书时，将《梁惠王》列为首章，向为儒家重视。

宋代为纪念孟子见梁惠王这一历史事实，在东京城内西南隅修建了孟子游梁祠，建有大殿和讲堂，盛极一时。宋代修建的游梁祠经过兵燹水火至明代已荡然无存。明万历年间，河南巡抚方大美认为夷门

孟子游梁祠石碑以及开封市文物保护单位石碑

豪侠、遗韵犹存，而仁义之风渺矣，为教化百姓，就在宋代游梁祠旧址上重建新祠，崇祯末年没于黄水。

万千宫阙早已深埋土下，或被黄水冲破，那些笙歌，那些燕语，都不再绕梁三日，开封满目投射出大宋文化的符号，难道当年春秋战国时代的那个魏国仅仅存在于发黄的纸卷中吗？不，新老城区东西贯通的有一条魏都路，老城区还有全世界残存的纪念当年亚圣孟子客居大梁的"游梁祠"。民国，先是私塾，后是军械所。"文化大革命"期间，毁坏严重。在原址建钢窗厂，工厂兴旺，游梁祠最后一个大殿被拆除，建一座三层办公楼。楼道口中部镶有一块"孟子游梁祠市级文物保护单位"的方石碑，1992年4月1日开封市人民政府立。

两千多年以来，大梁城中那些富丽的宫苑建筑，早已随着历史变迁而化作久远的尘埃，大多数连名称也没有留下来，但历史却牢牢记住了在大梁的王宫苑囿中，孟子与梁惠王的一段段精彩的对话。作为一代国都，大梁是雄伟的，雍容大度的。那个时代，正是中国历史上天翻地覆的英雄时代，是一个需要人才并造就了众多杰出人才的时代。

灭魏，悲风千里梁都毁

梁惠王倾向改革，却不能彻底改革；他下令求贤，却不能任贤，如听任庞涓谗害孙膑、拒绝起用商鞅等，孙膑到了齐国得到重用，后来商鞅在秦推行变法，致秦国迅速强盛。

逢泽会盟成霸业

公元前354年，赵国为了扩张领土，逼迫卫国俯首称臣。卫国原是向魏国朝贡，赵国的行为激怒了魏国。第二年梁惠王就派大将庞涓率领宋、卫联军包围了赵国都城邯郸。赵国形势危急，就向齐国求援。齐威王派田忌为将、孙膑为军师驰往救援。孙膑认为，魏国全力攻赵，军队的精锐都在外面，国内一定很空虚，如果齐军以迅雷不及掩耳之势直捣大梁，魏军必然撤军回救都城，这样一石二鸟一举两得，既解邯郸之围，又使魏军疲敝，路上就可以截杀。庞涓见大梁危急，便率大军日夜兼程撤回都城。齐、魏两军在桂陵（今河南长垣北）交锋，魏军大败。

孙膑打败魏国的消息传到了秦国，商鞅趁势建议秦孝公趁火打劫去进攻魏国，往东发展占据黄河、崤山等险固之地，再征服诸侯就可以当上中国的霸主。还没等秦孝公决断，魏国及时扭转战局，依然攻破了邯郸，并且于公元前

352年打败齐、宋、卫三国联军。

秦孝公怕，遣商鞅入魏游说。商鞅建议梁惠王除号令宋、卫、邹、鲁等小国外，北面争取燕国，西面争取秦国，先行称王，然后征战齐楚。惠王从之，成为第一个称王的诸侯。旋又召集鲁、卫、曹、宋、郑、陈、邹、许等国诸侯于公元前344年在逢泽（今河南开封东南）盟会，主持各国诸侯在逢泽会盟。同时"乘夏车，称夏王，朝为天子，天下皆从"。（《战国策·秦策四》）商鞅这时觉得秦国势力暂时不是魏国对手，就再建议用尊魏为王的办法来麻痹魏惠王。秦孝公为表示尊魏，也派公子少官参加了逢泽会盟。

会盟之后，梁惠王率诸侯朝见周天子。周天子见诸侯尾大不掉，就官宣这次会盟的合法性。逢泽之会原本是魏国高压态势下召集的，引起其他诸侯国的不满。魏国这样一搞，等于孤立了自己，"天下乃舍之"，为以后大国间的战争埋下伏笔，也给了秦国一个绝佳的发展机会。

成也鸿沟败也鸿沟

梁惠王迁都大梁的第二年就开挖鸿沟。魏国有个叫圃田泽（在今河南开封西中牟境内）的著名湖泊，先秦时代，这里湖面开阔，水肥草美，一片汪洋泽国的景象。道家名师列御寇就长期居住在这里，并在这里修炼道术、著书立说。《愚公移山》一文就是列御寇在圃田泽居住之时创作的。

魏国兴修水利，从今荥阳东北引黄河水南行，横过济水，注入今中牟与郑州间的圃田泽，称为大沟运河。魏国为了把境内的河流连接起来，形成一个完整的水运网，在公元前339年，又引圃田泽水东流，把大沟运河延伸到大梁城北，然后又绕过大梁城东，折而南行，至陈（河南淮阳）流入颍水，再经颍水注入淮水，这就是历史上有名的鸿沟。

鸿沟是中国古代最早沟通黄河、淮河和长江的运河，鸿沟的源头是黄河，又有圃田泽调节，水量充沛，因而与它相通的各条自然河流面貌大为改观，通航能力大大提高。

这不是普通的沟，而是名垂青史的鸿沟。鸿沟的起点在今天的荥阳，叫

开封市博物馆展示的魏国兴修水利的场景

蒗荡渠，经过今天的中牟、开封地界，才叫鸿沟。开封的第一次繁盛，源于这条沟。

鸿沟的开凿，为大梁一带的农田灌溉带来了极大的便利，促进了农业的发展。据《史记》记载，刘邦曾经想中分天下，鸿沟为界，西为汉东为楚。《战国策》里面这样记载鸿沟的作用："粟粮漕庾，不下十万。"鸿沟的开凿，使大梁与全国各地的水运交通畅达便捷，为大梁手工业、商业的繁荣和发展提供了良好的条件，大梁城商业繁荣，富甲海内。使大梁成为"北据燕赵，南通江淮，水陆都会，形势富饶"之地。促进了大梁的经济腾飞和文化发展。大梁因鸿沟带来的发达水运和便利交通，一度成为全国商业中心。使大梁城成为"诸侯四起，条达辐辏"的中原重镇，巩固了魏国在战国时期的地位。

鸿沟给大梁带来了经济、文化繁荣的同时，也带来过无穷灾难。因为其水源来自黄河，黄河泥沙含量大，经常淤塞，泛滥成灾，淹没两岸大片田园住宅。

王贲水淹大梁城

秦国与魏国的战争从来都没消停过,打打停停,和谈之后再打,再和谈,城池切割、土地归还、斩杀军士等等。秦国的不断强大造成魏国的不断退缩。

苏代游说魏国,他说魏国把大片土地割让给秦国虽能暂时满足秦王的贪欲,但秦国的欲望无止境,只要魏国还在,秦国就不会停止进攻。苏代给魏安釐王讲了一个抱薪救火的故事:从前有一个人,他的房子起火了。别人劝他快用水去浇灭大火,但他不听,偏抱起一捆柴草去救火,这是因为他不懂得柴草不但不能灭火,反而能助长火势的道理。大王若用魏国的土地去向秦国求和,那就和抱着柴草救火没有什么分别了。苏代已经把严峻形势分析得非常清楚了,但是胆小的魏安釐王只顾眼前的太平,一味屈膝求和,最后按照大臣们的意见把魏国大片土地割让给秦国。

公元前242年秦王又发兵攻打魏国,围堵了魏国都城大梁的出入通道,魏国的军队如风吹白云,四处逃散而不敢彼此相救;公元前241年秦王攻取魏之朝歌;两年后秦王再次出兵,夺取了首、垣、蒲、衍等地,进而兵临仁地、平丘,包围黄、济阳,秦国打通了至齐国的通道,截断了楚国和赵国联系的要道。

纵横家张仪,本是魏国贵族后裔,却入秦,公元前329年他极力怂恿秦攻魏。于是秦军攻占了魏国河东的汾阴、皮氏、曲沃(均在今山西境内)等地。次年,张仪做了秦相,再次发兵攻魏,迫使魏割让上郡15县的土地,从此黄河天堑为秦据有。

当秦、齐、楚成为三大强国之时,魏国夹在三者之间,沦为一个配角。张仪事秦,施展连横之策,沉重地打击了楚国的势力。苏秦事燕,实施合纵政策,到齐国搞反间活动,使齐国在军事上遭到了重创,从此一蹶不振。

在合纵连横时期,魏国时而西附强秦,时而东附于齐,时而联合韩、赵、燕、楚对付秦、齐,忽合忽离,以求自保。经过5次合纵连横,六国谁都不敢互相救援。就像温水煮青蛙一样,魏国慢慢被温水包围且水温渐渐升高。

齐、楚衰败后,秦国一枝独秀,成为实力最强盛的国家,开始了统一六国的战争。秦军与韩国开战、攻打赵国，攻打燕国，都是在为拿下魏国做铺垫工作。以前秦军攻打魏国还有后顾之忧，总是担心赵国从后背下手，担心韩国切断秦军后路，而现在，没有啥忧虑了，只管大胆往前走。

从公元前238年秦军初次围攻大梁算起，20年来，秦国战车7次围攻大梁，5次攻入了魏王游乐的梁囿，继而兵临城下，包围大梁城，又长驱进攻大梁以北地区，秦军破坏得极其严重，结果都没有把大梁攻破，所以也没有能够灭魏。当时魏还有坚持抵抗和防守的力量。

如今，其他诸侯国已经投鼠忌器、自顾不暇。秦军大举进攻，攻城略地、所向披靡。魏国在秦军节节紧逼的形势下屡吃败仗，终于面临了都城保卫战的严峻时刻。公元前225年，秦王嬴政策划出大胆的战争计划，置魏国其他城池、要塞于不顾，派王翦之子王贲统率大军，直接深入魏国的都城，里三层外三层将大梁包围起来。

王贲逐一扫除大梁周围的卫城，使大梁变成了进无可进，退无可退的一座孤城。魏军已成瓮中之鳖。王贲首先派小股部队采取动态方式连续围城，围而不攻，虚张声势故意激怒魏兵。其次，他把精锐部队部署在大梁的周围，埋伏好，扎好口袋专等魏国的士兵钻进去好"包饺子"。几次虚晃，魏兵迫不及待开始"乘胜"追击，谁知道这恰恰中了王贲的诡计。他故意放走求救的人马，尽可能地叫救兵过来，好一网打尽。无论是跑出来多少股魏军，无不落入秦军扎好的口袋之中，老老实实地被秦军一口口吃掉。

大梁城内守军看不到援军的影子，原本想着有救兵到还有拼劲，等了一天天之后慢慢就生出绝望的情绪，士兵们开始烦躁，军心有些不稳定了。

大梁，河湖密布，水道四通，方圆千里之内坦荡无际，人口众多，自古就是中原一大都会，也是古来兵家必争之地。城池修得异常坚固，"以三十万之众守梁七仞之城"（注：战国时期一仞等于八尺，1尺＝23.1厘米，七仞折合今天是12.936米），就算"汤、武复生，不易攻也"。（《史记》卷七十二《穰侯列传第十二》)，城下是一条10丈宽的护城河，引鸿沟之水，深至两丈有余，形成保护的屏障。每座城门前修有一座长30丈宽15丈的坚固瓮城，瓮城入口处皆设千斤铁匣，用以袭击进入瓮城的敌兵。城墙上每隔百丈就伸出一座

《王贲水淹大梁图》，拍摄于开封市博物馆。

10丈宽的"马面"，皆用黄土夯打而成，外砌麻石，异常坚固，若敌军逼近城墙，"马面"上的魏军就可以从侧后面用弩箭袭杀。每两座城门之间的城墙上又加筑了女儿墙，遍布箭垛。而且城内粮草充足，足以维持相当长一段时间。因此，魏国认为秦军无论是强攻还是围困，都无法攻下固若金汤的大梁城。王贲经过分析后认为，大梁城虽然异常坚固，粮草也十分充足，但有一个先天不足，那就是地形不好地势较低。黄河、鸿沟离此不远。围城3月还不能拔城，就用水攻。

于是王贲分出一部分兵力，投入引水工程，令秦军开渠，引黄河水入鸿沟，再掘鸿沟，水灌大梁城。很快，大堤被掘开，河水替代了秦军的千军万马，从三面涌入大梁城。当时正是大梁的春汛时节，时常下雨，因此水势越发浩大。大梁数百里范围内皆成泽国，无数人葬身水底。最糟糕的是，经过3个月的浸泡，大梁城土质的城墙已经渐渐松软出现坍塌。开封城遭遇史上第一次

79

灭顶之灾。

大梁城中的数十万魏军、3年战略储备物资，还没有派上用场，就成了鱼腹之食。无奈之下，魏王假召开最后一次御前会议，决定开城投降。不久，大梁城上竖起白旗。水势退去后，魏王假携王室成员出城投降。于是灭魏，秦以其地为郡县。

大梁城破那一天，秦军下令见到魏国的皇子一律格杀。但是一个小皇子逃走了。秦军发布命令说："有抓到魏国小皇子者赏黄金千金，隐匿包藏者诛灭十族"。一奶妈带着小皇子逃难，魏国的故臣说："找到皇子的人会得到很厚的赏赐，奶妈你知道皇子的所在就说出来吧。"这个奶妈说："我不知道他在哪，即使知道，逃就逃了，也是不可以说的。为主人养孩子，不能藏好他反而说出来出卖他，是反叛怕死的行为。我听说，有句话叫：忠诚不背叛主人，勇敢不惧怕死亡。凡是为主人哺育孩子的人，是想让孩子活，而不是一定要杀死他，怎么可以见到利益害怕株连，废弃正义而做奸诈的事呢！我不能为了自己活命却让皇子被抓啊！"于是她就奋不顾身抱着小皇子躲到水草积聚的低洼的地方。那位故臣把他们举报给秦军。秦军追上看见他们，争相用箭射杀。这位奶妈用自己的身体遮住小皇子，她身上中箭有好几十处，和小皇子一起死了。秦王听说这件事，认为她用死来维护忠心和义气十分可贵，于是按照大臣的礼仪把她安葬，用太牢来供奉。把她的哥哥封为五大夫，赏赐金子百镒。这位乳母忠厚，重正义，轻钱财。因为仁慈，所以大爱。

繁华名都成废墟

大梁城孤立于汪洋泽国之中，最后成为废墟。到过大梁故城的司马迁说："秦军攻陷大梁的时候，引河沟水淹灌大梁，历时三月，城垣倒塌，魏王求降，于是灭魏。"议论的人都说，魏王由于不重用信陵君，国家逐步削弱，最后灭亡。司马迁却不以为然，认为天意正要秦王平定四海，大功尚未告成之时，魏国即使得到伊尹这样的人辅佐，又能有什么用呢？

经此一役，大梁城遭受到空前的浩劫，繁华名都，顿时化为废墟，鸿沟水利灌溉系统也因此被破坏。水淹大梁造成水系紊乱、灾害连年,大梁城多条人工开挖的河道也都被黄河水沙淤塞。大梁城芦苇丛生、残破不堪。直到西汉建国几十年后,汉文帝封梁孝王于开封,因为这座城市荒凉低湿,后来他才迁都到睢阳。大梁城元气大伤,数十年未能恢复。

　　大梁作为魏国国都,历惠王、襄王、昭王、安釐王、景湣王、魏王假六世140年。当年的大梁城在当时生产和军事要求下,冶铸、手工业较为发达。商业繁华、人口繁庶,大梁甲士居民在魏灭时尚存30万人。城内"除田宅外,无空地,人民车马来往,日夜不休"。一代名城,就此藏于地下。一代风华,从此隐于典籍。期待考古新发现,再现大梁名城的繁华。

梁园，文人雅士的乐园

李濂在《汴京遗迹志》中说："梁园，在城东南三里许，相传为梁孝王游赏之所。……一名梁苑，孝王筑吹台于苑中。"李濂认为刘武由汴迁睢阳，只是迁都，与开封辖属并无干连。梁孝王筑东苑300余里，并非300里内尽为园林，而应是300里外犹有苑所离宫，这便是梁园。他不但增筑吹台，还在开封城西北凿酾池，城东北垒蓼堤，皆有据可查。

梁王筑园礼贤下士

乾隆皇帝"南巡"的时候经过开封吹台题写一首诗，里面就有"凌晨陟吹台""杜子真豪矣，梁王安在哉？"这样的诗句，吹台是师旷演奏音乐的地方，就是现在开封的古吹台，而梁孝王是汉文帝的儿子。梁孝王刘武深得窦太后的喜爱，封梁国。当时梁国"为大国，居天下膏腴地"。梁孝王不但有了政治资本而且还有了经济资本，为建筑大的园林打好了良好的基础。

汉时开封周围尚为南国风光，河渠纵横，水网连通，其地阴湿，树茂草长，郊野之外，望之郁郁青青，梁园亭台宫观，隐约其间；红墙绿瓦，水光湖色，地貌钟灵，王气很盛，有欲辩已忘言之妙。

梁园中最著名的是修竹园，也是梁孝王最钟爱的地方。园中竹木，尽备

千古名园梁园以独特的文化底蕴屹立于中国古典文学的殿堂。

天下之选，使这座名园充满着生活的气息和高雅的情趣。加之开封地气适宜，气候温和，丛丛青竹在精心栽培管理下，长得遮天蔽日，把一座梁园装衬得葱气蓊然。修竹园又集天下奇树，凿土为山，台池遍布园中。开封本多水，园中因地引水，有天然造化之妙，胜观不可尽数。

修竹园是梁孝王延揽天下名士的地方。梁孝王生性风流，曾哺育过信陵君等优秀人物的古城开封又为他提供了礼贤下士的历史前鉴，所以梁孝王养士，丝毫不让前人，极下功夫。修竹园中多修馆阁，诸方游士如过江之鲫，望风而至。梁孝王常与所招之贤吟诗歌舞，上下相得，极为欢洽。汉赋大家枚乘专作《梁王苑园赋》，修竹园既为养士之所，园内馆阁建筑，也多以名士所居分别命名，如枚乘所居之馆，即命名为"枚馆"，邹阳所居之馆，即命名为"邹馆"。据《史记·梁孝王世家》记载，梁孝王招延四方豪杰，其中一个名叫公孙诡的人多奇邪计，初见梁孝王，便得千金赏赐，官至中尉，被称为公孙将军。由于梁孝王广招人才，又爱好文学，一时人才济济。在刘武的周围，聚集了许多当时已经显名并流传后世的文士、辞赋大家，主要有枚乘、司马相如、邹阳、羊胜、公孙诡等。

先说枚乘，他诗文歌赋无所不精，曾被吴王刘濞聘为郎中，极受重用。可他看到吴王在暗中招兵买马，欲阴谋叛乱，便直言不讳地上书劝谏。由是知名，汉景帝授予弘农都尉。但枚乘"久为大国上宾，与英俊并游，得其所好，不乐郡吏，以病去官。""复游梁，梁客皆善属辞赋，乘尤高"。枚乘在梁园作《梁王菟园赋》。菟园就是梁园，枚乘是梁孝王的主要宾客之一，对梁园的繁华有切身的感受。赋中，铺叙了梁园的自然风光、规模建制及一年四季中的各种景物，此赋是枚乘的代表作之一。枚乘之赋铺张夸饰，对汉赋的博大恢宏气势有一定的影响，对后世的辞赋创作也有一定程度的影响。南北朝时期江淹作《学梁王菟园赋》，就明确指出自己是学枚乘的。

司马相如是蜀郡人，汉赋著名作家。他"少时好读书，学击剑"，慕蔺相如之为人，改名相如。他原受汉景帝武骑常侍之封。景帝不好辞赋，梁孝王带领诸文士来朝，相如便托病辞职，客游于梁。其名作《子虚赋》即作于梁园，"梁孝王令与诸生同舍。相如得与诸生游士居数岁，乃著《子虚》之赋。"

邹阳是齐人，当年吴王刘濞刚刚封国的时候，曾经招四方之士，邹阳与枚乘、庄忌一起仕吴。后因吴王有谋反之迹，邹阳上书谏之，写下著名的《上吴王书》。吴王不听，于是他遂改投梁孝王。邹阳为人有智谋，慷慨，不肯苟合。羊胜、公孙诡"欲使梁王求为汉嗣"，邹阳以为不可而力争，受到羊胜、公孙诡的谗害，被投入牢狱。于是，邹阳在狱中上梁王书："书奏孝王，孝王立出之，卒为上客。"后由于大臣袁盎等反对，为梁求汉嗣一事未能成功，梁孝王恼怒之余，与羊胜、公孙诡密谋杀害袁盎等大臣。事情败露后，"孝王恐诛，乃思阳言，深辞谢之，资以千金，令求方略解罪于上者"。梁孝王以千金向邹阳求计。邹阳向齐人王先生咨询后，悄然入京见景帝王美人之兄王长君，劝王美人向景帝进言，不要再追究袁盎之案。同时，韩安国进京面见长公主，向长公主求情，最终使景帝不再追究这个事儿。从此也能看出，邹阳在梁国的身份，不仅仅是一个文士，还是一个非常重要的谋士。

说不尽的梁园岁月

那是一个美好的时代，众多的文人集聚在梁园，挥洒豪情，书写心志，感怀古今。那是文学史上一个辉煌的时期，汉赋大腕赏玩梁园，风雅相聚，饮酒吟诗，恣意汪洋。梁园，成为文学上的胜景，后来，历代文人骚客莫不以到梁园抒情为最理想的处所。游梁园、登吹台，凭吊怀古，吟诗赋词，抒发情思。

梁园，已经成为文人的一个心结，无论他是从哪里来，总要到此一游，抒发情思。

阮籍在《咏怀》中写道："驾言发魏都，南向望吹台。箫管有遗音，梁王安在哉？战士食糟糠，贤者处蒿莱。"战士吃酒糟米糠等粗劣食物，贤人隐居草野而不被任用。结果是"歌舞曲未终，秦兵已复来"。

在唐代，梁园虽然有所变化，但是胜景仍是不减当年。李峤《兔》诗云："汉月澄秋色，梁园映雪辉。"王昌龄《梁园》诗云："梁园修竹古时烟，城外风悲欲暮天。万乘旌旗何处在？平台宾客有谁怜？"诗中写古代梁园之盛，气势宏伟，而立足现实予以回顾，秋天梁园的竹子一如昔时烟雾迷漾，黄昏时分城外风吹似悲鸣。曾经飘扬的亲王旗帜在何处，平台上的宾客又有谁能关心。岑参在天宝三年（744）28岁时进士及第，正是仕途顺利之时，在《梁园歌·送河南王说判官》诗中，他写梁园春景色调明丽，并由对世事变迁的咏叹而显示出积极进取的锐气。诗的结句云"辖轩

乾隆皇帝"南巡"之时经过开封梁园题诗，今禹王台有御碑亭，上有"杜子真豪矣，梁王安在哉？"的诗句。

85

若过梁园道，应傍琴台闻政声"，是对亲友的勉励，也是对梁园的追思。岑参又有《山房春事诗》（其二）亦写到梁园，诗云："梁园日暮乱飞鸦，极目萧条三两家。庭树不知人去尽，春来还发旧时花。"梁园，依旧是温暖的故乡；梁园，依然是华美的家园；梁园，还是那个梁园，任凭时光变迁，它却不曾改变，纵使景观变化，而心中依然灿烂。

　　明代中期以后，文士诗咏梁园则更明显地哀叹繁华飘逝，感慨世道变迁。如嘉靖时王廷相作《梁苑歌》其二云："百年之后君为谁？有酒莫惜千金挥。不信试看梁王苑，狐兔草驰鬼火吹。"那个时候，梁园已经是一幅衰草遍地的破败景象。

　　梁园就是读书人心中的圣地，它是古典文学灿烂星空中一颗最明亮的星星，从大汉至近代，多少王侯将相、才子佳人在梁园留下了无数的感叹和奢望，没有一座园林如它那样，倾醉千古文人；没有一座园林如它那样，留下汉赋、唐诗、宋词以及戏文等多种吟咏佳作。

　　两千多年以来，梁园以独特的文化底蕴屹立于中国古典文学的殿堂，中国文化界的高手几乎都曾在这里留过踪迹，不因时光的变迁而布满灰尘，不因时代的发展而渐渐遗忘。如今的梁园旧址还是一个优美的园林，花木扶疏、鸟语花香。千古名园，依然韵味十足、魅力无穷。

陈留，开封不尽此地兴

秦始皇统一中国后，在大梁城故址置浚仪县，属砀郡。位于浚仪西南的启封也置县，归三川郡管辖。阮籍曾经目睹大梁城的衰败，在《咏怀诗八十二首》（其十一）写出了当时的荒凉："徘徊蓬池上，还顾望大梁。渌水扬洪波，旷野莽茫茫。走兽交横驰，飞鸟相随翔。"

陈留崛起成天下之冲

公元前206年，项羽自立为西楚霸王，直辖砀郡等9郡，浚仪、启封两县被项羽占据。第二年以鸿沟为界，东属楚，西属汉，启封县归汉属河南郡管辖。公元前202年，刘邦即帝位后以砀郡地封彭越为梁王，因昔日大梁城仍衰败不堪，梁国不以浚仪为都，而把都城建在山东定陶。直至汉文帝二年（前168），浚仪在大梁城的旧基上逐渐修葺，城市面貌有所改观。

公元前156年，汉景帝即位，启封县因避汉景帝刘启之讳，改"启"为"开"，改称开封县。公元前122年置州，陈留郡浚仪县属兖州，河南郡开封县属司隶部。开封、陈留，你中有我，我中有你，政权更迭，区划更改，但是地理位置没有大的改动，依旧是这块土地。秦以后，陈留悄然崛起。由于大梁的荒废，陈留成为"天下之冲，四通五达之郊也"，变成了中原南来北往的重要

铁塔湖

交通枢纽。陈留的地理位置很特殊，位于黄河以南，洛阳以东，距离太行山脉也不远。控制陈留，东北可去山东诸郡，东南可去江淮诸郡。陈留进可攻退可守，历来是兵家必争之地。谁能占据陈留，控制官渡，即天下可窥之一二。立足陈留，北伐可平邺城，南侵可得许昌、宛城等农业重镇，西征则能控制洛阳、长安等金融城市。陈留一旦失守，则直接威胁到洛阳、长安、邺城和小沛的繁荣稳定。

高阳酒徒策论天下取陈留

高阳，一个远古的圣地。从上古传说到文字记载，高阳一直在古代典籍中熠熠生辉。高阳是远古时代颛顼的领地，高阳曾是一座城。秦末时期，风云变幻，高阳昂首阔步走进了中国的正史，记载它的是司马迁。司马迁在《史记》卷97《郦生陆贾列传》中写到了大汉谋士郦食其献策夺取陈留的故事。

郦食其少有壮志，喜读书，但嗜酒。他虽有满腹经纶，但是县府、贤豪都不敢任用，后来他只好充当看管门户的监门吏。他读书万卷，在乡人的讥笑中佯装痴狂。他在等待时机。陈胜、项梁等起义军路过高阳，郦食其认为他们都是些鼠目寸光之辈，不能听大度之言的人。终于，他要等的人来了。他听说沛公刘邦带兵攻城略地来到陈留郊外，沛公部下的一个骑士恰恰是郦食其邻居的儿子，沛公时常向他打听他家乡的豪士俊杰。一天，骑士回家，郦食其看到他，对他说道："我听说沛公傲慢而看不起人，但他有许多远大的谋略，这才是我真正想要追随的人，只是苦于没人替我介绍。你见到沛公，可以这样对他说：'我的家乡有位郦先生，年纪已有六十多岁，身高八尺，人们都称他为狂生，但是他自己说并非狂生。'"骑士回答说："沛公并不喜欢儒生，许多人头戴儒生的帽子来见他，他就立刻把他们的帽子摘下来，往里边撒尿。在和儒生谈话的时候，动不动就破口大骂。所以您最好不要以儒生的身份去向他游说。"郦食其说："你只管照我教你的这样说就行了。"骑士回去之后，就按郦食其嘱咐的话告诉了刘邦。

刘邦来到高阳，在村北的大觉寺住下。夜晚洗脚之时，郦食其先递进自己的名帖给使者说："高阳的卑贱百姓郦食其，私下里听说沛公奔波在外，露天而处，不辞劳苦，带领人马帮助楚军来征讨暴虐无道的秦朝，敬请劳驾诸位随从人员，进去通禀一声，说我想见到沛公，和他谈论天下大事。"使者进去禀告，沛公一边洗脚一边问使者："来者是什么样的人？"使者回答说："看他的相貌好像是一个有学问的大儒，身穿读书人的衣服，头戴巍峨的高冠。"刘邦说："请替我谢绝他，说我正忙于讨平天下的大事，没有时间见儒生。"使者出来道歉说："沛公敬谢先生，他正忙于讨平天下的大事，没有时间见儒生。"郦食其听罢，立即对使者说："走，再去告诉沛公，吾高阳酒徒也，非儒人也！"使者忙报之，刘邦一听自称"高阳酒徒"，来者不善，慌忙诓脚都来不及擦，说："请进！"郦食其入内，刘邦让其上坐并问其计。郦食其说："足下起瓦合之卒，收散乱之兵，不满万人，欲以径入强秦，此所谓探虎口者也。"他说陈留是交通枢纽，兵家必争之地。那里，粮食储备千万石，城池坚固。他与陈留县令一向要好，愿意替刘邦劝降。郦食其说，假如陈留县令不听劝，他就杀了陈留县令，夺取陈留。那么，沛公就可以拥有陈留之众，占据陈留之城，食用陈留的存粮，招募抗秦的战士，扩充军队。于是，刘邦接受郦食其的建议，决定先攻占陈留，并派遣郦食其为内应。郦食其见到陈留县令，希望他能投降刘邦。陈留县令惧怕秦法，不敢贸然从事。郦食其就在夜半杀死县令，悬其头于城门。刘邦见大事已成，引兵攻城。城上守军见县令已死，无意再守，遂开城投降。刘邦住到陈留南城门楼上，打开粮仓，供应部队给养。经过3个月，他们招募新兵万人以上，成为消灭秦朝的有生力量。

曹操于陈留开启了革命生涯

公元189年，汉灵帝刘宏驾崩，少帝刘辩继位，封弟弟刘协为勃海王，后改封为陈留王。几个月后，董卓废掉少帝，改立年仅9岁的陈留王刘协为帝，这就是汉献帝。

陈留是曹操的福地，在这里他开始起兵。当年董卓进洛阳的时候，曹操正担任典军校尉的职务。董卓想拉他入伙，让他任骁骑校尉。但是曹操看到董卓的暴行很不得人心，认定他必然会失败。所以不管董卓怎样拉拢，如何封官许愿，曹操都不愿意入伙。为避董祸，曹操改名换姓，单身逃亡，翻山越岭走小道返回老家谯县，一边躲避地方官吏缉拿，一边筹备招兵买马。曹操过去性情放荡，举止屡犯法度，与当地官府关系不睦。没有地方政府官员罩着，在家乡他不好立足，更不好起兵。于是就辗转到达陈留，陈留郡的太守张邈是曹操的好朋友，曹操把陈留作为自己的基地，开始起兵反对董卓。

陈留是兖州第一大郡。陈留郡地理位置非常重要，治下浚仪县即战国名城大梁，位于豫东平原。张仪曾言其"地四平，诸侯四通，条达辐辏，无有名山大川之阻。从郑至梁，不过百里；从陈至梁，二百余里。马驰人趋，不待倦而至"。（参见《战国策·魏策一》）郡治陈留县（今河南省开封市祥符区陈留镇北部）亦为交通枢纽，秦朝曾在该地设置了巨型粮仓。

兖州刺史刘岱，是反对董卓比较坚决的人物，所以他支持曹操到陈留郡的己吾县从事革命活动。陈留张邈是拥有数万军队的地方军阀，曹操依靠陈留郡太守张邈开始了他的革命生涯。曹操打着为国讨贼，匡扶汉室的旗号，得到张邈部下卫兹的帮助，开始招兵买马。己吾县（在今天的河南省商丘市宁陵县

天马广场的"开"字造型，彰显了开封之文、开封之古、开封之景、开封之美、开封之韵、开封之魂。

西南）在陈留郡东南边界，与其故乡谯县相距只有百余里，他的族弟曹洪、曹仁及亲戚夏侯惇、夏侯渊也来相助，很快就聚集了5000多人马。这支部队是曹操的"原始股"，有了陈留兵，曹操也就有了底牌和根基。

东郡太守桥瑁、山阳太守袁遗、济北相鲍信同时俱起兵，众各数万，推袁绍为盟主。汉献帝初平元年（190）正月，曹操带兵参加了以袁绍为盟主的关东军，讨伐董卓。

魏文帝黄初三年（222）陈留郡改封陈留国，浚仪县属之。黄初五年废国仍改郡。魏明帝太和六年（232）仍改封陈留国，浚仪县属之。两晋南北朝时期，开封归属屡变，但均为地方治所。东魏孝静帝天平元年（534），在浚仪设置梁州，北齐因之。北周武帝宇文邕于建德五年（576）灭北齐占领梁州后，此地因濒临汴水，已成为黄河与淮水之间的水运要地，故升为汴州，这是开封称作汴的开始。

开封，国家水运互联网

隋朝之前开封水路"局域网"

开封是一座因水而兴的城市。

浚仪县的古汴渠是一条古老的河道，从先秦一直到隋初都对开封产生着重要的影响，同时也是鸿沟水系的主要河流之一，也是黄河水流经古荥阳北时在南岸的一道分支，属天然河道，早在先秦时期就被用于运送物资货物，后来经过人为的加工、改造和修整，成为一条重要的水运通道。

西汉一统天下后，遭受战火水灾的开封，附近的河流并没有得到官方的较好治理。公元69年，汉明帝商议治理汴渠的事，于是便召见王景，询问治水的地理形势和便利条件。王景陈述治水的利害，应对灵敏迅速，皇帝很欣赏，派王景和王吴修筑渠道和河堤。王景于是测量地形，打通山陵，清除水中沙石，直接切断大沟深涧，在要害之处筑起堤坝，又疏通引导阻塞积聚的水流，每十里修造一水门，使得水流能够来回灌注，不再有溃决之害。确保汴渠60年不被淤塞。汴渠就是浚仪渠，开成之后，菏、汴、睢、涡、沙、颍河诸水，终年皆可通漕运。只有在魏晋战乱频繁的时候，因为不常疏浚，时通时阻。

东汉灵帝于建宁四年（171），在敖城西北垒石为门，以来遏制浚仪渠口

(故址在今河南荥阳县北)。三国时期,曹魏也曾疏浚和修复过汴渠。汉献帝建安七年(202),曹操为了联通江淮,曾疏浚过汴渠上游,不过当时只整理到睢阳,所以叫睢阳渠(在睢阳县,今河南省商丘市睢阳区南境,利用古睢水以沟通汴、淮,故名)。

浚仪渠石门不但是水利设施,还是军事枢纽。如石虎、戴施等占据石门,诸葛攸击燕,入至石门。汴渠水源,主要引自黄河,由于水含大量泥沙,导致汴渠河道淤塞。引水口的水门也常为泥沙淤淀或大溜多变而导致引水不畅,造成汴渠枯竭,影响通航。后因南北政权都不能长期控制中原,致使汴渠年久失治,日趋湮塞,在南北战争期间,为了军事需要,才暂时修复通运。

西汉时,开封城虽然曾有一度发展,但是由于城市周围土地卑湿,水系紊乱,鸿沟水系在航运上不能充分发挥作用。在两汉300年间,开封城始终是一个地方性的行政、经济中心。

开封水路并入"互联网"

隋朝初年,古汴渠水运能力有所下降,但仍是汴州水运体系的重要组成部分。汴州水路交通便利,汴水航运,百姓富裕,经济繁荣。

595年,隋文帝祭祀泰山还京,路经汴州,看到这里太富庶了,十分不悦,认为一定多有奸诈经商之事,于是让令狐熙任汴州刺史。令狐熙一到汴州,便禁止摊贩,抑制工商,百姓有向街道开门经商的,把门都堵了,船客停在城外散居的,勒令他们群居,侨居他乡的百姓,让他们归本务农。令狐熙的政绩当时为天下之最,隋文帝赐帛300匹,并颁告天下,以使官吏不搜刮民脂民膏,堕入贪官污吏泥淖。隋文帝杨坚统治时期,提倡节俭,改革官制,轻徭薄赋,生产很快呈现出经济繁荣的盛况,国家储备丰厚,可供五六十年使用。

隋朝的统一,结束了从三国时期到两晋南北朝时期中国达400多年分裂局面。开皇七年(587),隋文帝杨坚使梁睿整修古汴河堰口,并更名为"梁公堰",使黄河与汴水之间通航,加强了古汴渠的水运能力。梁睿沿春秋时吴王夫差所开挖的邗沟故道,开挖山阳渎,自山阳(今江苏淮安)引淮水,经江都

汴州成为沟通南北贸易的漕运枢纽

　　至扬子（今江苏仪征）入长江，以通漕运。淮泗路的畅通，使古汴渠、泗水、山阳渎形成了一条完整的南北贯通的水运交通线。汴州作为此线路上的重要城市，吸引了众多的资源，为城市经济的发展提供了充足的动力。

　　但京师所需粮食日趋紧张，因此，开皇十四年关中大旱，大饥，隋文帝被迫率领文武百官前往洛阳。当隋炀帝即位之后，稳固地控制南方，转输江淮租赋解决关东和江南地区至京都的漕运问题，就越加重要和紧迫，营建东都于洛阳和开凿南北大运河，是有效地缩短当时政治重心和经济重心之间的距离、满足漕运需要的两项具有重大意义的措施。同时为了维护边疆的稳定，就必须派遣军队驻扎，为了能把南方地区的粮食运到北方边境，急需修建南北水道以漕运物资。

　　隋炀帝利用汴渠部分故道，开凿通济渠（亦称汴河），这一工程，与营建东都洛阳同时开始。通济渠共分两段，西段自东都洛阳西苑（今洛阳市涧西一带）引谷、洛二水，循东汉所开阳渠故道，傍洛东行，至偃师汇洛河、至环县洛口入黄河。东段是从板渚引黄河水，东流经开封，流向东南经今河南开封

开封金明广场的"黄河风"雕塑，造型似顺风鼓张的风帆，寓意开封像一艘巨轮，正开足马力，勇往直前。

东南的陈留镇、杞县、睢县、宁陵、商丘、永城，安徽宿州、灵璧、泗县，江苏泗洪至盱眙北注入淮河。东段为通济渠最重要的一段，是中原通向江南的水运纽带。这段工程从大业元年（605）3月开工，到8月结束，历时不到半年。工程规模之大，进度之快，堪称奇迹。

贯通黄河淮河和长江航道

通济渠全长650公里，宽40步，河畔修筑御道，并栽植柳树。为了隋炀帝龙舟出行方便，渠道修建得宽阔幽深，因此通航能力很强，它的开通使黄河、淮河、长江三大水系连成一体。通济渠的开通对于汴州意义重大，使得汴州成为沟通黄淮地区交通的重要节点。

这条航道自商丘以西折向东南，沿古睢水，古蕲水故道直接入淮河，不必绕泗水汇淮，进一步缩短了黄、淮间的航程，加强了东都洛阳与全国各地的

开封城今天仍有大面积的水域，素有"北方水城"之誉。

联系。

汴河的开凿，推动了历史前进的车轮。《元和郡县志》说："隋代作之虽劳，后代实受其利。"唐人李敬方对当时南北政治经济上的依赖关系作了深刻的描述："汴水通淮利最多，生人为害亦相和。东南四十三州地，取尽脂膏是此河。"

"尽道隋亡为此河，至今千里赖通波。若无水殿龙舟事，共禹论功不较多。"皮日休的这首《汴河怀古》充分肯定了隋炀帝为了南巡而开通大运河的功劳不次于治水的大禹。汴州由于地处南北交流的显要位置，社会经济得到了迅速发展。紧邻汴州的汴河西通东都洛阳，南达江淮富庶之地，是南来北往必经之水路，汴州成为连接中原与江南的交通枢纽，八方辐辏、商旅众多，河上船来船往，商业十分繁盛。

通济渠的开通，使汴州一夜之间完成了一次飞跃。完全改变了南北水运的状况，使南北大宗货物能够通过水路完成，极大地促进了南北经济的发展。

大业二年，汴州被废，开封、浚仪两县属郑州。也许是出于国家战略需要，朝廷重点在于对洛阳的建设，在政策制定上故意限制汴州的发展。也许是令狐熙整治有力，汴州的发展肯定受到了遏制和打压。

隋炀帝并不是重新开挖河道，而是把前代已有的运河改道及一些天然河流加以拓宽、浚深、裁弯取直，并把各段连接起来。大运河主要包括四大部分，通济渠、邗沟、江南运河、永济渠，这4条运河分为两条线路，一条是沟通江南地区的通济渠、邗沟、江南运河这线。另一条是沟通北方地区的永济渠一线。最后形成以洛阳为中心，长达2000多公里的南北大运河。

隋朝较好地完成了大运河的贯穿工程，到唐代，需要做的就是维护、浚疏和坐享其利了。通济渠这条运输大动脉，日益显示出它的巨大作用。汴州遂成为漕运的重要之地，被称为隋朝东都的门户。到了唐代，南北方的经济交流大多数依赖汴河运输，汴州已经成为大运河上的"雄都"，是南北交通的中心，工商业十分繁荣，昼夜通商。汴河成了唐朝的经济生命线，地位十分重要。自756年起，唐朝先后设河南、淮西、永平宣武军节度使驻扎于汴州，汴州成为沟通南北经济的漕运枢纽。开封城市也日益繁荣起来，成为当时著名的经济重镇。

KAIFENG
THE BIOGRAPHY

开封传

你方唱罢他登场　城头变幻大王旗

第四章

百战争雄古汴州,
名都一旦向东流。
梁王菟苑鱼龙夜,
宋代花纲禾黍秋。
游子频来寻胜迹,
美人几许卧荒丘。
吹台寂寂登临少,
惟有渔歌答暮鸥。

——清 秦升《过大梁》

后梁，启幕开封国都史

五代十国是对五代（907—960）与十国（902—979）的合称。五代是指唐天祐四年（907）唐朝灭亡后依次定都于中原地区的五个政权，即后梁、后唐、后晋、后汉和后周。十国是在唐朝之后，与五代几乎同时存在的10个相对较小的割据政权的统称。其中南方有9个，即南吴、南唐、吴越、南楚、前蜀、后蜀、南汉、南平、闽国，北方一个为北汉。经历隋唐两代数百年的积淀，位居水陆要冲的汴州，从一个强藩重镇一跃成为繁华的大都会，继而成为五代时期后梁、后晋、后汉、后周四朝的国都。

朱温像（拍摄于开封市博物馆）

朱温，是后梁的创建者。他结束了唐代289年的统治，中国历史由此进入了短期五代十国分裂时期。暂且不说他人品如何，单就开封城市发展而言，他功不可没。

他首创了开封府的建置，其影响之大，在全国京府中十分罕见。后梁的开封府下辖为15县，以后虽略有增加，但基本无大变化。他升汴州为开封府，建名东都。开封府之名，千年以来，历代相沿。这也是开封成为国都历史的重要一页。

从乱世兵卒到最强军阀

朱温是砀山（安徽砀山）午沟里人，家贫无以为生，母亲携带3个儿子到萧县刘崇家当用人。朱温长大后"不事生业，以雄勇自负，里人多厌之"，常遭到刘崇杖责。

875年，关东闹饥荒，各地义军揭竿而起。黄巢起兵，饥民数万人自愿追随。朱温也跟着投入起义军，因力战屡捷，升为一个队长。黄巢攻入长安，派朱温屯兵于东渭桥，拱卫长安。攻打南阳时朱温以同州防御史身份与唐河中节度使王重荣对垒，多次败阵，因而向黄巢请救兵。当时由于战事紧张，黄巢未出救兵，面对这种形势，朱温对起义军前途丧失信心，他的谋士乘机游说他杀掉监军弃暗投明。

朱温背叛起义军投诚唐河中节度使王重荣，因其母姓王，所以称王重荣为舅父。同州是起义军的重要军事据点，又是向东进兵的重要道路，朱温叛变，严重削弱了起义军的战斗力。唐僖宗正逃难在蜀，接到王重荣奏章，万分高兴，以为天助，即封朱温为左金吾卫大将军，任河中行营招讨使，并赐名朱全忠。882年3月，朱全忠拜为汴州刺史、宣武节度使。

朱全忠部下的将领和士兵，大多数都是从起义军转化过去的，这使他的势力得以迅速扩大。

朱全忠以汴州为根据地，外防藩镇、内抓管理，重农桑，薄租赋，发展汴州经济。为联合地方豪强势力的后勤支持，他到汴州不久，即与邻境陈州刺史赵犨、河南府张全义建立了极亲善的关系。陈州解除黄巢起义军包围之后，社会秩序和生产事业很快趋于正常，多年以来，全力供给朱全忠粮草，啥时候要都是现成的，随要随取。赵犨的弟弟赵昶后来成为一方诸侯，依然是朱全忠每有征伐，赵昶训练士兵，运送军需，就算亿万物资，从来都没有耽误过。张全义长期任河南尹，洛阳周围农田垦辟、生产恢复十分可观。每次朱全忠出战,张全义粮饷供给及时,从不误事。他的妻子晚年给朱全忠献媚说:"俺那口子,就是一种田的老农,三十余年,在洛城四面开荒种粮,汇聚财物,帮助陛下创业。"

黄巢之乱平定后,蔡州节度使秦宗权军力强盛,跋扈中原一带,纵兵四出,不断侵扰其他藩镇。秦宗权的举动影响到了汴州的安危,形势十分危急。朱全忠不敌,惧恐不安,遂向天平节度使朱瑄求救,朱瑄遣其弟朱瑾救之。朱全忠在朱瑄朱瑾兄弟的帮助下,多次与秦宗权交战,积极保卫汴州的安全。光启三年(887)五月,秦宗权自郑州引精兵与张晊会和,15万大军逼近汴州,准备破击朱全忠。朱全忠十分害怕,于是求救于兖、郓,朱瑄、朱瑾皆引兵赴之,义成军亦至。朱全忠以四镇之兵大破秦宗权,斩首20000余级。不仅解除了秦宗权对汴州的威胁,而且扩大了宣武军的势力范围,逐渐崛起。汴州一战,秦宗权精锐尽失,他被扣押送至汴州宣武军被斩首。唐僖宗封朱全忠为东平王。

在乱世枪林弹雨中,朱全忠成为最强有力的军阀。此后数年,朱全忠的地盘扩大到山东、河北、陕西、江汉之间,身兼数知,并牢牢控制着唐廷。这时的汴州,实际上已成为新的政治中心。与朱全忠势均力敌的唯一对手,是河东节度使李克用。902年,朱全忠打败李克用。

在这种形势下,唐廷的官僚大臣,共同请皇帝退位,宰相率百官向朱全忠劝进,朱全忠所掌握的部分藩镇也遣使劝进。朱全忠一律推辞。

汴州称帝,铸造两重城

唐昭宗天复三年(903),朱全忠从凤翔节度使李茂贞手中夺走了昭宗,得到了对昭宗的控制权。唐天祐元年(904)二月,朱全忠逼昭宗迁都洛阳。又指使蒋玄晖把昭宗几个封王在外地的儿子骗到洛阳,设宴用酒灌醉后,全部缢毙,投尸池中。立13岁的辉王为昭宣帝,以便禅代。天祐四年三月,朱全忠认为取代唐室的条件渐渐成熟,唐昭宣帝降御礼禅位于朱全忠,17岁的昭宣帝被废为济阴王,迁往曹州济阴囚禁。次年,被杀害。

天祐四年（907）四月二十二日，朱全忠在汴州正式称帝，改元开平，建国号为梁，史称后梁，定都开封。朱全忠强调开封乃是其"兴王之地"。他以原宣武军节度使治所为建昌宫，在原衙署的基础上进行小改造和装修，把改殿、堂、门的名额更改了一下，其规模并没有扩大。

后梁的汴州为两重城，第一重是原宣武军节度使的治所，后梁为皇城，即建昌宫。第二重是原唐汴州州城，周围20里155步。这个规模一直到后周才得以改观。

枕头风引发宫廷风暴

朱全忠定都开封3年之后，曾迁都洛阳3年。912年，朱全忠率领50万大军乘虚进攻成德镇。他日夜兼程赶到观津冢时，巡逻兵报告说，后唐李克用之子李存勖的大军来了。朱全忠曾几次败在李存勖手下，听到消息后，他仓皇逃奔。黄昏时，李存勖数百士兵冲进朱全忠军营中乱砍滥杀。朱全忠烧营急奔冀州，辎重损失无数。事后知道只有李存勖的几百兵士冲营，朱全忠羞恼成怒，因此大病一场，返回洛阳后便卧床不起。

朱全忠沉迷女色，他儿子外出征战，他便将儿媳召入宫中，名为侍病，实为侍寝。朱友文是朱全忠的养子，其妻王氏姿色出众，美艳无双。朱全忠特别喜爱这位养子，将他长期留守东都，兼建昌宫使。朱全忠更喜爱王氏，在枕席之间，答应王氏将来传位给朱友文，朱全忠病重的时候，密以传国玉玺交付给朱友文妻王氏，并派人去东都召朱友文，此事被亲儿子郢王朱友珪知晓，极为不满。

6月初一这一天，已经重病的朱全忠命敬翔将朱友珪调出任莱州刺史，让他立即赴任。虽然已经传旨，但是没有颁行敕书。当时贬官者大多追命赐死，朱友珪越发恐慌。第二天，朱友珪改换服装隐藏身份，进入左龙虎军，会见统军韩勍，把实情告诉他。韩勍眼见功臣老将多因小过被杀，惧怕不能保全自己，于是与朱友珪共同策划。韩勍领牙兵500人随从朱友珪混杂在军士中进入皇城，埋伏宫内，半夜破门入寝殿，侍者立即逃散。朱全忠惊起，问谋反的是谁？朱友珪说不是别人。朱全忠说早就怀疑你这贼子，只恨没有早把你杀死。你如此叛逆，天地难道容你吗！朱友珪说把老贼碎尸万段！朱友珪的马夫冯廷谔猛刺朱全忠的肚子，刀尖从背后穿出。

朱友珪亲自用破毡裹住朱全忠尸首，埋在了寝殿的地下。封锁消息，秘不发丧。派遣供奉官丁昭溥驰往东都开封，命令均王朱友贞杀死朱友文。初三，朱友珪假造诏令称："朱友文谋反，派兵冲入殿中，朕依赖郢王朱友珪忠诚孝敬，率领军队把朱友文杀死，保全朕身。但朕病因为震动惊恐，更加危险，应令朱友珪暂时主持军队国家事务。"韩勍替朱友珪取出府库内的大量金帛，赐给各军及百官来收买人心。丁昭溥返回，朱友珪听说朱友文已死，这才发丧，宣布所谓的先帝遗书，朱友珪即皇帝位。

朱友珪称帝于洛阳。朱友珪弑父篡位，为东京留守朱友贞夺取皇位提供了口实，于是朱友贞采用赵岩之计，依靠杨师厚与禁军将官袁象先策划的兵变，凤历元年（913）二月十七日，袁象先引禁军千人突入宫城，遂诛杀朱友珪。事定，他先遣赵岩带着传国玉玺到开封，请朱友贞即位于洛阳。朱友贞觉得开封是梁太祖"创业之地"，开封地位重要，"国家藩镇，多在厥东，命将出师，利于便近"。于是，他选择在开封即位。

后晋，开封从此称东京

923年，李存勖攻入开封，夺取政权，灭了后梁，迁都洛阳，以示继承唐朝法统，是为后唐庄宗。李存勖把东京开封府改为汴州，辖10县，开封的地位再次下降。李存勖定都洛阳后，却迷于声色，荒于田猎，疏于发展经济，运河也没有及时疏浚，结果一遇水旱灾害，国家立刻陷入困境。

兄弟阋于墙，女婿得便宜

石敬瑭是沙陀李克用（李存勖父）部将臬捩鸡的儿子，后来为了抬高身价，便冒充是春秋时卫国大夫石碏之后，改姓石。他的父亲是李克用帐下的一名骁将，石敬瑭自小随父亲练得一身好功夫。石敬瑭跟随李存勖，冲锋陷阵、出生入死。他很崇拜战国时的李牧和汉朝的周亚夫，常学着李、周用兵，出奇制胜，屡立战功，被李存勖日益器重，并将他派到义弟、爱将李嗣源帐下效命。李嗣源很看重他，把女儿嫁给他，并让他统率精锐亲兵。

后唐同光四年（926），魏州发生兵变，李存勖命李嗣源率军平叛，石敬瑭也一同出征。在魏州城下，李嗣源的部队突然发生兵变，与魏州的叛军合并一处，拥立李嗣源为主。李嗣源不从，士卒大部分逃散而去。李嗣源不知所措，忙问石敬瑭如何定夺。石敬瑭野心膨胀，遂劝李嗣源说，岂有在外领兵，军队发生兵变后，而主将却没事的道理。犹豫不决是兵家大忌，不如趁势迅速南下。他愿率领300骑兵去取汴州，这是得天下的关键之处，得之则大事可成。李嗣源给石敬瑭500骑兵直指汴州。石敬瑭采用声东击西的战略，先派部分士兵强攻北门，待守军聚集北门后，他带领部分精锐破西门入城。李存勖率兵来支援，结果被乱兵所杀。李嗣源随后率军入洛阳，即位为帝，是为后唐明宗。

后唐同光元年（923）冬，汴州原来后梁的皇宫被改成了行宫。天成二年（927），借李嗣源幸汴州时，管理行宫的执事才将行宫修饰一番，并将变更后的行宫名额重新挂在各殿堂之上。这是在后唐统治的13年中，对行宫唯一的一次整修。开封的地位不如以前。

老丈人当了皇帝，石敬瑭这回算是彻底平步青云了。加官晋爵，手里的权力越来越大，他被任命为保义军节度使镇陕州（今河南三门峡）兼六军诸卫副使，是后唐政权在北方地区军权最重的将领。

叫声爸爸就可以当皇帝

后唐长兴四年（933），李嗣源驾崩，李从厚继位，为了巩固政权，他诏令藩镇节度使调换防区，以此削弱各镇的势力。凤翔节度使李从珂是李嗣源养子，他拒不从命，起兵造反，攻克洛阳，即位为帝。新皇帝李从珂对手握重兵的石敬瑭格外不放心，原本将他拘禁在洛阳，经李嗣源的发妻曹太后说情，石敬瑭才捡回一条命回到了河东驻地。朝廷后来派使臣到河东宣慰，石敬瑭的将士高呼万岁，想趁机拥立石敬瑭做皇帝以功邀赏。由于忌惮朝廷的实力，石敬瑭于是就把为首的36人斩首，然后上奏皇帝以表"忠心"。936年，石敬瑭为了探测虚实，上书要求辞去军权，请调到别的地方任节度使。如果李从珂同意，说明皇帝怀疑他；如果退回，就说明李从珂仍然信任他。没想到皇帝下诏调任石敬瑭为天平节度使。

诏令一下，群臣哗然。

这一下子坚定了石敬瑭的造反决心，如果上任，陌生的军队，都不是自己的人，明显这是一步死棋。于是他趁机煽风点火，蛊惑人心，假装生病留在了河东，然后上表说李从珂不是后唐明宗李嗣源的亲生儿子，应让位于许王李从益。李从珂阅后大怒，下令罢免石敬瑭的所有官职，然后发兵讨伐他。

石敬瑭见兵临城下，自己力量不足以与朝廷抗衡，于是向契丹的耶律德光求救，上表称臣，以父礼事辽主耶律德光，并约事成之后，割燕云十六州给契丹。刘知远劝谏他说，称臣就可以了，用父亲的礼节对待他就太过分了。用丰厚的金银财宝贿赂他，自然是足以促使他发兵，不必

石敬瑭像（拍摄于开封市博物馆）

许诺给他割土地，恐怕那样以后要成中国的大患，后悔就来不及了。石敬瑭不听，表章送到契丹，耶律德光非常高兴，便回信答应支援他。正愁没机会南下的契丹帝国皇帝耶律德光喜出望外，亲自领兵来救石敬瑭，击溃后唐帝国讨伐石敬瑭的大军。石敬瑭与契丹联军一路南下，逼近洛阳。李从珂见帝国危在旦夕，都城即将沦陷，于是在洛阳玄武楼自焚身亡，后唐灭亡。936年11月，耶律德光制作册封的文书，命令石敬瑭为大晋皇帝，自己解下衣服冠冕亲授给他。在契丹人的支持下石敬瑭建立晋，定都洛阳，改元天福，史称后晋。

汴州的水陆交通深深吸引了石敬瑭。他吸取后唐奠都洛阳的教训，认为大梁是舟车汇聚之地，便于漕运。宜升为东京，开封府，于是，他下诏，托言洛阳漕运不足，东巡汴州。

石敬瑭打算迁都到汴州，汴州北控燕、赵，南通江、淮，是水陆两路都会，物资和财用都很富饶。938年，后晋由洛阳迁都到汴州，置开封府，升开封、浚仪两县为赤县，旧置开封府时所管属县都升为畿县。政治中心又重新转移到开封，号称东京，以洛阳为西京，这是开封首次称东京。

后晋高祖石敬瑭侍奉契丹很恭谨，上表称臣，叫契丹主为"父皇帝"。当年，耶律德光37岁，石敬瑭已47岁。每当契丹的使者来到，石敬瑭在别殿拜接契丹的诏书和敕令时都很恭敬。晋朝的使者到契丹，契丹人骄横倨傲，语

多不逊。使者回朝，向石敬瑭汇报，朝廷内外都以为羞耻，而石敬瑭依旧卑恭待契丹，从未怠慢，因此，石敬瑭在位期间，同辽国没有发生过不愉快。所送金帛，他认为不过是几个县的田租赋税而已，有时常常托词说民间困乏，不能足额及时送达。后来，耶律德光多次制止石敬瑭上表称臣，只叫他写信时自称"儿皇帝"，像家庭之间行礼一样。

燕云十六州乃北部天然屏障，至此中原完全暴露在契丹铁蹄之下，以后燕云十六州成为契丹南下掠夺中原的基地，使北方社会经济遭到严重破坏，贻害长达400多年。

"墙上草"的皇帝姑父

石敬瑭当了7年儿皇帝就死了，他的侄子石重贵继位后采纳大臣的意见，向辽国皇帝耶律德光只称"孙"，而拒绝称"臣"。也就是说，私人关系我是孙皇帝，但在外交背景下，后晋帝国与契丹帝国仍然处于平等地位。不久，石重贵下令把在中原经商的契丹人全部杀掉，断绝两国贸易，他要御驾北征。耶律德光气得七窍生烟，率领契丹军大军南下。

境内人民遭受屠杀，杜重威只是据守一方，未曾用一兵一卒救援。杜重威是石重贵的姑父，常言道："姑父姨父舅的媳妇——三不亲"。他这时已心生二意。每当有契丹骑兵驱赶着汉人从城下经过，杜重威也只是登上城头看看，关起城门来保存实力。

946年12月，杜重威率后晋军队主力与契丹对阵。粮草断绝，他就暗中派人到契丹营中请降。耶律德光十分高兴，就许愿让杜重威做中原皇帝。为此杜重威深信不疑。杜重威领着后晋军投降契丹后，耶律德光收缴了全部兵器铠甲，派人将数万匹军马送到契丹国，派杜重威率领其部卒跟随自己南下。到了黄河岸边，耶律德光看到投降的后晋兵卒太多，怕生事变，想用骑兵把他们统统赶进黄河。有人劝谏道："晋兵在各地的还很多，他们听到投降的都死了，一定都会抗拒到底的；不如先安抚他们，慢慢地再想万全之策。"耶律德光就派杜重威带领他的降兵屯驻陈桥。正赶上多日下雪，官方没给粮饷，士兵们又冷又饿，都怨恨杜重威。杜重威每出帐外，道旁的士兵都暗暗诅咒他祖宗十八代。

契丹大军顺利打进中原。946年正月初一，东京陷落，后晋的文武百官在东京城北远远地向后晋出帝辞别，然后改换白衣纱帽，迎接契丹主耶律德光，全都在路旁伏服请罪。耶律德光头戴貂帽，身披貂裘，内裹铁甲，立马于高岗之上，命令归降的百官起立，改换服装，安抚勉慰百官，进入东京城。灭了后晋，耶律德光没有信守承诺，并没有扶植杜重威当傀儡皇帝。耶律德光在崇元殿登基称帝，兼任中原王朝的皇帝，改国号为大辽，正式取代后晋政权。

后汉，短命的开国皇帝

出生入死崛起于沙场

刘知远少年时代由于生活困难，不得已到一个姓李的大户人家去当上门女婿。在一次放马时，因为马踏坏了寺庙属地的庄稼，刘知远就被僧人捆绑起来，毒打了一顿。刘知远不甘心这样混一辈子，就寻找时机出去干一番事业。后来，刘知远投到李嗣源的手下当了兵，和石敬瑭一起共事。在李嗣源和后梁军队激战于黄河岸边的时候，石敬瑭的战马所披铠甲突然断裂，马上就要被后梁的士兵追上了，在这紧要关头，刘知远将自己的马换给了石敬瑭，自己则骑上石敬瑭的马，将敌人引开。事后，石敬瑭非常感激刘知远危难时舍命相救，于是视他为亲信。累官至北京留守，河东节度使。天福七年（942），加检校太师，进位中书令。开运元年（944），封太原王；二年，封北平王；三年底，契丹灭后晋，刘知远拒不出兵驰援。

东京被契丹人占领，当时后晋派驻太原的刘知远分兵守护四方边境来防备侵袭。又派遣人向耶律德光奉上三道表章：一是祝贺契丹进入东京；二是因太原是夷、夏人杂居共处之处，守防士卒屯聚，所以不敢离开驻地前往朝贺；三是本应献上贡品，但正值契丹将领刘九一的军队从土门西入屯于南川，太原城中人心忧虑恐惧，待道路畅通，才可以送入贡品。耶律德光见表章后赐予诏书,予以表彰,亲自在刘知远的姓名上加上"儿"字,以示亲近,并赐给木。按照胡人传统,受礼遇优待的大臣,才能赐予木,相当于汉人赐给几杖,彰显其尊贵。

刘知远又派遣北都副留守太原人白文珂献上珍奇的丝织品和名贵的马匹。这时有人劝刘知远起兵进攻,刘知远说:"用兵有缓有急,应当因时采取合适的策略。现在契丹刚刚招降了后晋国的十万兵马,像老虎一样雄踞在都城,形势没有其他变化,怎能轻举妄动呢!况且观察他们所贪图的无非是钱财物品,钱财物品给足了,一定会北撤回国的。如今天气回暖冰雪已消,他们势必不会久留,应等他们退去,再去占领那里,才可确保万无一失。"

刘知远像(拍摄于开封市博物馆)

胡虏铁蹄入中原

契丹铁蹄入侵蹂躏,中原没有君主,不少藩镇开始投靠辽国,这时,手下将佐劝刘知远称帝,以便号令四方。刘知远断然拒绝。后晋已经亡了,但是他和石敬瑭并肩作战的记忆还依然清晰。他虽然是沙陀人,但是一直这么多年的中原生活,早已经把自己当作中原人了。

契丹大军进入中原之后,烧杀抢掠,无恶不作,激起了中原民众和各路军队的激烈反抗。刘知远认真分析了形势,后晋已经不存在了,中原无主,这是绝佳的机会,能否华丽转身或者破茧成蝶就看态度转变和态势调整了,机遇要抢抓。刘知远听从了他们的劝进。于开运四年二月十五日在晋阳称帝。

辽国驾驭不了中原。他们陷入了人民战争的汪洋大海,刘知远和各路起义军攻陷的地盘越来越多,耶律德光终于决定逃走。947年3月,他带着后晋降官、宫女、宦官以及府库所有财物北逃。一路上他们继续烧杀抢掠,在相州甚至屠城以泄怨气，这就更招致了中原人民对契丹人的仇恨情绪。走到临城，耶律德光得了重病；到了栾城，已病体沉重，身上滚烫，把冰放在胸腹和手脚上，就算吃冰，仍不降温。没几天在达杀胡林就去世了。

萧翰是辽国大将，这个时候他正驻守东京城。萧翰是辽太宗耶律德光的舅舅，时人称为"国舅"。契丹入东京，以萧翰为宣武军节度使。契丹原无此姓氏，他重任在肩，乃以萧为姓，他成为契丹第一个正式姓萧的人。

萧翰听说耶律德光驾崩于北归途中，随军将臣拥永康王兀欲（耶律阮）为帝，述律太后派自己最心爱的幼子耶律李胡去讨伐，败北。

暂立傀儡为北逃

刘知远开始率兵南下，萧翰想回国追随兀欲。因为怕中原无主后，必然大乱，自己就不能从容回国了。于是安排后唐明宗幼子许王李从益主持中原事务，以便自己能顺利离开中原，然后急赴行在。

当时后唐明宗的儿子许王李从益和王淑妃在洛阳，萧翰派人去迎接他们，假称是耶律德光的旨意，让李从益主持南朝军国大事，召萧翰去恒州。王淑妃和李从益藏在后唐明宗徽陵的下宫里，不得已才出来。到了开封，萧翰立李从益为皇帝，并领着众将向他朝拜。

文武百官拜见王淑妃，淑妃哭泣道："我们母子二人如此孤单弱小，却被你们各位推上这个位置，这是祸害我家啊！"萧翰留下1500名幽州兵，做好守卫之后就辞行。李从益派遣使者到宋州召高行周、到河阳召武行德，他们都不听他的话，一个都不到。王淑妃十分害怕，召集大臣商量道："我们母子被萧翰逼迫，本当去死。但你们都没有罪，应该及早准备迎接新的君主，自求多福多多保重，不要以我们母子为念了！"大家被她的一番话所感动，都不忍背叛他们而离去。

有人提议，与城共存亡，死守待援军。淑妃说她们母子本身就是亡国的苟活之人，怎么敢和别人争夺天下！已经不幸到这个地步了，生死就任人去裁夺吧。"如果新的君主明察这一切，应当知道我们无负于人。如果现在再要计划用兵，那就会祸及他人，造成满城生灵涂炭，最终又有什么好处呢？"

李从益改称梁王，主持军国之事，及时派出使者向后汉高祖刘知远奉表称臣，请他早日前来京师，并从宫中搬出住到私宅。刘知远命令郑州防御使郭从义先头进入开封，清理内宫，密令杀死李从益和王淑妃。淑妃临死前说："我儿子是被契丹人逼迫而立，有什么罪而致死？为什么不能留下他一个，让每年的寒食节有一盂麦饭洒在陵前呢！"

平定京师国号汉

947年6月3日，刘知远来到洛阳。开封的文武百官奉上表章前来迎接。刘知远下诏书让那些接受过契丹任命的人不要有疑虑，他已经将原来任命文告状牒收集起来统统烧掉。6月11日刘知远到达开封，后晋的藩镇相继前来归降。凡是契丹所委任的节度使，下至将领官吏，各自安于职守，不再变更。又把汴州改为东京，改国号为汉。

刘知远平定京师后，授给杜重威太尉、成德军节度使的官职。杜重威害怕，不敢接受任命。刘知远派遣高行周率兵攻打他，杜重威声称刘知远的车驾到达就投降，刘知远派人前去宣布旨意招呼他投降，杜重威却又关城门拒绝。后汉军队围攻邺城上百天，打了几次败仗。守城士兵的粮食逐渐吃光，却誓死不降。当初，契丹留下1500名幽州兵守卫东京。刘知远进城后，有人密报幽州兵将发动兵变，刘知远把所有幽州兵都杀死在繁台下面。在围攻邺城时，刘知远屡次派人劝谕招降，许诺不杀，张琏说："繁台下面的幽州兵卒，有什么罪而遭杀戮？现在坚守此城，只求一死罢了。"因此城池久攻不下。

城池里粮食彻底吃光、将士气力用尽之后，杜重威派自己的老婆，石敬瑭的妹妹宋国公主去见刘知远，要求放其一家生路，就开城门投降。刘知远也想早点结束战事，答应了杜重威的条件。于是杜重威打开城门，出城投降。这时，城中十有七八的人都饿死了，活着的人骨瘦如柴纸一样单薄，如活动的皮影一般。张琏要求朝廷讲信用释放将士北归家乡，刘知远下诏令允许。待出降之后，张琏等将领军校几十人一并被杀。

杜重威被抄家，资财赏给战士。刘知远下令将杜的亲兵家将和一百多名中下级武官全部抓捕斩首。任命杜重威为太傅兼中书令、楚国公，给他虚职羞辱他的颜面。杜重威每次出入，路上的人常常向他扔碎砖烂瓦诟骂他。

乾祐元年（948）正月，后汉高祖刘知远病重时，召史弘肇、王章、苏逢吉、郭威等人托孤，说，眼前国事，尚无危险，但要谨慎提防杜重威！随即驾崩，时年54岁。

顾命大臣们秘不发丧，拟好诏敕，令侍卫带领禁军，捉拿杜重威及其3个儿子，宣诏说："杜重威父子，乘朕小病，毁谤诽议，动摇人心，连同他的儿子杜弘璋、杜弘琏、杜弘璨一起斩首。杜重威的妻子及内外亲族，一概不予追究。"禁军将他们匆匆带到市曹，已有监刑官候着，两旁刽子手，刀起头落，尸体被扔在了大街上，人们在旁聚观，仇恨这个汉奸，或诟骂，或蹴击，官员们阻挡不住，军吏制止不住。霎时间尸体成为肉泥，目不忍视。

司马光在《资治通鉴》中感叹说："后汉高祖杀害无辜的幽州士卒一千五百人，是不仁；引诱张琏投降而又杀死他，是不信；杜重威罪恶大却赦免了他，是不刑。仁用以团结大众，信用以执行命令，刑用以惩罚奸佞，失掉这三者，凭什么守卫国家！他的皇位不能延续，也是应该的！"

郭威，黄袍加身创始人

乾祐元年二月初一，刘知远18岁的儿子刘承祐继位，是为后汉隐帝。

戮杀顾命大臣埋祸端

后汉隐帝的左右宠臣逐渐被任用，太后的亲戚也干预朝政，几位顾命大臣屡次加以抑制。太后有个旧友的儿子要求补个军职，顾命大臣史弘肇以违反制度而斩了他。隐帝刚解除刘知远的3年之丧，就听音乐，赏赐优伶锦袍、玉带。优伶到史弘肇处告谢，史弘肇大怒道："将士守卫边疆殊死苦战尚且没有赏赐这些，你们这等人有什么功劳得到锦袍、玉带！"随即全部没收还归内府。

乾祐三年（950）11月，隐帝和李业、郭允明密谋之后，伏兵于崇元殿中，趁杨邠、史弘肇、王章3人上朝之时，一举将他们杀死，尽灭其族。立刻召集宰相、朝臣宣旨说他们谋划造反，已经一举歼灭，特与诸位共同庆贺。

刘承祐轻松愉快地夺回了政务大权，但是军权却掌握在戍边在外的郭威等人手里，他与亲信再次密谋，诏令马军指挥使郭崇威诛杀宣徽使王峻、郭威等。诏令镇守宁军节度李弘义诛杀侍卫步军指挥使王殷。郭崇威权衡利益得失后投靠郭威把密诏献于郭威。李弘义与王殷私交甚好，王殷得到密诏信息后马上派人星夜赶到邺城报告郭威。

京师内,刘承祐一不做二不休,满门诛杀了郭威留在京城的妇孺宗亲。

在邺城,郭威把诏书给枢密吏魏仁浦看,问怎么办。魏仁浦说您是国家的大臣,功勋名声素来卓著,加上掌握强兵,据守重镇,一旦被小人们所诬陷,灾祸出于不测,这不是用言词所能排解的。事态已经如此,不可坐以待毙。

郭威于是召集众将,告知杨邠、史弘肇、王章等人蒙冤屈死以及绝密诏书的内

郭威像(拍摄于开封市博物馆)

容,说:"我与杨邠、史弘肇、王章等人,披荆斩棘,跟随先帝夺取天下,接受托孤的重任,尽心竭力保卫国家,如今他们已死,我还有什么心思独自活着!各位应当执行诏书指令,取我脑袋来禀报天子,不至牵累。"部下都流着泪说:"天子年少,这必定是天子身边小人们所干,倘若让这帮小人得志,国家岂能得到安宁!我等情愿跟从您进京入朝亲自申诉,扫除无能鼠辈来肃清朝廷污浊,切不可被一个使者所杀,蒙受千古恶名。"还有人对郭威说:"您白白送死有什么好处!不如顺应众人之心,领兵南行,这是天赐良机啊。"郭威于是留下他的养子柴荣镇守邺城,带领大部队向东京进发。

郭威赶赴滑州,守将投降,郭威取出滑州仓库的财物来慰劳将士,说:"听说朝廷已经派军从南面而来,如今遇上他们,交战就违背进京入朝的本意,不战就被他们所屠杀。我想成全你们的功名,不如执行日前诏书,我死了也没有遗恨!"众将士都说:"朝廷辜负了您,您没有辜负朝廷,怕他们作甚,无非是兵来将挡水来土掩嘛!"王峻向部众宣布说:"我已得郭公的决定,等到攻克京城,准许抢劫十天。"大家都欢腾雀跃。

兵临城下亲信叛

汉隐帝刘承祐得知郭威反叛的消息之后，顿时惊恐不已，追悔不迭。他颓丧地对身边大臣说道："那天的事情，实在是太草率了！"

郭威的军队到达封丘，东京城内人心惶惶。双方军队在封丘南的刘子陂相遇。隐帝准备亲自出去慰劳军队，太后说："郭威是我家旧臣，如果不是生死攸关，哪里会到这个地步！只要按兵不动守在城中，飞传诏书与他，定有解说之理，君臣大礼就可以保全。"千叮咛万嘱咐不要轻易出去。他不听，硬着头皮亲自到阵前督战。两军展开了一场殊死搏斗，朝廷的军队兵败如山倒，士兵们纷纷投降。刘承祐率领残兵败将躲进东京城内。

第二天，刘承祐想再次出城，太后极力制止，他仍不听。郭威摆好军阵，训诫将士说："我来诛讨这帮小人，不是敢与天子对抗，大家千万不要首先动手。"朝廷各军丧失士气，逐渐向郭威军队投降。后汉隐帝快马加鞭准备回宫，到达玄化门时，谁知道平卢节度使刘铢占据了城门，就向刘承祐身边人射箭。刘承祐掉转马头，从西北到达城西南的赵村时，追兵已经赶到，隐帝下马躲进百姓家，翰林茶酒使兼鞍辔库使郭允明迫使他躲进柴草堆中，郭允明贪生怕死看着大势已去，打算拿着刘承祐的脑袋献给郭威邀功，于是快步抢上一步，一刀刺死后汉隐帝。郭允明聪明伶俐，深得后汉隐帝刘承祐的宠信，经常伴随左右。刘承祐的亲兵卫队赶到，郭允明羞愧难当，横刀自刎。

郭威得知了刘承祐的死讯后，不禁心神悲伤，真真假假失声痛哭起来。

黄旗披身呼万岁

郭威进入东京之后，率领百官拜见太后。郭威对太后说道："如今军政繁多，国不可一日无君，请太后尽早选定继嗣。"

太后无奈地说道："高祖皇帝有两个弟弟，两个儿子，就让百官从他们之中选择最合适的吧。"郭威众人一致要求由后汉高祖刘知远的亲生儿子刘承勋继位。但太后说："刘承勋长时间患病，卧床不起。"众人不信此言，请求面见刘承勋，于是太后便派人将刘承勋抬到了众人面前，众人这才相信。

郭威又率领百官请求让刘知远的养子——武宁节度使刘赟继承皇位，他是河东节度使刘崇的儿子。弑君作乱这个罪名郭威必须得洗白。太后同意了百官的请求。郭威马上派太师冯道等人去往徐州迎接刘赟入朝登基。

这时，镇州、邢州奏报："契丹数万骑兵入侵，攻打内丘，五天没有打下来，我方死伤很多。有五百守兵叛变策应契丹，领契丹军队入城，屠杀居民，又攻陷饶阳。"太后敕令郭威率领大部队攻打契丹，12月初一，郭威率大军从东京出发。

刘赟随同冯道等人由徐州返回东京。回程的路上恰巧遇到郭威率军出征抵抗契丹。刘赟便派遣使者慰问官兵。将士们私下纷纷议论说："我们攻陷了京师，逼死了主上，这罪行实在是太大了。倘若刘氏再立为国君，我们还有存活的机会吗！"郭威听说这情况，立即领兵赶赴澶州（今河南濮阳）。12月19日，郭威渡过黄河，寓居澶州驿馆。20日早晨，将要出发时，将士数千人忽然大声喧哗，郭威即下令关上房门，将士们便翻越墙头登上房顶说："天子必须您自己来做，我们已经与刘氏结仇，不可再立刘氏为君！"有人撕裂黄旗披在郭威身上，共同拥护郭威，山呼万岁，趁势簇拥着郭威向南行进。

郭威于是向太后上奏请她主持宗庙社稷，事奉太后作为母亲，请太后临朝听政，还请求立刘氏后代为帝。郭威军营中有步兵将校喝醉酒，扬言说前日澶州骑兵拥立郭威为帝，今日步兵也要拥立郭威为帝，郭威将他斩首。

这时，刘赟已经到了宋州（今河南省商丘市），郭威手下监军王峻派遣侍卫马军都指挥使郭崇威率领700精骑昼夜兼程赶到宋州，在府第门外排队列阵，刘赟大为惊恐，关闭府门登上门楼责问郭崇威。郭崇威回答说："澶州发生军队哗变，郭公顾虑陛下不知详情，故此派遣郭崇威前来警卫，没有别的意思。"刘赟召见，郭崇威不敢进去。冯道出门和郭崇威面谈，郭崇威这才登上门楼，刘赟抓住郭崇威的手泪流满面，郭崇威转达郭威之意安慰他。之后，郭崇威杀掉刘赟心腹数人，招降其卫队，并把刘赟软禁在宋州。

12月26日，李太后被迫废刘赟为湘阴公。第二天，太后发布诰令，任命侍中郭威代理国政。

文武百官和四方藩镇相继上表劝郭威即帝位。次年正月，李太后宣示诰命，要郭威即位，并将传国玉玺授予郭威。郭威于是在崇元殿即位，改国号为周，年号广顺，史称后周。

郭威即位后，为了以绝后患，命人前往宋州杀掉刘赟。刘赟的父亲刘崇闻讯，大怒，于晋阳自立为帝，仍用国号汉，是为北汉。

柴荣，壮志未酬事堪哀

跟着姑父治天下

郭威是后周的开国皇帝，后周的是第二任皇帝是不是一定姓郭呢？还真不是！柴荣作为继任者，他不姓郭。他是邢州尧山柴家庄（今河北省邢台市隆尧县）人，祖父柴翁、父亲柴守礼是当地望族。柴荣从小在姑父郭威家长大，因谨慎笃厚郭威喜爱，被郭威收为养子。如果还不清楚，小旋风柴进知道吧，按照《水浒传》作者的描述，柴进就是柴荣的后世子孙，文学作品的人物有时传播得比历史人物更辽阔。郭威还没称帝的时候就看到柴荣这位富二代的能力了，于是就让他全面掌管自己的家族生意和财政开支。柴荣悉心经营，曾与一商人一起到江陵贩卖茶货，这一段经历，不仅锻炼了他，更使他有机会深入社会下层，了解民间疾苦和地方利弊，这些都为其后来治国理政打下了坚实的基础。

郭威委以杂事，柴荣总是尽心尽力筹划，把事情办得十分完美。郭威对柴荣甚为器重，因郭威膝下无子，就收柴荣为养子。后来跟随郭威南征北战，立下了汗马功劳，深受郭威的信任。郭威带兵去京师夺权时，柴荣便留守邺城，他是郭威最为信任和倚重的心腹。

广顺元年（951）正月，郭威即位为帝，柴荣被任为澶州节度使，掌一郡军政大权,后又委任柴荣为太原郡侯。兖州慕容彦超谋反,柴荣多次上表请求出征。广顺三年三月他被任为开封尹,封晋王。显德元年(954)正月,柴荣加开府仪同三司、检校太尉等职,从而掌握了最高军事指挥权。

郭威注重培养接班人,自己的儿子全部被对手杀害,只得培养外姓人员继位。当时他暗中培养了3个接班人:养子柴荣、女婿张永德、外甥李重进,都是至亲,江山就算换姓了还是自己人掌控。经过考验和考察,柴荣被定为接班人。于是郭威在病重的时候就把他们仨召集过来,让张永德、李重进现场给柴荣磕头,算是效忠未来的皇帝了。

郭威两天后病死,为防止政权被人篡夺,秘不发丧。4天后宫内出示郭威遗命:"晋王荣可于柩前即位。"自此,柴荣登上皇帝宝座,是为周世宗。

扫平天下创盛世

柴荣即帝位不到10天,潞州(今山西省长治市)方面就传来北汉刘崇举兵南下的消息,柴荣于3月11日御驾亲征,在泽州高平(今属山西)与北汉契丹联军展开大战。北汉契丹联军则大败,刘崇狼狈逃回太原。战役结束,柴荣不仅奖赏了有功将士,更从严惩处了作战不力的将校。有效地整顿了军纪,大大提高了战斗力,随后的北伐取得节节胜利,一直打到太原城下。

显德二年(955)起,柴荣伐后蜀,收秦(今甘肃秦安北)、凤(今陕西凤县东)、成(今甘肃成县)、阶(今甘肃武都东)4州;此后又3次亲征南唐,至显德五年,得南唐江北、淮南14州。周世宗是接近"大邦畏其力,小邦怀其德"的人。他废除"折估"法,提高文官待遇。

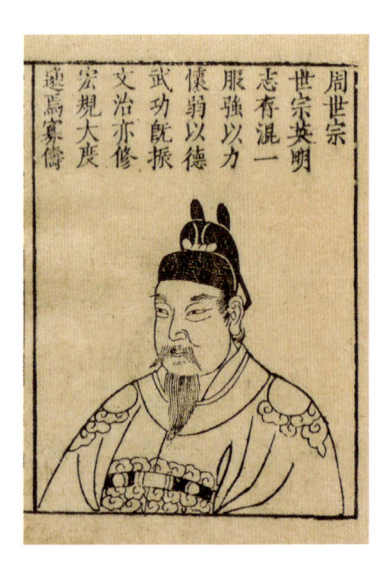

柴荣像(选自《集古像赞》,明孙承恩撰,明嘉靖十五年刊本。)

他主张"文武参用"之法，下诏要求群臣举荐人才；他立志扫除腐败，提倡节俭……周世宗无意中提前帮助了赵匡胤，为北宋未来的统一清扫了障碍。

显德六年三月，柴荣再次北伐。取道沧州（今属河北）北上，率步骑数万直入辽境。到五月就先后收复17县之地，为五代以来对辽作战所取得的最大胜利。

柴荣采取了一系列恢复和发展农业经济的措施，他千方百计使农民与土地重新结合起来，调动农民的生产积极性。免去两京及诸道州府人户所欠去年秋夏租税及沿征帛物；招抚逃聚山林的农民返乡，复员军队中老弱病患者归农；招徕自契丹、南唐、后蜀、北汉等割据边界的农民进入周境，允许他们耕种无主荒地，开发后可以成为自己的物业。带头毁佛铸钱，并令被废除的寺院中的僧尼还俗归农，加强农业人力资源。柴荣积极采取多种兴修水利和保护耕畜的措施。他促进了开封的发展，重新扩建都城，修治汴河，为开封今后的发展添了两只翅膀，更为北宋的发展奠定了基础。

整治建设开封城

周太祖郭威在广顺元年六月把汴州城的薰风等门改为京城门，明德等门改为皇城门，启运等门为宫城门，升龙等门改为宫门，崇元等门改为殿门。后周比照长安都城的规制先进行名称的更换。郭威时期的开封都城已经初步具备了三重城门的规模，有京城、皇城和宫城。后周之前，皇城和宫城几乎没有一个明显的区分，甚至是混淆在一起的。后周时期的东京城与唐代的汴州城规模相当，周围是20里155步，仅仅城门名称改变而已。唐代汴州城到了五代时期被称为罗城，北宋时期被称为阙城、里城或者旧城。

周太祖郭威登基的第二年就开始修补京师罗城，动用了55000名民工使用版筑（我国古代修建墙体的一种技术，指筑土墙，把土夹在两块木板中间，用杵捣坚实，就成了墙）的方式，经过十多天的施工才巩固了罗城的城墙。在修城的同时，又把旧壕沟进行了疏浚，避免雨水大了毁坏百姓的住房。

柴荣即位之时，面对的是一个困境：违章建筑林立、居民侵占街道、修筑房舍显得拥挤不堪；道路逼仄，晴天一身土，雨天两脚泥；皇帝的车辇都不好通行，随时都有可能陷入泥泞之中；消防通道没有，救护车进不去，甚至百姓殡葬棺材都难抬出来。驻守军队地方狭小，公务机关办事衙门想改善办公条件都没有地方施工。再加上坊市之中邸店有限，有外来商户过来没有地方开店，也没有地方当仓库，物流不能转运，这极大影响了帝都经济的发展。

开封那个时候宛如一个大的都市村庄，旧城改造势在必行。显德二年，后周世宗命令将街道全部取直并且拓宽，最宽地到30步；又将坟墓、百姓宅基地、草市等都迁移到标记以外，标记以内指政府规划的街衢、仓场、营廨。在7里之外百姓可以建造房子。京城内街道两侧绿化也有要求，不可乱搭乱建，宽50步的街道，允许两边百姓各于5步之内随意栽树掘井，修盖凉棚。宽25步至30步的街道，允许两边百姓在各3步之内随意绿化。（参见柴荣《许京城街道取便种树掘井诏》）大街有大街的热闹，小巷有小巷的幽静。百姓可以莳花弄草可以搭个凉棚赏月喝茶，或者在葡萄架下于七夕之夜听牛郎织女窃窃私语。

周世宗注定是要成为一代帝王，他的胸襟、格局超越了前代帝王，他的开封都城，没有规划"坊"和"市"，打破旧制度，没有修建坊墙，这是一个伟大的决定，为后来坊市制的彻底瓦解打下了基础。他拓宽街道，改善交通和通风条件，不追求华而不实的宏伟建筑，而是从百姓心里出发，以民生诉求管理京城，想百姓所想，做百姓所需。街道要绿化、不一定都要宽阔，一定要给百姓发展空间，随后又允许临街开店。新城的建设是在冬末春初农闲时施工、分期完成的，最大限度减轻百姓的负担，不误农时，不劳民伤财。重建后的新城门与道路，都与老城门和道路相一致。商贾突破了定时入坊市交易的旧制，经营时间延长。

唐代汴州城的规模远远不能满足后周都城的发展需求，后周世宗于显德二年四月下令在原有汴州城的外围，修筑外城，周围48里233步，新城是原有汴州城规模的4倍多，亦称新城或罗城，外城于次年正月开始兴筑，经过一年的时间修成。天字一号工程，所有城建手续绝对是一路绿灯，速度快效率高。

开封地势低洼，泥土潮湿。为了确保工程质量，周世宗筑的开封外城从郑州西虎牢关取黏土修筑，用虎牢关土建城坚密如铁，可以抵御来自敌军高强度的进攻。金朝的时候，蒙古将速不台攻汴，用炮石击之，竟然打不坏，昼夜攻击，仅仅在墙面打出一个凹坑而已，竟然久久不能攻陷。

恢复开封水路枢纽网

周世宗是五代难得的具有雄才大略的皇帝。他取秦陇、平淮右、复三关、荡平淮南。

周世宗又派人大规模地整治河道，使它恢复运输效能。他力排众议，强力疏通运河。为恢复以开封为中心的水陆交通网，先疏浚了胡卢河（即今河北南部之滏阳河。五代周至宋、金为衡水、宁晋间之漳水的别称）。在汴河没有打通之前，后周主要是依靠五丈河运输山东诸州的钱粮，为荡平中原提供充盈的物资。那个时候，柴荣想打造的是一个长久的帝国，他根本就没有想到后来的陈桥兵变。汴水从唐朝末年溃堤决口以来，自桥东南全都成为污泥沼泽。后周世宗图谋攻击南唐，先命令武宁节度使武行德征发民夫，顺着原来河堤疏通引水，东面直到泗水；参与议事的人都认为难以成功，周世宗说："数年以后，必定获得它的好处。"汴河疏通，舟船通达于江、淮之间。他凿楚州西北鹳水，沟通了淮河与长江，又攻下静海军，吴越之路始通，吴越的贡赋商旅不用再走海路，可以通过运河来运输。过去被切为两段而分别隶属于两个政治组织之下的运河，被他重新打通。周世宗疏通了自唐末以来淤塞的长江以北运河，使黄河、汴河、淮河、长江重新通航，形成一个大的水运系统。

显德六年，他又修汴口，立水门，调节汴河的水量，同时又大规模地疏浚汴水。后又引汴水入蔡水，以通南面陈、颍等州的漕粮。又疏浚五丈河过曹州、济州、梁山泊，以通青州、邻州之漕运。在柴荣的苦心经营下，一个环绕汴州的运河网形成了，这对汴州城的发展非常有利。以汴河为中心的漕运网络开始正式显现出它的价值，不仅能效力于军事需要，更能助力经济发展。对于北宋而言，后周宛如柴荣栽培的一棵大树，原本缺少水源，后来引来了水渠，枝繁叶茂之时被赵匡胤全部移植到自己家中。

当年，汴口的修缮工程由周景负责，这个人很有商业头脑，他预见了水路通达之后的繁盛局面，货船往来，桅杆林立，他积极响应政府号召在汴河岸边盖楼阁，一下子建了十三间楼作为邸店，汴河疏浚通航后，周景利用所盖的楼为商人运货的储存之处，每年的收入以万计。周世宗得知是周景所为，很高兴，还赐酒犒赏。周景的楼群位于里城旧宋门内，临汴水，位置极佳，生意异常兴旺，到了北宋这些邸店还很知名。

柴荣很注意丝绸绢布的质量。据《旧五代史·周世宗纪》显德三年五月他下诏"天下公私织造布帛及诸色匹段，幅尺斤两，并须依向来制度，不得轻弱假伪。犯者擒捉送官"。按旧方法织造的粗绸、绢布、绫罗、锦缎、绉纱等，幅宽2尺以上，来年后一并要达到宽2尺5分。命令各道、州、府，来年缴纳给官府的绢，每匹必须达到12两重，粗绸只要细密均匀，不定斤两。缴纳给官府的绸绢，依旧长41尺。于是才知道如今纳税的绸绢，尺寸长短宽窄、斤两轻重，都根源于此。南宋洪迈在《容斋随笔·纳绸绢尺度》中说："乃知，今之税绢，尺度长短阔狭，斤两轻重，颇本于此。"

这位襟怀博大的帝王，曾想着"当以十年开拓天下，十年养百姓，十年致太平足矣！"（《旧五代史》卷119）可惜他在位不及6年，理想还未实现的时候，便在北伐契丹，收复燕云十六州的征程中得病，959年6月，柴荣病危，率领部分军队返回汴京。6月19日周世宗因病情加剧恶化而去世，年仅39岁。史评："神武雄略，乃一代之英主。"他是五代时期最为杰出的政治家，通过自己的文治武功，将当时的后周，打造得国富民强，这也为后来宋朝结束唐末以来的大乱局，打下了坚实基础。

柴荣死后，7岁幼子柴宗训继位。赵匡胤改任归德军节度使、检校太尉，手握兵权。母寡子幼，后周江山风雨飘摇、岌岌可危。

KAIFENG
THE BIOGRAPHY

开封传

曾观大海难为水　除却梁园总是村

第五章

桥头车马闹喧阗,
桥下帆樯见画船。
弦管隔花人似玉,
楼台近水柳如烟。

——北宋 汤鼎《汴京云骥桥》

最佳导演赵匡胤

黄河大堤逶迤蜿蜒，宛如巨龙盘踞开封城北，陈桥驿在大堤北面不远，今天虽然是普通的村庄，依然透出不凡的气息。这就是当年赵匡胤的龙兴之地。道路宽阔笔直，主要路口有指引牌，加上手机导航，无需询问位置，就直达历史现场。

系马槐旁兴王地

陈桥驿在开封东北45里，今天属新乡市封丘县境，是开封往北的第一个驿站。在五代时期曾是东岳庙，内有古槐树一棵，树围5米多，往西北倾斜，下半截中间裂开一缝，小孩可以从中侧身过去，传说赵匡胤曾在此系马，树前立有吴门张松孙手书"系马槐"石碑，碑阴刻有金梦麟《颢系马槐》诗："黄袍初进御，系马耀军威。翠盖开皇极，清荫护紫薇。风声惊虎啸，日影动龙飞。千古兴王地，擎天一柱巍。"

拴马前赵匡胤还是后周的大将，解开马就变成了北宋的开国皇帝。树右侧有"宋太祖黄袍加身处"碑。古槐悬挂有当地林业部门制作的古树名木保护牌，上面显示树龄1000多年，保护等级一级。为了避免树大招风损伤古树，树干周围用钢管搭建三脚架予以保护。据守门的老先生说，驿站在开发之前是

陈桥驿赵匡胤系马槐

学校，树洞窝藏马蜂，孩子们就用火燎马蜂窝，那时没有文物保护意识。再后来百姓传言树皮可以防疫，于是就有人偷偷剥树皮，千年古树经不起折腾，渐渐枯萎，为避免风化折断，当地文物部门对其进行了化学处理。没想到这树又慢慢发出了新枝叶。

陈桥驿现存文物有大殿、东西厢房、山门、系马槐、碑刻和古井一眼。大殿为清代重建，俗称"宋太祖黄袍加身殿"，雕梁画栋，红墙绿瓦，滚龙盘脊，金碧辉煌。1105年宋徽宗下诏，改陈桥驿站为"显烈观"，以纪念祖宗功业。院中其中两块石碑刻有诗词，一块是清代人触景生情、有感而发填写的《满江红》词，一块是清代官员张纯德填写的《念奴娇》词。大殿西北角，有一口水井曰甘泉井，传说开凿于唐代，泉洌味甘。赵匡胤的将领曾饮用这里的井水。大殿东山墙上，有明代重修的三门碑记，由于年久风化，字迹漫漶不清。大殿内有赵匡胤画像，有绘画介绍黄袍加身的经过。

今天看来，在五代末年，赵匡胤确实是一位天才导演，在他精心策划下，举世闻名的陈桥兵变华丽转变为被动的黄袍加身。今天的历史剧都不敢这么写，现实永远比文学故事精彩。

野心膨胀"赵点检"

身处五代乱世，早年跟着郭威打仗，目睹了郭威夺取政权所采用的黄旗加身伎俩，郭威许诺将士进京城后大肆抢掠被赵匡胤所不屑。他要做的是郭威的升级版本，一定要兵不血刃、和平演变、最大限度降低伤亡，以此来博取军心和民心。

赵匡胤是河北涿郡（今涿州市）人，出身官宦家庭，927年他出生的时候，传说红光绕室，奇异的香气一夜未散，身上有金黄颜色，3天没变。长大后，他相貌雄伟、气宇轩昂，一看就非凡人。赵匡胤自幼接受政治熏陶，见多识广，能文能武，具有较强的管理能力。年轻时他没有一个稳定的工作，整天四处漫游寻找机会。一天在襄阳寺庙中留宿的时候，遇到一个擅长看相算命的老和尚，见到他相貌不凡，就说："我给你足够的盘缠，你朝北走就会有机遇了。"正好郭威当时正以后汉枢密使的身份征讨李守真，赵匡胤就应募在郭威军帐下供职。同期到郭威手下工作的还有一批年轻军官，赵匡胤与其中9人关系处得很好，结为"义社兄弟"。据李攸《宋朝事实》记载，这几个人到了宋朝都出人头地身居要职了："太祖义社兄弟，保静军节度使杨光义，天平军节度使、同平章事兼侍中石守信，昭义军节度使兼侍中李继勋，忠武军节度使、同平章事、中书令、秦王王审琦，忠远军节度使、观察留后刘庆义，左骁卫上将军刘守忠，右骁卫上将军刘廷让，彰德军节度使韩重赟，解州刺史王政忠。"在后周时期，义社的9个兄弟成为赵匡胤实施兵变的重要团队和基本力量。

后周初年，赵匡胤征战有功被补为禁军东西班行首，任滑州副指挥。柴荣当开封尹的时候，赵匡胤转任开封府马直军使。

赵匡胤的崛起，是在柴荣当了皇帝之后的高平之战中。柴荣在未登帝位之前因为与赵匡胤已经同在军中数年，对其文韬武略多有了解，认定他是一位不可多得的人才。在周世宗的赏识下，赵匡胤开始如风筝遇到春风一般扶摇直上，飞黄腾达。

954年，周世宗刚继位之时，北汉的刘崇勾结契丹，大举入侵。后周军与北汉军决战于高平，赵匡胤以对周世宗的无比忠诚和卓越的军事才能崭露锋芒。赵匡胤当时是后周的宿卫将领，当时他对同伴们说主上如此危险，我等怎能不拼死力战！又对张永德说，敌人只不过气焰嚣张，只要我们全力作战就可以打败他们！你的部下中有许多能左手射箭的士兵，请领兵登上高处从左翼攻击敌人，他领兵作为右翼进攻敌军。朝廷安危存亡，就在此举！张永德是侍卫马军，加驸马都尉，领武信军节度。他听从了赵匡胤的建议，率领2000人进行战斗。赵匡胤身先士卒，策马冲向北汉的前锋，士兵们都拼力死战，无不以一当百，北汉军队四处逃散。

高平之战，后周大胜。这次战役赵匡胤获得张永德的赏识，被提拔为殿前都虞候兼领严州刺史，与副都指挥使韩通同掌殿前班直。张永德好结交道士，据说有一道士曾告诫张永德说以后遇到两个属猪的，要好礼相待，可保30年富贵。于是张永德经过多方打听后，才得知赵匡胤、赵匡义兄弟俩皆属猪，于是就倾心相交，着力提携。赵匡胤慢慢进入到后周高级将领的行列。

虽说后来赵匡胤被任命为殿前副都点检，他上面有澶州节度使兼殿前都点检、驸马都尉张永德不说，殿前都点检并不能控制大局，毕竟掌管的禁军人数才20000人左右，真正掌握大权的是侍卫马步军副都指挥使韩通，据说有10万甲兵。

周密部署为兵变

后汉时已有殿前都部署，后周在后汉的基础上改革了禁军，禁军分殿前司和侍卫司两大系统，相互制约。殿前司与侍卫马军司、步军司合称为禁军"三衙"。周世宗还为殿前军增设了殿前都点检一职，位在殿前都指挥使之上。显德二年（955）三月，李重进任侍卫马步军都指挥使，为禁军最高统帅。显德三年十二月，张永德任职殿前都点检，赵匡胤任殿前司都虞候，殿前司左右厢都指挥使是石守信、殿前司铁骑都虞候是王审琦、殿前司控鹤军都指挥使是韩重赟。

在禁军系统内，赵匡胤连二把手也算不上，李重进管着侍卫司。韩令坤是侍卫马军都指挥使，李继勋是侍卫步军都指挥使。充其量，赵匡胤算是三把手。但是赵匡胤很会"设计"人。周世宗北征的时候，打仗之余每天还要批阅公文。有一天批阅奏折的时候发现了一个锦囊，想着是哪位大臣的秘折，谁知打开一看竟然是一个长两三尺的木条，形状就像一个人在举着东西，上面有一堆鬼画符，谁也看不懂的"鸟语"，仅仅有"点检做"3个字清晰可见。

周世宗大惊失色，点检不就是张永德吗？联想到当年太祖郭威也曾培养过张永德当接班人人选，他放心不下了。回到京城，就任命赵匡胤为检校太傅、殿前都点检，用来代替了张永德。

赵匡胤当上了殿前都点检，还不能掌控军政，朝中最高的军政决策者是韩通。韩通位高权重，根本就看不上赵匡胤。韩通的儿子韩橐驼颇有心机，他洞察到赵匡胤的狼子野心，多次提醒韩通要提防赵匡胤。郑起在显德末年，见赵匡胤手握禁兵，深受士兵拥护，于是就给宰相范质上书，提醒朝廷不能叫赵匡胤掌管禁军。

但是，当时的宰相范质似乎已被赵匡胤收买或者牵制利用了。我们来看《资治通鉴》中关于世宗显德六年六月癸巳这样的一条记载："癸巳，大渐，召范质等入受顾命。上曰：'王著藩邸故人，朕若不起，当相之。'质等出，相谓曰：'著终日游醉乡，岂堪为相！慎勿泄此言。'是日，上殂。"翻译过来就是，周世宗病情加剧恶化，当天召见范质等人入宫接受遗嘱。世宗说："王著是我在藩镇府第的老人，朕若一病不起，应当起用他为宰相。"范质等人出宫，相互说："王著终日醉生梦死，哪配当宰相！千万不要泄露这话。"当天，世宗去世。

这里我们需要注意的是"召范质等入受顾命"，"范质等"，一个"等"字意味深长。当时被召见的还有谁？和范质一起阻止周世宗遗命发布、不叫王著入相的是谁？宋人修史含含糊糊，一个"等"字欲图掩盖真相。元人脱脱在《宋史·王著传》中直言："太祖与范质受顾命，谓质等曰：王著藩邸旧人，我若不讳，当命为相。"显然是赵匡胤与范质同时受周世宗临终托孤，世宗言明要以王著为首相，赵匡胤也想当相，而且直言不讳、毛遂自荐说用人不避贤，

133

我也是很合适的人选啊。范质为了保住自己的位置，就与赵匡胤达成了协议，共同隐瞒了周世宗叫王著当相这一遗诏。赵匡胤投鼠忌器，担心王著入朝，影响其革命成功，他与范质也就心照不宣了。

舆论先行造"谶言"

赵匡胤在禁军任职6年，"功业日隆而谦下愈甚"，殿前司里的中小军官提拔、选用的都是自己人。"士卒咸服恩威"，"老将大校多归心者，虽宰相王溥亦阴效诚款。"（参见《续资治通鉴长编》《龙川别志》）赵匡胤不仅基本控制了殿前司禁军的大部分势力，而且首相范质与次相王溥也成了内应。

"主少国疑"，军队将士也是怀疑这年轻母子的能力，他们担心出征之后军功得不到奖赏，国家政权操纵于妇人与孩童之手心里没有底儿。这个时候，不仅是赵匡胤对后周政权动心，盘踞在上党的昭义文节度使李绮，加紧招兵买马储备粮食为作兵变准备；淮南节度使李重进当时和赵匡胤分掌内外兵权，也是跃跃欲试；成德节度使郭崇、保义节度使袁彦、建雄节度使杨庭璋等无不势力庞大，也都开始蠢蠢欲动。山雨欲来风满楼，黑云压城城欲摧。先下手为强，后下手遭殃。地利人和，还需要天时。赵匡胤万事俱备，只欠东风。

960年大年初一，周恭帝朝议出兵北方之事。在去年11月份，镇、定二州就上言说北汉勾结契丹进犯后周的消息。显德六年（959）十二月，赵匡胤曾派韩令坤、张令铎率禁军出巡河北，并屯戍于河北成德。首相范质与次相王溥当时基本上都是赵匡胤的人了，于是就派赵匡胤率统率殿前、侍卫二司精兵北上抵御敌人。

赵匡胤在出发之前的一天，已经调殿前司副都点检慕容延钊带着骑兵先行出发。表面上是派遣他支援镇、定二州，其实是支走一部分不好控制的禁军，剩下的几乎都是自己的人就好搞事情了。

赵匡胤很有人缘儿的，"中外密有推戴匡胤之意"。京城内众口嘈杂传说："将以出军之日，册点检为天子。""富室或挈家逃匿于外州，独官中不之知。"（司马光《涑水记闻》）当官的和老百姓都十分恐惧，担心兵变，赶紧逃亡躲避，唯有宫廷依然如故运转，似乎全然不知。

在即将北征之时，京城中流传着"军中要立点检为天子"的言论使赵匡胤心里发毛，忐忑不安的他把这件事告诉家里人说外面吵嚷哄传成这样，该如何是好呢？他的姐姐正好在厨房，顺手拿出擀面杖来打，边追打边问，大丈夫遇到大事，是不是应该自己拿主意解决，你却来家里说这事让妇女来听，让她们担心害怕，这是什么意思？赵匡胤默不作声，灰溜溜地走出了家门。

赵匡胤还不放心，他想探个虚实，到底大臣们听到这个谣言没？于是在临出发前到了韩通府上佯装辞行，韩通的儿子韩橐驼准备乘机除掉赵匡胤，埋伏好了甲士，准备下手之时被韩通阻止。（王巩《闻见近录》）

正月初三日，赵匡胤统率大军出了京城爱景门。纪律严明，步伐整齐，不像出乱子的军队，前来送行的大臣和百姓这才放下心来。

出京城不久，老天爷就意外地送了一份大礼，恰好这天出现了日食的天象，军队中有一业余天文学家叫苗训，师从王处讷学占星术，擅长天文占候之术，他当时为殿前散员右第一直散指挥使。此人看到偶然的天象后异常兴奋，连忙叫门吏楚昭辅一起看。黑光来回摇动了很长时间，太阳下面还有个太阳，苗训觉得这天象与改朝换代有关，就向楚昭辅讲解了天上出现异象之后预示着要改朝换代。说"此天命也！"天上不会有两个太阳，这一天象预示除了恭帝之外还有一位新皇帝。楚昭辅是赵匡胤麾下一个人才，善心计，甚得赵匡胤宠信，他把这一天象解释情立即汇报给了主子。赵匡胤的人开始为兵变营造声势，并在军中迅速传播这个上天带来的消息，因为这是从一位"大师"口中说出来的，还是很有说服力的。苗训这次多嘴不知是无意还是故意还是他人授意，我们不得而知，他却因此受益匪浅，入宋后，擢升为翰林天文，不久加官银青光禄大夫、检校工部尚书，活了70多岁。

如果说借用天象成为首发"舆论炮弹"，那么精心设计的谶言则是赵匡胤的第二枚"巡航导弹"。精准打击，蓄谋已久。

当晚，队伍驻兵陈桥驿。早春的风还是寒冷，赵匡胤在得到慕容延钊的骑兵已经渡过黄河的报告后心里有些暖意。北宋以前，黄河分支流经开封，但其主流流经今河南省北部，距开封较远。慕容延钊不在现场，又有黄河天险阻隔，即使得到消息返回也轻易过不来。慕容延钊与先期到达河北另一重镇成德的韩令坤一起，控制了河北局势，"都汴而肩背之虑实在河北"，"燕蓟未服，则大梁未易宅"。控制稳定河北，对"陈桥兵变"的发动和成功意义非凡。石守信、王审琦等部留守京城作为内应，可怜后周的小皇帝和他的妈妈，江山不稳固，虎狼觊觎，谋反者如探囊取物。

煽风点火保富贵

在导演赵匡胤的策划部署下，那天下半夜，军中将士集中在驿门前，当众宣布策立点检做皇帝，说"主上幼弱，未能亲政。今我辈出死力，为国家破贼，谁则知之，不如先立点检为天子，然后北征，未晚也"。（《续资治通鉴长编》）都押衙李处耘赶紧把这事告诉赵匡义。赵匡义随即与李处耘一同去找赵普商议。赵普看到煽风点火有些成效，他出面安抚将士，表面上是来做思想工作，实则探虚实，他说诸位将军不要乱来了，你们想搞事情，太尉（指赵匡胤）得知一定不会饶你们的，赶快回去洗洗睡吧。将士左右相顾，也有一部分听劝后回去了。

过了一会儿将士们又一次聚集，夜色中有人还亮出兵刃威胁说，在军营中大家私下聚集议论都是灭族的大罪，现在我们已经铁了心的要拥立新天子，太尉如果不愿意，我们绝不会回去坐等被追究谋反大罪！

赵普一看，势头上来了，不好阻止了，就训斥说，策立天子，乃是大事，你们怎敢行如此狂悖放肆之事？各位将士就席地而坐听命。赵普继续试探，大敌当前，应先"攘外"抵御北境之敌，战事结束后再讨论此事。赵普无疑是抛下了一枚定时炸弹，如果按他所言先打仗再凯旋，回去就没有好果子吃，想推翻皇帝就是大逆不道，就是谋反大罪，要诛灭九族的。谁能在两军大战中苟全性命？未来在哪里？今天就是战士的未来。赵普的心理节奏和鼓动人心的火候拿捏得很是精准，他在等待将士之口说出自己想要说的话来。果然，诸将均不同意，说："当今政令出于多个部门，朝令夕改，夜长梦多，当务之急是进入京城，策立太尉为天子，之后再大军北征，打破北汉和契丹人不难。太尉如不受策立，六军一定不会再向前走一步。"

赵普按照既定的计划继续给诸将说："兴王易姓，虽云天命，实系人心。前军昨已过河，节度使各据方面，京城若乱，不惟外寇愈深，四方必转生变。若能严敕军士，勿令剽劫，都城人心不摇，则四方自然宁谧，诸将亦可长保富贵矣。"（《续资治通鉴长编》）赵普一席"长保富贵"的愿景，一下子击中了将士要害，想将士所想，说将士想说，五代时期，军人拥立皇帝，其用意主要是在乎自己的升迁。一切在陈桥安排就绪后，赵普他们连夜遣衙队军使郭延赞驰告殿前都指挥使石守信、殿前都虞候王审琦，里应外合，大军准备挥师入京。

装醉酒黄袍加身

那一夜，赵匡胤竟然喝酒，假装大醉睡得死沉一副啥也不知道的样子。黎明，四面呼叫而起，声震原野。将士们来到他寝室外，赵普和赵匡义进入房间向赵匡胤报告外面发生的事情。赵匡胤起身，军校们手里拿着兵器已排列在庭院中，说他们愿意拥立太尉当皇帝。赵匡胤还没有来得及答话，就有人把黄袍加在他身上，大家围着他下拜，高喊万岁，立即扶他上马。赵匡胤拉住马缰绳对将领们说："你们贪图富贵，立我为天子，我的号令，你们能够听从吗？不然，我不能为苦主的。"众将下马答道："一定听从命令。"赵匡胤说："太后、皇帝，我都面向北面侍奉他们，你们这些人不能惊扰冒犯；各位大臣都是我的平辈同事，你们不得侵犯凌侮；朝廷的府库、官宦百姓的家庭，不得侵犯掠夺。听从命令有重赏，违抗命令就杀头。"将领们再次下拜，严整队伍向开封城进发。首驱陈桥门，陈桥门守门者拒不开门，不得已西行至封丘门，守门者老远一见立即打开了城门。等到正式称帝，赵匡胤杀了封丘守门者而给陈桥守门晋升官职，以表彰他忠于职守。

石守信部署兵士控制了皇城左掖门，王审琦去仁和门接应；赵匡胤部队入城走的是仁和门，秋毫无所犯。进入皇宫内的长乐宫，来到祗候班（侍卫皇宫的警卫部队）驻地，陆、乔二位队长率领众人在南门抵抗，拒绝赵匡胤入宫，赵匡胤只好改从北门进宫，陆、乔二人忠于后周，不愿臣服赵匡胤，遂上

陈桥兵变赵匡胤黄袍加身处

吊自杀。赵匡胤亲自来到值班房舍,赞叹说:"忠义孩儿!"后来为他们建庙祭祀,赐庙名"忠义",把祗候班改称"孩儿班"。

听闻兵变消息,韩通由内廷奔出,准备组织抵抗。在通过左掖门的时候,被石守信等人伏弩狙击,激战中冲出重围,马上派兵前去定力院搜捕赵匡胤家人。在兵变之前,赵匡胤的母亲和妻子孩子等都在定力院,定力院在蔡河东水门之北。赵匡胤黄袍加身,进城的时候,他的母亲杜氏,妻王氏正在此院设斋祷告。闻陈桥兵变之后,王氏很害怕,杜氏说我儿平生奇异,人皆言当极富贵,何必畏惧?依然谈笑自得。当时韩通带领后周禁军来院搜查,经僧人设法藏他们于楼上,后周禁军全力搜索,登上楼发现楼上门锁及楼梯上面上布满蜘蛛网,而且尘埃凝聚,一看楼上就是多年不曾开门的样子。说这哪里像是有人的样子啊,于是皆返。后,韩通迎面碰上刚入城的前锋王彦昇,被他跃马追杀,跑到家之后,来不及掩门,妻子孩子被一并被杀。

赵匡胤进城登上明德门,命令将士回到军营去,自己也回到官署。当时宰相听闻兵变,范质下殿,拽住王溥的手说,当时我们仓促派大将,是帝国的罪人啊！王溥的手被抓得几乎出血，王溥身心颤抖噤然不能对。

过了不久，将领们拥着宰相范质等人前来，赵匡胤见了他们，低声哭泣着说："我违背天地，今天到了这种地步！"范质等人还没有来得及答话，散员指挥都虞候罗彦瓌挺剑至前，高声对范质等人说："我们这些人没有主人，今天一定要有天子。"赵匡胤训斥他不得无礼，令他下去。王溥和范质心中透亮，互相看看，于是王溥先退到台阶下下拜，范质等人列队下拜齐呼万岁。

赵匡胤召集文武百官，翰林承旨陶穀从袍袖中拿出周恭帝的禅位制书，宣徽使昝居润引导赵匡胤到了殿前庭里，北面下拜接受制书后，又扶着赵匡胤登上崇元殿，换上皇帝的衣帽，登上皇帝宝座。以宋为国号，年号为建隆，是为北宋。

部队进驻开封后，赵匡胤下令官兵不得抢掠杀戮，府库不得侵占，后周的旧官继续留用。把周恭帝改为郑王，而尊奉符太后为周太后，都迁居到西京。

赵匡胤进入后周皇宫，看到宫女抱着一个婴儿，问是什么人，宫女答："世宗的儿子。"当时范质与赵普、潘美等人跟在身边，赵匡胤环顾赵普等人该怎么处置这个婴儿，赵普等人说："杀了他。"潘美与另一将领在后面却不作声。赵匡胤问他的意思，潘美不敢回答。赵匡胤说："登上别人的皇位，还要杀人家的儿子，我不忍这么做。"潘美说："我与陛下都曾在周世宗治下面北称臣，杀了这小孩，即辜负了世宗；劝陛下不杀，则陛下一定会怀疑我。"赵匡胤说："送给你作侄子吧，世宗的儿子不能作你的儿子。"潘美于是把小孩抱回去了。赵匡胤后来也不再查问，潘美把这个婴儿改名潘吉惟，长大成人并成家立业，官至刺史。

君臣饭局释兵权

赵匡胤当上皇帝之后，担心藩镇割据的局面再重演。宋朝开国之初，虽然曾有两个节度使造反，很快被平定。不到一年，新政权就完全控制了局面。当初在陈桥兵变中发挥骨干作用的人也都加官封爵，如石守信为侍卫亲军马步军副都指挥使、王审琦为殿前都指挥使、慕容延钊握重兵屯真定、赵匡义改名光义为殿前都虞候、赵普为枢密直学士……

平定李筠、李重进的叛乱之后，赵匡胤不但没有安枕而卧，而是更加忧心忡忡。于是召赵普，说天下自唐季以来，数十年间，皇帝都更换了八姓十二帝，战斗不息，生民涂炭，是什么原因呢？我想熄灭战车，让国家进入经济发展的快车道，有什么好的办法吗？赵普一听张口就来，说战争不断的原因就是藩镇权力太重，君弱臣强而已。今天要治理，没有啥好办法，唯有"稍夺其权、制其钱粮、收其精兵"，天下自此就可以安宁了。赵匡胤对赵普的"十二字方针"认识还不够透，当务之急是兵权收回。

宋太祖像（选自《宋代帝半身像册》，台北故宫博物院藏。）

参与陈桥兵变的石守信、王审琦等已手握禁军重权，成为举足轻重的人物。赵普曾力劝赵匡胤调整他们的分管工作，授以虚职即可。赵匡胤说他们是我的好弟兄不会背叛我，你有啥担忧的呢？赵普太聪明了，一针见血地指出，前朝周世宗待您也很厚，您权力大了还不是另开炉灶了。赵普说他也不担忧他们叛乱，但是仔细地观察这些人，他们都没有统领驾驭别人的才能，恐怕下属不服气，万一军队中有人挑头儿闹事叛乱，那可就事儿大了。赵匡胤恍然大悟。

建隆二年（961）七月，宋太祖在退朝后留下石守信、高怀德、王审琦等藩镇领袖、高级将领一起饮酒。酒过三巡，见众人开怀畅饮酒至半酣，宋太祖却愁苦地对将领们说："要不是在座的诸位，我也当不了皇帝。虽然我如今做了皇帝，但是还不如做节度使时快乐。自从当了皇帝之后，我就没有睡过一个好觉。"宋太祖的这番话，令石守信等人大惊失色。于是石守信慌忙问道："陛下何出此言，如今局势已定，谁还敢再有异心？"宋太祖哀叹一声，说道天子这个位置，谁不想坐？你们固然不这样，但是你们那些下属想要富贵怎么办？

天下第一巷——开封双龙巷

如果有人把黄袍披加到你的身上,你即使不想这么做,那怎么可能做到!石守信等人哭泣谢罪说,我们愚笨考虑不到这些,希望陛下同情怜悯我们,指条活路给我们看。赵匡胤说:"人生驹过隙尔,不如多积金、市田宅,以遗子孙,歌儿舞女,以终天年。君臣之间,无所猜嫌,不亦善乎?"(《宋史》卷250《石守信传》)石守信等人拜谢道:"陛下为我们考虑到这个程度,可以说是大恩如同再生父母。"第二天,石守信等人都称病,请求免去掌管禁军的职务,皇帝同意了他们的请求,并给予他们优厚的退休金,让各将领放权放得心服口服,毫无抵触心理。

969年,王彦超、武行德、郭从义等节度使入朝,赵匡胤在后苑设宴,喝酒尽兴时,从容对他们说:"你们都是国家的老臣,长时间掌管重镇,国事繁忙,这不是我用来优待贤臣的本意。"王彦超明白皇上的心意,就上前回奏说:"我本来没有功劳,长久地贪恋荣耀和恩宠,现在已经老了。请允许我退休,回到家乡,这是我的愿望。"赵匡胤同意了他的请求。就这样消除了藩镇割据的隐患,赵匡胤有效地掌控了局面,解除了心病,稳固了江山。

赵普算不上陈桥兵变的主谋者，顶多算是帮凶。总设计师是赵匡胤，他上演的这部电影叫《逼宫》，编剧、导演兼制片人都是赵匡胤。没有彩排，直接直播，一次拍摄成功。但是在杯酒释兵权的续集中，赵普成为主谋。赵普当初没啥学问，宋朝建立前跟着赵匡胤混，赵匡胤劝他多读书，从此手不释卷，以半部《论语》帮助宋太祖定天下。他的宅院在今天开封市县街，原清代开封府衙门就在赵普宅旧址。

不择手段赵光义

烛影斧声成悬案

宋太祖之死，传说不一。

文莹《续湘山野录》记载，开宝九年（976）十月二十日晚，下起了雪，太祖召赵光义到宫内饮酒，烛影之下，太祖有些喝高了，到了三更天，殿前已经积雪数寸，太祖拿着柱斧戳雪，对赵光义说"好做，好做"。于是就解带就寝，鼾声如雷。赵光义留宿宫中，到了五更天的时候听闻不到太祖呼噜声，这才发现太祖已驾崩，赵光义接受遗诏在柩前即位。可能这段传闻在宋代流行很广，因而李焘《续资治通鉴长编》虽认为这一传闻"未必然"，但也不得不摘录在书中，留侍他人详考。由于《续湘山野录》中的这段记载，宋太祖驾崩之事，语气隐隐约约，文辞闪闪烁烁，于是便给后人留下了"烛影斧声"的想象空间。蔡东藩《宋史通俗演义》和李逸侯《宋宫十八朝演义》都沿袭了上述说法，并加以渲染，增添了许多宋太宗"弑兄"的细节。

另一种说法认为，宋太祖的死与宋太宗无关，持此说的人引用司马光《涑水纪闻》的记载为宋太宗辩解开脱。据《涑水纪闻》记载，宋太祖驾崩后，已是四鼓时分，孝章宋后派人召太祖的四子秦王赵德芳入宫，但使者却径趋开封府召赵光义。赵光义大惊，犹豫不敢前行，经使者催促，才于雪下步行进宫。据此，太祖死时，太宗并不在寝殿，因而不可能"弑兄"。毕沅《续资治通鉴》即力主这一说法。

《宋名臣言行录》前集卷一记载了宋太祖曾用柱斧轻轻敲击张齐贤的脑袋的事儿。南宋祝穆《方舆览胜》卷52《大渡河》条记载宋太祖曾拿着玉斧划舆地图。元代刘埙在《隐居通义》卷10就质疑玉斧，他说宋太祖尝以玉斧柄画舆图分界，玉斧非刀斧，"乃金杖子，约长四五尺，以片玉冠其首，人主闲步则持之，犹今之拄杖等类。"这证明了宋太祖有持柱斧的习惯。

宋太宗（选自《历代帝王真像》，清乾隆53年姚文翰奉敕绘）

《烬余录》说，赵光义极为赞赏已归降的后蜀主孟昶的妃子花蕊夫人。孟昶死后，花蕊夫人被宋太祖赵匡胤纳为妃并深加宠爱。赵匡胤因病卧床，半夜时赵光义叫他，见他不答应，便乘机调戏花蕊夫人，但"太祖觉，遽以玉斧斫地。皇后、太子至，太祖气属缕"，赵光义慌忙逃回自己的王府。第二天宋太祖赵匡胤便死了。从这段文字的描述看，赵光义好像是在皇宫陪伴患病的赵匡胤，他乘夜半更深，赵匡胤昏睡不醒之时，调戏他垂涎已久的花蕊夫人，但被赵匡胤醒来发觉了。赵匡胤为何要以玉斧砍地呢？可能是他盛怒之下欲砍赵光义，但由于病体虚弱，力不从心，未中赵光义而砍到地。等皇后和皇子闻声赶到之时，赵匡胤已气息奄奄了，重病加上暴怒，第二天清晨就去世了。

有人怀疑是赵光义下了毒手，从正史中看，并无赵匡胤患病的明确记载，他的死是突然降临的，《宋史·太祖本纪》上只有一段简略的记载："癸丑夕，帝崩于万岁殿，年五十，殡于殿西阶。"赵光义当晚又留宿于禁中，次日便在灵柩前即位，实难脱弑兄之嫌。换一种思维来说，太宗当时想要谋弑，何必用斧？

那么，宋太祖是如何死的呢？日本学者荒木敏一认为是酒精中毒。作为"酒精考验"的帝国元首，50岁时值壮年，就算戎马生涯出现身体透支，但是要知道宋代的酒都是低度酒啊，而且不是酒精勾兑，绝对纯粮酿造，根本喝不出人命的。称帝后的第二年赵匡胤就因为身体肥胖戒酒，但是也没有全部戒酒。他曾经对人说他每次都会喝到大醉，第二天早上起来总是发誓再也不喝了，可是到了晚上酒瘾一上来，还是忍不住要喝，一喝就喝到大醉。活脱一名现代戒烟戒酒者，发誓明天就戒，明日复明日，明日何其多啊。

大胆推测一下，宋太祖可能死于心肌梗死或者脑溢血。肥胖人容易血脂血糖血压"三高"，导致心脑血管疾病，宋代没有血管造影技术，也就不容易发现潜在的疾病威胁。

如果不是疾病暴死，那么最后一个可能就是有人下毒。宋太祖被亲弟弟安排手下人下了毒。

司马光在《涑水记闻》记载，宋太祖暴崩时，赵光义并未在宫中，而是在自己的晋王府里。当宋皇后得知皇帝暴死的消息后自作主张，既没有通知弟弟赵光义，也没有召唤皇次子，而是在第一时间派太监王继恩（司马光写成王继隆）去找皇四子赵德芳。宋皇后没有生育，把赵德芳当养子。她打着自己的小算盘，如果赵德芳继承皇位必定更有利于巩固自己的政治地位和既得利益。宋皇后家世极为显赫，其父宋偓是五代宋初名将，封邢国公；祖母是后唐庄宗李存勖的女儿、母亲则是后汉高祖刘知远的爱女。出身名门在关键时刻却心存侥幸，在宫廷政治方面她还是不成熟，有些操之过急。

当时还有一个皇子叫赵德昭，赵德昭的母亲是贺皇后，是赵匡胤的正妻，只可惜去世得早。赵匡胤有四子，长子滕王德秀、次子燕王德昭、三子舒王德林、四子秦王德芳，其中长子、三子不幸早逝，所以名义上的次子赵德昭就可往前提一名算是赵匡胤的长子了。

王继恩是内侍都知，他"以太祖传国晋王之志素定，乃不诣德芳，径趋开封府召晋王"（《续资治通鉴长编》卷17），王继恩见医官贾德玄（一作程德玄）坐在府门，就问他怎么在这里，贾德玄说他宿于信陵坊，夜里二更的时候，有人敲他的门把他吵醒说是晋王召他。出来一看没有发现人。就又回去睡下，谁知接连不叫人闲着，如此三番，睡意全无，他恐晋王真的有啥疾病，于是就过来静候。

王继恩就把太祖驾崩急召晋王赵光义的事儿告诉了他，于是一起叩门入内，见到了赵光义，说太祖驾崩，赶快去继位。赵光义当时大惊，犹豫不敢行，说这天大的事儿，我得与家人商议一下。过了一段时间还不出来，王继恩催促说，时间长了王位恐怕将被他人拥有。随后赵光义、王继恩、贾德玄等人就步行至宫门，叩门而入。

那一晚大雪纷飞，赵光义心里五味杂陈。

到了皇帝寝宫殿外，王继恩请赵光义等他禀报宋皇后再进去，贾德玄却说："非常时刻，我们必须马上进寝宫，哪还有时间等人宣召？"3人随即一同进入寝宫。宋皇后闻王继恩回来了，连忙问德芳来没？王继恩答非所问，说晋王来了。宋皇后见到赵光义王异常惊讶，"遽呼官家曰：'吾母子之命，皆托于官家。'王泣曰：'共保富贵，无忧也。'"（司马光《涑水纪闻》）

第二天早晨，晋王赵光义遂即皇帝位，是为太宗。他大赦天下，改名炅，号宋皇后为开宝皇后，把她迁居西宫。授皇弟赵廷美为开封府尹，封齐王。赵廷美即是赵光美，为避太宗讳，改为廷美。授兄子赵德昭为永兴军节度使，封武功郡王。给予二人特殊待遇，上朝时位在宰相之上。赵德芳为山南西道节度使、同平章事、兴元尹。

赵光义继位之后的12天就改元，开宝变成新年号"太平兴国"。

双龙腾飞羽翼丰

开封有一条著名的街巷，人称天下第一巷。这里面出来两个皇帝，所以称为双龙巷。明《如梦录》载："……双龙巷，宋太祖太宗旧居之地。"相传五代后唐将领赵弘殷于937年携妻杜氏和11岁的儿子赵匡胤由洛阳来到开封，就住在这条巷内。当时这个巷子叫做鸡儿巷，两年后杜氏在这里生下次子赵匡义。

还有一个传说，说五代末期，天下大乱，民不聊生，当时有个名叫陈抟的读书人潜心修炼，得道成仙。一天，陈抟在路上遇到了一位逃难的汉子肩挑两个箩筐，箩筐两头坐着两个孩子，陈抟一见，不禁又惊又喜，哈哈大笑，路上行人问陈抟为什么高兴，陈抟说："我道天下无真主，一担挑着两盘龙，天下从此定矣。"他给了那汉子一些银两，叮嘱他好好抚养两个孩子。告别陈抟，汉子挑着箩筐继续前行，不久来到开封。由于举目无亲，只好在开封鸡儿巷里找到了一座破庙暂住，庙里的和尚做了一个梦，梦见有两条飞龙进了庙内。和尚惊醒后，诧异地问那个逃荒到这里的汉子：你的两个孩子是龙？逃荒的汉子一脸迷茫，他名叫赵弘殷，两个孩子大的叫赵匡胤，小的叫赵匡义。

后周时候，赵弘殷曾任护圣都指挥使，广顺末改铁骑第一军都指挥使转右厢都指挥，领岳州防御使。赵氏兄弟在将门成长，赵匡义从954年到961年一直追随着父亲和哥哥在沙场血战，在赵弘殷去世后更是在赵匡胤的呵护关爱下茁壮成长。赵匡胤即位之后不久，给弟弟赐名赵光义晋封为晋王兼京兆尹还兼东都留守，并加强了赵光义的亲王仪仗，上朝时赵光义的站位也在宰相赵普之上。这些任命暗示了赵匡胤对弟弟的格外重视和提携。

兄弟情深似海，赵匡胤把新城西北角堌子门内东北侧的一块地赏赐给他建造园林名"芳林园"，即今金耀门西北这一区域。开宝九年（976），为了方便晋王府用水，赵匡胤下令引金水河水注入晋王府第，后来又引金水河水"入潜龙园及公主第"。

乾德二年（964）赵德昭搬出皇宫居住，当时叫出阁，按惯常做法，皇子一出阁就封为王。可赵匡胤认为赵德昭年幼，一直没有给赵德昭封王，同时赵光义的官阶一直比赵德昭的高。显然这可能是赵匡胤有意安排赵光义为继承人。开宝八年，赵匡胤想迁都洛阳，并派专人去修建洛阳宫室。开宝九年二月，赵匡胤巡幸西京，四月，公开提要出迁都洛阳，遭到晋王赵光义及多数官员的反对，晋王说："自古在德不在险，既已建都定了，何必去动迁呢？"太祖长太息道："今日依了你，恐怕不出百年，天下民力尽归疲敝了！"乃怅然返宫。有一次，遇着晋王有病，太祖曾亲为灼艾。晋王痛觉，太祖便取艾自灸。每对近臣说道："晋王龙行虎步，日后必为太平天子。他的福德，非朕所能够及得上的。"

晋王赵光义担任开封府尹10多年，位高权重，可谓一人之下万人之上。不仅拥有庞大的智囊团，还拥有一支随时能调动的部队，选拔培养了一批人才。羽翼丰满的赵光义，帝王宝座志在必得，前有杜太后的加持，后有皇帝哥

六朝皇宫——龙亭远眺

哥的帮扶，加上基层百官的拥戴，宋太祖驾崩之后，管事的太监王继恩或许按照太祖的遗诏或许按照自己的选择就及时通知了晋王来到后宫。

"金匮之盟"浮水面

如果说宋朝人的记载会有曲笔或者谨慎避开真相，那么元朝人修的《宋史》相对接近真实。《宋史》有一段金匮之盟的记载，这是杜太后临终前与赵匡胤的约定，现场证人有宰相赵普，记录者赵普。

当时宋太祖 35 岁，赵光义 23 岁，赵廷美 15 岁，赵德昭已 11 岁，杜太后为了确保江山稳固政权交接的时候和谐和平，汲取五代时期太子年少继位，权臣争夺皇位的教训，要求兄终弟及，并让赵普记录下来保管好。其本意是"或谓昭宪及太祖本意，盖欲太宗传之廷美，而廷美复传之德昭。故太宗既立，即令廷美尹开封，德昭实称皇子"。（《宋史》卷 244）

南宋官修的《续资治通鉴长编》中也提及"金匮之盟"。赵匡胤手封其书，藏之金匮。赵宋王朝初期的金匮之盟确实存在，兄终弟及确实写过约定。当事人赵普是唯一一个存活者，他掌握着一个天大的筹码。

重启赵普杀诸王

宋太宗现在要解决其弟赵廷美，恰好这时柴禹锡等告赵廷美密谋造反，他想起了赵普。赵普丝毫不谦虚直接要官帽，说陛下，微臣愿意重新执掌中枢，替圣上用心办事，必定能将那些阴谋变乱的人统统揪出来，一扫而空！这还不够，赵普退下后又密奏说我是开国旧臣，现在被有权势的奸佞之人阻挡。并借机说出了当年杜太后的临终嘱托和太祖主政时自己向上陈述的有关往事。后来宋太宗在宫中查找到赵普以前所上奏章，并发现赵普所说的金匮得到了誓书，于是非常感慨，召来赵普说，人谁无过，朕还不到50岁，已尽知49年非了。这不仅仅是宋太宗的自我批评，更是对赵普的教育和挽救，赵光义的意思是过去我不管你在我大哥面前多么掐我，现在翻篇儿了，不说这事儿了，知错能改还是好同志。就这样赵普重新获得暂时信任并重新入内阁任同中书门下章事，也就是我们平常说的宰相。

当时大家正站在朝堂之上聆听皇上宣布对赵普的任命，工部侍郎雷德骧突然听到此事，手中的笏板不自觉地掉在了地上，立即上疏请求回归乡里。又单独请求奏对，把自己要求离职的缘由详尽地告给了皇帝。赵光义安慰了他很久。并说你只管安心回去，我最终还是会保全你的，不要为此担忧。太宗即位后曾说过"若赵普在中书，朕亦不得此位！"（参见《丁晋公谈录》）如此看来，还是宋太宗水平高超，善于把最合适的人放到最合适的地方去。

赵普秉承太宗之意，积极迫害赵廷美。太平兴国七年（982）三月。赵廷美被罢开封尹，改授西京（今河南洛阳）留守。同年五月，赵普又报告说调查到赵廷美与次相卢多逊勾结谋反。卢多逊立即被削官夺爵，下狱审讯，卢多逊表示服罪，承认曾派人向赵廷美密告高级机密，还效忠说："愿现在的皇帝早日死掉，我们好尽早追随他。"卢多逊全家被流放崖州，其他相关人员全部被斩首，卢多逊死于流放途中。

赵廷美被勒令归还府邸，儿女女婿全部被免除职务。不久赵普又指使开封知府李符诬告赵廷美不悔过，"乞徙远郡，以防他变"。于是，赵廷美再次被降封为涪陵县公，房州（今湖北房县）安置。赵廷美忧悸成疾，两年后忧郁而死，年仅33岁。

有一天太宗去赵普那里咨询立太子之事，赵普直言不讳："太祖已经错了，陛下不得再错。"赵普显示出自己的忠心，他说太祖如果当初听我的建议，今日根本就不是你做皇帝，在立太子这事儿上先帝已经错了，陛下可不能再错啊！这说明赵匡胤在位时已经计划传位给赵光义，但是赵普强烈地反对过。他以为有了"金匮之盟"就和赵光义彻底和解了。赵光义需要借助赵普的手去铲除后患，后来的故事朝着预设的剧情发展，赵普设计，赵廷美获罪。

赵普死后，宋太宗真真假假还是流下了眼泪，说赵普"尽忠国家，社稷臣也"。历史总是惊人的相似，就像当年唐太宗失去魏征一样，万千仇恨化作挽留和叹息。赵普凭借金匮故纸重获新生。死后宋太宗虽然还是记恨他，毕竟作为一国之君面子上的事儿还要过得去，于是宋太宗亲自书写赵普的神道碑铭，以示君臣情深。

春秋笔法隐真相

太平兴国四年（979），赵光义先灭北汉，随即起兵北伐，攻打幽州时，赵德昭也随赵光义大军出战，在高粱河之战中赵光义所统率的御营军队与主力军队失散，赵光义股中两箭，狼狈逃到河北涿州，坐着驴车再向南狂奔。追击的辽军将领也因身体中箭行动缓慢才使他得以逃脱。皇帝忽然消失不见了，一时之间军中无主慌乱一片，这时随军出征的部分朝臣认为赵光义可能遭遇了不测，建议赵德昭立刻在军中继位，继续指挥大军战斗。结果赵光义平安无事归来。赵光义由此感到太祖的旧势力依然强大。他装作不知，回朝后，因北征失利，他对征战北汉的功臣也不行赏。赵德昭忍不住提醒他，赵光义顿时大怒道："等你做了皇帝，再封也不晚！"显然这是话里有话，军中被拥立之事成了他的心病。赵德昭感到压力山大，回去就自刎了，年仅29岁。

赵光义得知赵德昭去世，还当众号啕大哭，边抚着赵德昭尸体边大喊"痴儿何必如此！"赵德昭自尽不久，赵匡胤的小儿子赵德芳也在睡梦中猝死，年仅22岁。《宋史》对赵德芳之死用了"寝疾薨"3个字，宋太宗亲临哭祭，废朝5日，追赠赵德芳为中书令、岐王，谥号康惠。后来加赠太师，改追封为楚王。后来，赵德芳在民间戏曲中被虚构为手持金锏，上打昏君，下打谗臣的正气凛然的"八贤王"形象。

司马光的文笔隐藏了历史真相，却又故意露出马脚给后人猜想。为什么一个太监如此当家，自作主张不听皇后的命令而擅自唤晋王？是谁安排人在二更天就唤醒医官半夜在晋王府门前坐等？到底是在等晋王有病召唤还是等太监王继恩？入寝宫的时候，太监想请示一下的时候医官贾德玄却要求径直而入，一个医官怎么会有这么大的胆？是已经知道实情还是狐假虎威？司马光没有给答案，他给出的是赵光义的被逼无奈，是被太监推荐或者说太监按照宋太祖的意志执行的。

开卷有益建馆阁

孔守正任殿前都虞候时，一天，侍臣们陪太宗宴饮，孔守正喝得酩酊大醉，与殿前指挥使王荣在太宗面前各论自己的战功，争执起来，很失礼仪。侍臣们请求把他们交给有关官员去问罪，太宗没有答应。第二天，他两人一同到殿前请罪，太宗说："朕昨天也喝得大醉，糊糊涂涂不再记得有过什么事。"

五代时期，昭文馆、史馆、集贤院称为三院，在开封右长庆门东北，仅有小屋数十间，凋敝不堪。977年，赵光义视察三馆，认为环境恶劣、简陋，不足以藏天下书籍、招四方俊贤，于是命令有司择地重建三馆。他亲自规划，978年，建成了一个建筑壮观、规模宏伟的新三馆，并改称崇文院。988年3月，他又在崇文院中筹建秘阁，分三馆书籍万余卷置其中，三馆与秘阁合称馆阁。宋太宗又下诏用馆藏书籍编辑《太平总类》《太平广记》以及诗文总集《文苑精华》等。

《太平总类》历经6年编撰而成，收集摘录了1600多种古籍的重要内容，

开封龙亭午门广场

分类归成55门，全书共1000卷，是一部很有价值的参考书。当宋太宗下定决心花精力翻阅这部巨著时，曾有人觉得皇帝每天要处理那么多国家大事，还要去读这么部大书，太辛苦了，就去劝告他少看些，也不一定每天都得看，以免过度劳神。

可是宋太宗却说："我很喜欢读书，从书中常常能得到乐趣，多看些书，总会有益处，况且我并不觉得劳神。"于是，他仍然坚持每天阅读3卷，有时因国事忙耽搁了，他也要抽空补上，并常对左右的人说："只要打开书本，总会有好处的。"这样一部巨著，宋太宗一年之内全部看完，然后将其更名为《太平御览》。

历史总是惊人的相似。赵光义成了宋朝的第二位皇帝后，从此不再兄终弟及，而是直接传位儿子，赵光义的弟弟和哥哥赵匡胤的两个儿子都死去，前面再也没有障碍了。北宋直到赵构南渡到建都临安，一直都是赵光义的子孙，可惜赵构无子，就把皇位传给了赵匡胤的一枝儿，赵昚是宋高宗的养子，皇帝轮流做，宋太祖赵匡胤七世孙宋孝宗赵昚和他的子孙一直掌舵南宋政权。

三城环套水润城

宋代东京城沿袭后周的都城，经过100多年的经营，屡次增建，到了宋徽宗时期达到极盛。北宋建都开封后的168年间，曾对城墙进行过10余次不同程度的增修。神宗熙宁年间用了3年才完工，周围展至50里165步，高4丈，广5丈9尺。使京城规模宏大壮丽，举世闻名。3座城池环套，筑造大宋帝国名都。

城池坚固"卧牛城"

开封本地一直有"跑马圈城"的传说，周世宗让赵匡胤绕开封骑马飞奔倾尽跑出50里，以马力尽处为城界，于是柴荣下令以马跑的范围扩建城池，修建了气势宏伟的东京外城。开封一带土质松软不易筑城，为确保城池坚固，于是取土荥阳虎牢关筑之。

岳飞的孙子岳珂在《桯史》中说，开宝元年（968），宋太祖下令重修开封城，令宰相赵普规划图样。赵普依据后周世宗时期外城的前例，图样中的城池为直方形状，经纬其间，城市井井排列。宋太祖一看十分愤怒，亲自取笔涂改。变为迂曲纵斜之状。在旁边专门注云："依此修筑。"北宋东京城的外城、内城与皇城的城墙都不是笔直的，而是有一定的弯曲度，便于防守，特别是外城呈卧牛之状，其长度共48里233步，俗称"卧牛城"。

其实岳珂的记载并不可靠，仅仅是道听途说加上主观臆断。宋东京城还是在后周的基础上增筑而已，新城每100步设马面、战棚，密置女儿墙，马面密集，便于军事防守和近距离打击。

北宋时期建设了完整的外城、内城和皇城三重城墙防御体系。宋外城外四周都建有护城濠，城里牙道，各植榆柳成荫。每200步，置一防城库，贮守御之器。

丘刚先生在《开封宋城考古述略》一文中描述了开封的考古勘探发掘情况，经过开封市文物工作队对宋代东京城的考古勘测发现北宋东京城由外向内依次筑有外城、内城、皇城3重城墙。由于历代兵火水患，如今三道城墙已全部淤没于地下。据初步测量，北宋东京城遗址距地表平均深度6—8米，最浅的地段距地表深0.30米（外城西墙新郑门外），最深的地段距地表11米左右（内城南北墙部分地段）。

三重防御固若金汤

北宋三重城墙，固若金汤。

外城，又称新城、罗城，是京师防御的第一道屏障。始建于五代后周柴荣执政时期。周长48里233步。外城共设有城门18座，其中陆门12座，水门6座。南墙有城门5座，自西向东为戴楼门、广利水门、南薰门、普济水门和陈州门；东墙有城门4座，自南向北为汴河下水门、新宋门、新曹门和善利水门（亦名东北水门）；西墙有城门5座，自南向北为新郑门、汴河上水门、万胜门、固子门和咸丰水门（亦名西北水门）；北墙有城门4座，自东向西为陈桥门、新封丘门、新酸枣门、卫州门。经过考古勘探发掘，外城是东西略短、南北稍长的长方形，位于开封市四郊。经开封市文物考古大队实测，外城东墙约7660米，西墙约7590米，南墙约6990米，北墙约6940米，四墙总长29120米，合今29公里。若按宋太府尺计算，折合宋里50里左右，与文献记载的外城"周回五十里一百六十五步"大致吻合。

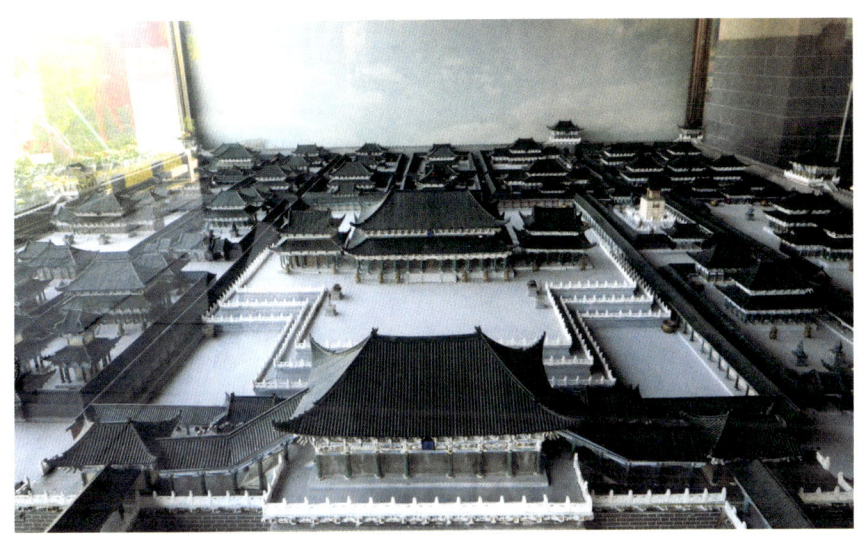

宋代东京皇城沙盘模型图

内城，宋代又称里城、旧城，北宋东京内城是在后周里城的基础上修建而来的，而后周的里城则是源自唐代的汴州城，其周回"二十里一百五十五步"。汴州城设城门7座。南面1门，名尉氏门；东2门，南边为宋门，北边为曹门；西2门，南边为郑门，北边为梁门；北2门，东边为酸枣门，西边为封丘门。后周世宗于显德二年开始"于京城四面别筑罗城"，应为东京城的外城，原先的汴州城则自此降为内城。内城是为拱卫京师东京的第二道重要屏障。内城共设有城门12座，其中陆门10座，水门2座。南三门：中曰朱雀、东曰保康、西曰崇明。东二门：南曰丽景（宋门）、北曰望春（曹门）；西二门：南曰宜秋，北曰闾阖；北三门：中曰景龙（酸枣门）、东曰安远（旧封丘门）、西口天波（金水门），金水河由此流入里城。这是10座陆门。东面有城墙与汴河东角门子，西面城墙有汴河西角门子，这是2座水门。

宋代内城四隅曾建有角楼，城墙多次进行修葺或贴筑，但是都是小规模的施工，或者限于资金或者政府重视程度不够。金元时期也曾对开封城墙进行了修筑，至正十七年（1357），元将泰木花为防红巾军攻城，将汴梁城13座"四门城门只留五座，以通往来，余八门俱塞"。北宋里城10多座城门至元末

155

只剩 5 座了。今日开封城墙，其前身是宋内城，主要框架，千年未曾改变。

皇城，又称宫城、大内和禁中等，是北宋皇帝的议事殿阁和寝宫所在地。北宋东京皇城的前身是唐代的节度使衙署建昌宫，后梁、后晋、后汉、后周 4 个政权先后建都于开封，都把原唐汴州城中的宣武军节度使衙署作为皇宫。宋太祖赵匡胤痛感原有皇城规模狭小，就组织人员进行了扩建，基本上奠定了北宋皇宫的规模和基本格局。后来宋徽宗又扩建皇宫。

宫城，在里城的中央稍偏西北，是东京城的核心。有城门 7 座：南开三门，中为宣德（乾元门），东为左掖，西为右掖；西一门，为西华门；东为二门，与西华门正对的是东华门，东华门和西华门构成宫城内的一条南北大道，东华门北边是谬门；北一门为拱辰门。宣德门为宫城正门，为北宋帝王举办重大活动的主要场所。宣德门两边有垛楼和向前方伸出的阙楼，这门楼形制，在明朝被演化为紫禁城内的五凤楼。宣德门城楼下有 5 座门通道，正中通道通往大庆门，两边的通往两侧的内左升龙门和右升龙门。宫城的南部是外朝的主要宫殿区，最前面的是大庆殿，乃宫城内最高最大的建筑。大庆殿压在全城的中轴线线上，即长为九间，宽为五间，体现出皇帝的九五之尊，规模巨大气势恢宏。

大庆殿的西北是文德殿，文德殿东北是紫宸殿，紫宸殿西为垂拱殿。垂拱殿之后，是皇帝和后妃居住的内廷，又称后苑，是皇帝和后妃的宴赏之地，后苑的风景可以划分为 4 部分：太清楼、宣圣、化成、亲稼殿等西部宴饮观稼区；橙实亭、西曲水中部果木种植区；环碧池及后山东北部山水风景区以及东南部宣和殿建筑群。

四水贯都水润城

北宋定鼎中原，当时还未统一全国之时，割据两浙的吴越王钱俶为了向宋朝讨好，经常纳贡称臣。有一次，钱俶亲自到东京城，向宋太祖进贡一条珍贵的"宝犀带"。赵匡胤看后，很有风趣地向他说："朕有三带，与此不同。"钱俶听后，摸不着头脑，不知赵匡胤指的是什么宝带，恳求见上一见。宋太祖笑着说："汴河一条，惠民河一条，五丈河一条。"钱俶听到这里，顿觉惭愧，同时又极其佩服赵匡胤的远见卓识。后周疏浚汴河、五丈河、蔡水，宋在此基础上又开发了金水河，形成了所谓的"四水贯都"。

蔡河：又称惠民河，是北宋时期4条重要穿城河流之一。《东京梦华录》中称：蔡河正名惠民河，为通蔡州故也。"蔡河贯京师，为都人所仰。"蔡河地势复杂，河道浅涸，本来不适合通航。宋太祖为方便运输京西物资，经多次修治，开始通航。

五丈河：又称广济河，开凿于唐朝武则天时期，五丈河在北宋尚未统一以及稳定的阶段，都担负着重要的漕运工作。后周时，对五丈河进行了大规模的整顿。宋太祖即位后，开始大规模兴修广济河水道。京西、京东的粮食由此运到东京。到了宋太宗时期，北宋统一江南，粮食供给也主要由京西、京东转移到了江南地区，广济河运量开始减少。仁宗天圣六年（1028），黄河决口，坏广济河道。其后，朝廷正式下令减少广济河粮运。英宗治平二年（1065），广济河经过整治，运量又达到一个新高峰，达74万石。

金水河：又名天源河，位于东京城的西部，开凿于太祖建隆二年（961）

因水而兴的开封城

春，导自荥阳黄堆山，它的源头叫祝龙源。宋太祖建隆年间开凿沟渠引水过中牟县，抵都城门，架其水横绝于汴河，东汇于五丈河。主要作用是提供皇宫浇灌宫苑植被用水和民间饮用水。金水河由西向东横贯东京城，主要流经外城西北部，内城北部和宫城。从西北水门入城之后，经白虎桥、横桥、五王宫桥，在两岸高墙的保护下流入皇宫。乾德三年（965），引金水河贯皇城，经过皇宫后苑的池塘。太平兴国三年（978）2月，引金水河水入东京西郊新池，这个池子就是著名的金明池。

汴河：北宋的时候汴河主要负责淮南、江南、两浙、荆湖、广南等路和四川一部分物资的运输。北宋在汴河实行转般法，东南物资运送至淮南上的真州、泗州、楚州、扬州等地转仓，再运送京师。

北宋政府"置官以司之，都水监总察之"。北宋由汴河每年漕运江、淮、湖、浙粮米到开封，多达800万石。孟元老的《东京梦华录》和张择端的《清明上河图》都对汴河的繁盛进行了细致描绘。

开封是国家物资集散地和周转地，大宗原材料都要经过汴河的转运再抵达国内外。当时开封不但养蚕植桑，而且还有专门的机构负责丝绸业务。北宋之时，饮茶之风盛行，茶叶需求量大。茶商每年从湖北、福建等地经过汴河、惠民河把大批茶叶运到京城，除了供应京师消费之外，还把茶叶深加工之后运销到西北等地。

北宋向海外输出的商品，除传统的丝织品外主要是瓷器。北宋的制瓷业，在生产技术、花色品种等方面都达到了空前的水平。五大名窑的产品，由于做工精细、式样典雅，是海外诸国争相购买的商品。开封官窑、越州哥窑就设在汴河沿岸，其他3座名窑（定州定窑、汝州汝窑、禹州钧窑）的产品也要从汴河运往杭州，转至明州、广州港运往海外各地。由于瓷器是易碎之物，用陆路运输远不及水运安全便利，因此，大运河为中国瓷器由产地直接装船运往日本、高丽、南亚、波斯及非洲、欧洲提供了最为便捷可靠的条件。

北宋东京依靠四大漕河：汴河、黄河、蔡河和五丈河，建立了以东京为中心的中原航运网。除了满足京师物资需求，还在战争中作为后勤补给线。如宋与金结盟攻打辽国的时候，就是通过汴河、黄河转运军用物资的。

一城宋韵半城水的开封

千年不变中轴线

一般城市最多一条中轴线，而开封却有4条中轴线。

东京城的街道纵横交错，4条御道构成"井"字形，四方延展。东西两条横亘于皇城外，自东边的新宋门直达西边的新郑门。自东面的新曹门到西面的万胜门。南北两条，从宣德门外向土市子，折向北到新封丘门。另一条就是从宣德门到南熏门，这是一条主御道。

今天开封市午朝门广场大致就是宋代宣德门遗址，是南北御街的北起点，这条是东京城的南北中轴线，北起皇城宣德门，经州桥穿过内城朱雀门，止于外城南熏门，始建于781年，为李勉所建。同时又与宫城中轴线衔接，是开封城千年未变的中轴线。

北宋这条中轴线成为御街，局部宽200步，折合现在是300多米，真乃大路朝天，各走一边啊。两边乃御廊，开放的时候允许市人在下面买卖，自政和间政府禁止在御廊下做生意。中心御道是供皇帝御驾出行专用，禁止普通人马行走，行人全部在廊下红漆杈子之外。杈子里有砖石甃砌的两道御沟水，宣

宋东京外城砖

和间尽植莲荷，近岸植桃、李、梨、杏，杂花相间，春夏之间，花朵鲜艳、芬芳沁人。

宣德门前一直南下，有一个大型宫廷广场，中央官署多分列在它的两边。每逢节日，多在这里举行庆祝活动。从宣德门到州桥，这段御街集中了帝国的主要办事机构，当然了，两侧也有不少商铺，不过都是像唐家金银、梁家珠子之类的高档商铺。宣德门往南，左右设置有尚书省、中书省、门下省、枢密院、秘书省等高级官署，也有中级官署，如礼乐祭祀管理中心太常寺、中央地方公文交换的都进奏院、外事接待办都驿亭、中央音乐学院大晟府等。

从州桥到朱雀门，不到一公里的地段，却是御街最为繁华的区域，从州桥往南去，当街有卖水饭、爊肉、干脯等吃食。王楼前，有许多出售獾儿、野狐肉、脯鸡等肉食的小摊贩；还有梅家、鹿家出售的鹅鸭鸡兔肚肺、鳝鱼、包子、鸡皮、腰肾、鸡碎等，每个不过15文；还有曹家的小吃、点心等，也是物美价廉。

朱雀门有现煎现卖的羊白肠、鲊脯、爊冻鱼头、辣脚子、姜辣萝卜等出售。夏天有麻腐、鸡皮麻饮、细粉、素签、沙糖冰雪冷元子、水晶皂儿、生淹水木瓜、香橙丸子等，都用梅红色的盒子盛贮着，看起来高端大气上档次，吃

1990年代开封市建造的仿宋一条街——宋都御街

起来清新可口味道美。冬天则卖盘兔、旋炙猪皮肉、野鸭肉、滴酥水晶鲙、煎夹子、猪下水，区域一直延伸到龙津桥一带的须脑子肉为止，售卖的食物统称"杂嚼"，延续到三更方散。

从朱雀门到南熏门，这段距离最长，道路相对变得窄了。"朱雀门外除东西两教坊，余皆居民或茶坊。"街西是延真观，是接待各地来的道教信徒们的地方。街东是五岳观，宋真宗时，加封五岳为"天齐仁圣帝"，并命建五岳帝宫奉之。五岳观在南熏门内东侧，太学也在东侧。朱雀门是内城南门，南熏门是外城南门。

御街是东京城的景观轴，一条天街，布满帝国的核心府衙机关与繁华商业店铺。这是孟元老为之刻骨铭心难忘的天街，议是南渡之后最为怀想的街道，"雕车竞驻于天街，宝马争驰于御路"。

开封的城市中轴线是世界上最早的中轴线，它比北京早了500年，比巴黎和纽约早了1000多年。开封是世界上唯一一座城市中轴线从未变动的都城，金朝建中都仿制北宋东京城，可以说是直接"克隆"而来的城市。

每次黄河水泛滥后，在开封城所沉积下来的泥沙更厚，无数宝藏深深淤积于地下。这座城的位置经过1000多年历史沧桑，基本上没有什么变化。开

161

封城曾多次在历史的长河中被毁坏，但又一次次在原址上重建，开封人民从来舍弃不下这座城。时空流转，时事代谢。千年中轴线追忆开封城的似水年华，感叹开封人民的坚守、坚定。

开封的城市中轴线至今仍是开封城的核心街道，一条中山路从龙亭开始向南伸展，与宋代的御街同一个方向，只不过是在宋代地面的上面罢了。如今的开封城市中轴线依然是开封城最为繁华的道路。

观习水战与民乐

金明池本是大宋东京城的一处园林景观，也是一个规模盛大的游乐、文化场所，风光旖旎的"金池夜雨"是"汴京八景"之一。

操练水军竞争标

金明池位于东京外城顺天门（即新郑门）外大街以北，关于金明池的历史，可以追溯到春秋时期——孟子到开封见梁惠王，"王立于沼上"。古代开封四周有大面积水域，如城西北有沙海，城东南有逢泽，城东有牧泽，但被称为"沼"的，仅有城西的金明池。战国时期秦将王贲水灌魏国国都大梁，使开封遭到极大破坏。此沼并没废淤，一直还蓄有水。

五代后周时期，周世宗在显德四年打算征战南唐，于是就在原来的基础上开凿了一个更大的水域，以便操练水军。北宋太平兴国年间又复凿之，引金水河注入其中。太平兴国七年（982），宋太宗曾经亲自到金明池阅兵，观看水战。政和年间，宋徽宗又在池中建殿宇。

每年3月，金明池还会定期开放，允许百姓来参观，叫作"开池"。到了上巳节（农历三月三），皇帝车驾临幸观看"水嬉"完毕，金明池就关闭了。其间，对面的琼林苑也同时开放，所有殿堂都可以入内参观。每逢水嬉开池的日子，东京全城的市民都会来看热闹，也允许商贩摆摊做买卖和卖艺的进行杂耍表演。在此之前，宋太祖赵匡胤只能到"造船务"去观习"水战"，这是不能满足以"在马上取天下"而自负的皇帝的虚荣心的。后来宋太宗动用了几千名士兵凿池，引金水河水注入。为保证开凿质量，宋太宗还特意赏赐每个建设者，并赐此池名为"金明"。雍熙元年（984）四月，宋太宗驾至金明池水心殿，检阅水军，只见"战舰争胜，鼓噪以进，往来驰突，必为回旋击刺之状"，他就此景对侍臣议论道："兵棹，南方之事也，今既平定，固不复用，但时习之，不忘武功耳。"由此看来，金明池之所以开凿成周约9里30步，池面直径7里许的规模，正是为了能够容纳盛大的军事演习。宋雍熙年间虽然是和平时期不再南征，但养兵千日用兵一时，还需要平时不断操练，做到有备无患。

金明池宝津楼夜景

历史上有关金明池的诗文佳话流传甚多，如冯梦龙《醒世通言》中的《金明池吴清逢爱爱》、司马光的《会饮金明池书事》、梅尧臣的《金明池游》等，不胜枚举。

仙桥水殿藏龙船

据开封市文物工作队勘探显示，金明池东岸大概位于东京外城西墙之西近300米处，池为东西向，呈正方形，东西长约1240米，南北宽约1230米，周长4940余米，与史载"方圆九里三十步"大致吻合。池底污泥距今地表深12.5—13.5米，厚度为0.4—0.7米，泥内包含有众多的小蚌壳和个别白瓷片、腐草及蓝砖颗粒等。池底低于当时池岸3—4米，未探出池岸所砌之石，可能是在金明池废弃后被拆除。在池中心一带，距今地表约10米深处，普遍探出较多的蓝砖瓦块，面积约400平方米，但未发现建筑残迹。

金明池基本是一个方形的池子，建筑物点缀池中，南北轴线上建筑物较多，从南到北有棂星门、彩楼、仙桥、水心五殿、奥屋。在南北轴线东边，仙桥之东，有一临水殿。在池东北角有一水榭，池东还有一个不知名的重檐九脊殿。

金明池上的"水心五殿"与"飞虹"仙桥是这座水上园林的核心建筑。所谓"水心五殿"，就是在金明池的中央专门为皇帝游乐而建造的水上宫殿。从古至今，人们都把湖光山色与小桥流水看作是人间佳境。但开封地势平坦，城中虽不乏小桥流水，而湖光山色却不可得。因此，金明池的设计者在凿池之初，就设计了巧妙的造山规划。他们把挖池的泥土堆积于池的中央，撮土成山，叠石造景，随后又将在南方搜得的诸多奇花异草种植其上，建成了大池中心的人工岛，又在岛上建筑楼台殿阁，并设置了御座、龙床、屏风等富丽堂皇的御用物品，营造出一个风光如画的人间天堂。再以池中央的人工岛为核心，修建虹桥使得大池的南岸与其相连。这座"飞虹"仙桥设计得尤为别致。皇帝站在湖心岛的殿台上，便可以饱览金明池上各处的秀美景色，就像到了蓬莱仙岛一样快活。当时就有人把金明池上的"飞虹"仙桥看作是连接天上和人间的通道，其天水一色，水上的拱桥与水下的影子融为一体，浑然天成。北宋政治家、名将韩琦的《驾幸金明池》一诗，就把金明池比作蓬莱仙岛，"庶俗一令趋寿域，从官齐许宴逢山。楼台金碧交辉外，舟楫笙歌浩渺间。"在他看来，皇帝就像是在蓬莱仙岛设宴，让他们这些随行官员在这里体验到了神仙般的悠闲与快乐。

沿桥步入池中，一路凭栏，清风习习，几度上下便走到桥的尽头处。仙桥北端正接临水殿，五间大殿坐落在池水中央，整个殿基用石头砌就，面向池北一字排开，上下两层，各建有回廊。大殿中央设皇帝专用的帷幕，周围屏风

《金明池争标图》，宋代张择端绘，现藏天津市博物馆。

皆雕以云水戏龙图案，凝神之际，令人叫绝。屏风之中置一"朱漆明金"的龙床，供皇帝临风坐卧，观赏千军操练。仙桥南端有一门与临水殿遥遥相对，称"棂星门"，门内有两彩楼相对。棂星门外为一长街，街南筑有高台，台上建楼观，宽100丈左右，称"宝津楼"。高台至金明池大门之间，有一阔百余丈的场地，为骑射百戏之所。宝津楼南有殿，称"宴殿"。再西有一殿称"射殿"，供皇帝张弓习射之用。两殿之南为一横街，"牙道柳径"，为都人击球之所。

金明池东岸临水筑围墙，墙内植垂柳，两边"彩棚幕次"。池北岸正对临水殿筑一大屋，为藏龙船所用，人称"澳屋"。

澳屋，是世界上最早有记载的船坞，比西方第一个船坞早出现了400多年。北宋朝廷早年用的大龙船为吴越王钱俶所献，船长8米，龙头凤尾，高大华贵，十分壮观。到了宋神宗时期，龙舟经历百余年的风雨侵蚀，船体已经严重破损，无法继续使用。为了给皇室修复和打造新的龙舟，宦官黄怀信献计创建了澳屋。不仅解决了修造大船的困难，也为大船的停泊、养护提供了专门场所，同时还为金明池添置了一道特殊的风景。除了这种瞩目的大龙船之外，还

金明池水心殿

有许多富有特色的小龙船，如水上百戏乐船、虎头船、龙头船、飞鱼船、鳅鱼船等造型优美，装饰华丽。

池西岸"垂柳蘸水，烟草铺堤"，游人稀少，为垂钓者的好去处。遇阴雨霏霏，夜幕茫茫，一湖碧水更显得迷蒙绮丽，清新秀美。

不禁游人全民乐

"三月十八，村里老婆风发。"宋代金盈之《醉翁谈录》中的这句俗谚，揭示了当年金明池的魅力：这一天，村姑无论老幼都入城玩耍，主要去处是金明池。那是一个皇家园林，只见波光漾花，反照着矗立在水中的岛上宫殿，亮晶晶，金灿灿。池中，龙舟昂首，小船簇拥，游艇徜徉，桥飞千尺长虹，柳丝拂水；岸上，楼阁巍峨，树丛环绕，彩棚人聚，伎艺涌动……人们耳闻了震天动地的锋声，笙歌曼舞，锦绣满园，甚至连"真龙天子"也会翩翩而来。贵家士女乘着轿子来游玩，游人如织，风雨不禁，略无虚日。当年皇帝临幸此池多在3月20这个吉祥的日子，那一天，万人空巷的水上体育盛会，就在皇帝的检阅下正式拉开了帷幕。

夕阳余晖下的金明池

　　淳化三年（992）三月，宋太宗又一次来到金明池，亲手将一个银瓯掷到波叠浪翻的池中，命令一名军卒泅入水里取上来，表演"竞渡之戏"……这是一贯以勇武著称的宋太宗，在金明池的波澜间轻松挥洒的一笔。宋太祖是观习"水战"，宋太宗则喜欢"水战"，演习间隙，设置一些不仅能锻炼体魄，又可调节情绪的"水戏"。

　　因为金明池在特定时间可供士庶同游，所以成为皇帝与民同乐、了解百姓疾苦的平台。在皇帝临幸观赏龙舟竞渡的御殿，小商贩可以将摊位一直摆到御殿廊下，老百姓可以随意在御殿回廊里游览、饮食，甚至是博彩，这恐怕是历朝皇家园林中不曾出现的"奇观"。在这样的园林中，市民感到自由舒畅、无拘无束，各种各样的活动也令人目不暇接。

州桥南北是天街

州桥是开封的一座古桥，修建于唐朝建中年间，在今中山路中段。明《成化河南总志》载："唐建中年间节度使李勉建，以在州之南门，故名。"唐代称为"汴州桥"，五代时称汴桥。宋代时候改名为升平桥，又称迎真桥。天圣年间改名为天汉桥，金代为天津桥，又称周桥，俗称州桥。

飞虹百尺跨汴河

隋唐时期，通济渠处于当时大运河的中间，漕运繁忙。北宋的时候，通济渠改称"汴河"，州桥"飞虹百尺，雄跨汴河之上，实为一方胜概"。州桥位于北宋宫城到里城朱雀门正中向南御路上。《东京梦华录》记载："次曰州桥（正名天汉桥），正对于大内御街，其桥与相国寺桥皆低平，不通舟船，唯西河平船可过，其柱皆青石为之，石梁、石笋、楯栏……桥下密排石柱，盖车驾御路也。"《东京梦华录》记载是北宋改造过的州桥，已非唐时原貌。

州桥在宋代的这一次改建，是在1094年至1098年之间，叶梦得《石林避暑录话》卷四记载为绍圣初年，绍圣是宋哲宗的年号。运河堤岸司贾种民监管工程，每天穿着朝服坐在道旁，手里拿着一个指挥棒亲自安排工人干活儿。看到的都心里讥笑他，也不好意思说。桥建成后，尚未通行，京城杂剧演

第二次考古发掘前地面上的州桥遗址保护牌

员著名段子手丁仙现恰好路过，他在宫廷教坊任教坊使，时人呼为丁使。才思敏捷，敢于诮弄当时执政者及社会庸俗风气，比如他在表演时讽刺王安石排挤不同政见的大臣，时谚有"台官不如伶官"。这个丁仙现向来认识贾种民，贾种民当即呵斥叫他停下来，说桥刚改建成，在正式开通之前还没有人敢过。如果你现场讲一个好段子，就可以叫你第一个通过。丁仙现应声说："好桥！好桥！"就上马急忙过去了。贾种民感觉这个段子没啥好笑的，就派人急忙阻拦，已经来不及了，丁仙现过州桥了。过了一会，贾种民才悟出是讥笑自己的，"桥""乔"谐音，贾种民穿着朝服监工，装腔作势、狐假虎威，所以被丁仙现讥之。

北宋时开封的州桥镌刻精美、构造坚固，是石砌平桥，有许多青石镂刻的桥柱，以及镌刻着精美花纹和图案的石梁、石栏、石壁。下可以通行"西河平船"。桥下汴水流淌，桥上人来人往，热闹非凡。

繁华州桥见兴衰

州桥在开封的御街和汴河交汇处,从皇城到南城门、朱雀门,州桥是必经之地,所以,州桥是当时开封城里横跨汴河的交通要道。月明之夜,有许多人在品尝过小吃之后,登上州桥或者明月楼赏月,月波柔美,皎月沉底,对影成三客。"州桥明月"一直是"汴京八景"之一。

就是这座桥,见证了大宋繁华的月月年年,见证了战火毁城的悲凉心酸。就是这座桥,目睹了市井的万千风情、流年的暗自感叹。

州桥见证了凡俗生活的万千场面,州桥感受了人世的无常冷暖。《水浒传》中,青面兽杨志穷困潦倒,只好沿街叫卖祖传的宝刀,他走到州桥,遭遇了当时开封城里的泼皮牛二。牛二对杨志无理纠缠,杨志最后怒斩牛二于州桥的桥头。"靖康二年三月戊戌,天汉桥火,焚十余家。"(《宋史》卷63)宋代的州桥又名天汉桥,我们从《宋史》中得知这座桥在1127年被焚毁了。

在金兵攻陷开封后,南宋诗人范成大奉命出使金国,途经开封,他登上州桥四望,这个时候,曾经繁荣的州桥,成了一个朝代兴衰的见证。诗人悲愤地写道:"州桥南北是天街,父老年年等驾回。忍泪失声问使者,几时真有六军来?"范成大伫立的州桥推测是金代在宋代桥基的基础上改建的。或许是由木制平桥改成了砖石拱桥。元代和明代又对州桥进行了修葺。明末,因黄河水淹开封,河道淤塞,地面增高。清人宋继郊说,后人在上面增建了一座关帝庙,坐东朝西,门额曰"古州桥"。

千年州桥被唤醒

1984年8月,开封市政地下管网改造工程施工中,发现了州桥。1985年8月20日的开封日报在《宋城》版报道:"掩埋了三百四十多年的汴京州桥,从地下发掘出来,这是近年古都开封文物考古方面的一项重大发现……"沉睡几百年的州桥离地面只有4.5米。经开封市文物勘测队初步探测,桥面铺砌青石条,下衬砖两层,再下为青砖券,厚约1米,跨径5.8米。桥面南北宽约17

考古发掘中的州桥

米。桥洞东西长约 30 米。因当时条件所限，发掘停止，未能窥视全貌，又掩埋地下，甚为遗憾。

"香车已尽花间市，红袖歌残水上楼。"经过持续考古发掘，北宋都城开封的标志性建筑——州桥遗址考古工作取得重大进展。2018 年以来，河南省文物考古研究院和开封市文物考古研究所联合对州桥遗址进行发掘。选取汴河河道进行局部解剖，在州桥本体东侧发现长度约 150 米的汴河遗址，河床最浅的距地表约 6.5—7.0 米，河底最深约 13.5—14.0 米，宽度约为 20—25 米。考古发掘深度达 10 余米，较为完整地揭露出了唐代以来的汴河河道堆积，出土了大量陶器、瓷器、动物骨骼、砖瓦、木桩等多种遗物以及房址、水井等生活遗迹。目前州桥青石桥面一部分揭露，东面桥台雁翅、地伏已暴露，并在东侧桥面上发掘出一座明代护河神庙。从目前揭露的情况来看，州桥桥面南北跨度 25.4 米，东西桥面宽约 30 米，规模很大。此外，遗址还出土了鎏金铜造像、铜钱和保存完好的青花瓷器等大量珍贵的文物标本。目前发掘的桥体是明代在宋代州桥的基础上重修而成。这座埋藏于泥土千余年，见证北宋市井繁华的古桥，在考古发掘中渐露容颜。

运河"密码"惊世界

开封还向扬州中国大运河博物馆馈赠了一份重要礼物，1400岁的"汴河"被搬到扬州中国大运河博物馆馆里，成为镇馆之宝。25.7米长、8米高，成为扬州中国大运河博物馆里最巨型的文物。2020年11月，历经一年多的多方沟通和精心准备，在河南省文物考古研究院和开封市文物考古研究所的大力支持下，汴河剖面的揭取工作顺利开展。施工单位采用因地制宜的分段方法和特殊材料的揭取手段，保质保量完成了揭取任务。根据考古现场的台阶状发掘方法，剖面以宽1米、高近2米的长方形单元被合理划分，

汴河的剖面，见证了大运河的历史，显示了唐代以来的汴河河道堆积状况。

整个剖面被分为180余片逐一编号揭取。一条条线，清晰勾勒出自隋唐至明清的地层。

如今，这段河道早已完全淤积成平地。但在地下，一层层泥土淤积刻画着历史的年轮。粗糙的颗粒下，就是一部运河河道变迁史。200平方米河道剖面见证运河沉积的历史，粗糙质朴的土块上缀满运河变迁的文化"密码"：石块、瓦砾、动物骨骸等等，无语述说着历史的过往和变迁。

海马水兽飞云现

孟元老记载的州桥是这个样子，"近桥两岸，皆石壁，雕镂海马水兽飞云之状……"(《东京梦华录》卷一) 关于"海马水兽飞云"还有一段故事，据张知甫《可书》记载，章惇刚刚上任的时候，采用都提举汴河堤岸司贾种民的建议，"起汴桥二楼，又依桥作石岸，以锡铁灌其缝。"宋用臣路过，大笑而去，贾种民十分疑惑就问宋用臣讥笑什么？用臣说："石岸固奇绝，但上阔下狭若

《东京梦华录》记载的州桥"近桥两岸,皆石壁,雕镌海马水兽飞云之状"。

瓮尔。"种民恍然大悟,便恳请用臣良策。宋用臣说:"请作海马云气以阔其下。"

  州桥在 11 世纪末改建的时候,近桥两岸是石砌并雕有海马水兽飞云图案。文献中的记载仅仅是文字的浮想,如今真实的宋代石刻图案就已经展示出来了。初看就像奔驰的麒麟一样,细看却是奔腾的海马,目前看到是一前一后,一上一下,在云纹环绕之间,奔腾前行。桥头南北两岸皆有,浮雕通高约 3.3 米,显露出来的石壁长约 23.2 米。这是孟元老目睹过的州桥的样子,这是范成大出使金国看到过的州桥模样,海马沉睡地下几百年依然昂扬飞奔、依然精气神十足、依然阔步向前,有水没水有河无河依旧铭刻在石头上。因是用锡铁灌的缝隙,至今还是十分坚固,图案清晰。有触手可及的动感,海马的心跳仿佛可见,飞鹤的图案依然飘动。宋人用美学艺术来修正上阔下狭的州桥,一幅简单的石刻图案造成视觉的错觉,修正建筑的不足,这不得不佩服宋用臣的高明啊。

  进行中的州桥考古现场,已经在州桥东侧桥面上发掘出一座明代护河神庙，庙址坐东朝西，进深长 20 米，包括大门、院落、南北厢房以及正殿。推测就是金龙四大王庙。乾隆《祥符县志》录有徐渭的《金龙四大王传》。

在汴河故道横断截面前，我们不得不感叹时光的魔法，每一次湮没、每一次淤塞、每一次沉淀，纵使史书没有记载，大自然却留下了证据。诗人海子说："面对大河我无限惭愧／我年华虚度空有一身疲倦／和所有以梦为马的诗人一样／岁月易逝，一滴不剩。"也只有在这里才可以感受到大河的涛声、林立的桅杆、嘈杂的市声，才可以浮现运河的繁盛、北宋的繁华、开封的沧桑。

州桥默默不语，他历经大浪淘沙，历经千军万马、历经百舸争流，如同一卷无字史书，在无涯的时间中记录下千年以来的文明密码，在考古人员发掘下，正在揭开神秘面纱。

天圣铜人是国礼

2017年1月18日，在瑞士日内瓦，世界卫生组织收到了一份来自中国传统医学的礼物。中共中央总书记、国家主席、中央军委主席习近平和世界卫生组织总干事陈冯富珍，出席了中国向世界卫生组织赠送针灸铜人雕塑仪式。这个具有浓郁开封宋代特色、浑身布满穴位的铜人雕塑，顿时吸引了世界目光。

全球领先针灸学

在大相国寺藏经楼的耳房里，曾有仿铸的天圣铜人，它与常人身高差不多，体貌端正，神态安详，嘴角微微上扬，千百年来一直洋溢着孩童般的微笑。

《重铸宋代天圣针灸铜人铭》记载说，这尊铜人是开封云集志士经过博采考校、通力协作，于1987年10月"复置大相国寺"，"全像直立于缠枝牡丹花基座，浑然一体，佳气荣光"云云。北宋天圣铜人铭记了北宋针灸学的鼎盛，书写了千年之前中医的繁荣。那些刻画在身体上的经络、穴位，一如帝国的河流、山川。

史上最早的针灸模型——天圣铜人　《新铸铜人腧穴针灸图经》残碑（开封市博物馆藏）

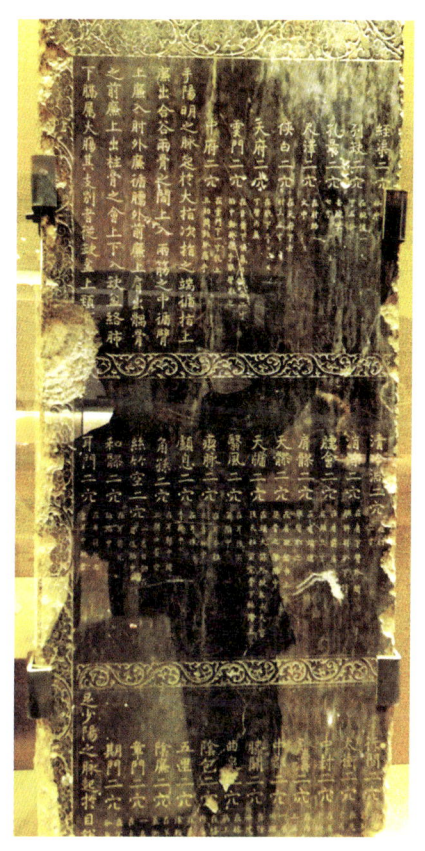

针灸图经成典籍

《开封市卫生志》记载，王惟一于天圣年间主持设计，铸造针灸铜人两尊，作针灸教学与考试医生之用，对后世针灸学术有十分深远的影响。王惟一是开封人，约生于987年，一直研修医学，宋仁宗授予其翰林医官院官职。

北宋的皇帝十分注重对医学典籍的整理与刊行。以针灸为例，在宋以前，各家技法不一样，针灸穴位名称也是十分混杂，每一派叫法不同，不但不利于传播，更不利于流传后世。

天圣元年（1023），宋仁宗颁布诏令，邀请国内医学高手对古代针灸医籍进行校对整理，并组织医官制定针灸穴位新标准，开展标准化建设。这项工作历时3载，由王惟一牵头于天圣四年完成，所编纂的著作就是《新铸铜人腧穴针灸图经》。医官夏竦为此书作序，说殿中省尚药奉御王惟一，潜心工作，废寝忘食。"竭心奉诏，精意参神。定偃侧于人形，正分寸于腧募，增古今之救验，刊日相之破漏，总会诸说，勒成三篇。"在书中，王惟一讲述了经络和部位相结合的腧位排列方法，既使人了解了经络系统，又便于学针灸者临床取穴。《新铸铜人腧穴针灸图经》一经完稿，北宋政府将该书印刷颁行全国，规定《新铸铜人腧穴针灸图经》为法定的针灸典籍，凡从事针灸医生和太医局针灸科医官，必须以其为必读之书，也是临床中不得违反的针灸规章。

宋代虽然印刷术发达，但是纸质书籍还是不便保管，为了便于该书的长久保存和观摩学习，北宋当局又请工匠将《新铸铜人腧穴针灸图经》刻在石碑上，这就是有名的宋天圣针经碑。当时碑石刻完之后，放置于大相国寺针灸图石壁堂。元代初年，该碑石被运往北京，经过100多年的岁月变迁，加上朝代更迭，石碑已经漫漶不清、字迹模糊。在明代的时候，蒙古瓦剌不断骚扰北京，明英宗为防止瓦剌进犯，开始加固京城的城墙。《新铸铜人腧穴针灸图经》石碑竟然被人劈毁，充当了修筑京师城垣的石材而沉睡了几百年。1965年至1971年，在拆除北京城墙的过程中，从北京旧城墙地基中相继发掘出5块宋《新铸铜人腧穴针灸图经》残碑，1983年4月又在北京朝阳门南雅宝路东口附近再次发现《新铸铜人腧穴针灸图经》残石两块。当然，这是后话了。

史上最早针灸模型

王惟一在刻石之后，想加快普及针灸知识，于是就设想制作一个模型，这样比文字和图像更有直观性。这个想法很快得到了宋仁宗的肯定。铸造针灸铜人的工程由王惟一负责设计，北宋朝廷在全国范围内网罗能工巧匠，在开封单独设立一处场馆进行铸造。经过反复试验，王惟一于"天圣五年十月壬辰，医官院上所铸腧穴铜人式二"。时值宋天圣年间，所以这两尊铜人又被称为天圣铜人。天圣铜人铸成之后，被送进皇宫请宋仁宗观赏。宋仁宗见了十分高兴，赞赏不已，并下旨说："这两尊天圣铜人，一尊放在朝廷的医官院里，供医生学习使用；一尊放在大相国寺仁济殿中，供人鉴赏。"

天圣铜人乃是采用青铜铸成，为青年男子裸体形象，身高1.62米。铜人体表涂有亮漆，用黑漆标明经脉循行路线和腧穴在人体部位。腧穴名称用金字旁标，天圣铜人全身共有腧穴354个。天圣铜人体腔及四肢中空，胸腔及腹腔内装用木制的五脏、六腑、大小肠、膈膜。这些器官被能工巧匠雕刻得栩栩如生，四肢腔内装有木制骨骼模型，铜人全身可分解为6片段。面、颈、胸、腹为一纵剖部分，前臂桡侧至肘关节为一纵剖面部分，前臂尺侧从肱骨外上踝至腕部为一纵剖面部分，小腿胫部至足趾为一纵剖面，膝关节至大腿股骨尽头为一纵剖部分，前阴为一纵剖部分。解下上述任一部位纵剖切面部分均可见到内部器官或骨骼。全身6个分解部分，由特制插头相连，拼合成一个完整铜人体。体表刻经络腧穴，使"观者烂然而有第，疑者涣然而冰释"，确实是一个很好的医学教具。而且，穴位都是与内里相通的小孔，用时，外面涂上黄蜡，里面装上水，针灸之人，按分寸取穴进针。针对的，入而水出；针错的，便进不去。当时就是用这个办法传习针刺技术和考核针灸医学生的。

天圣铜人的创铸，有着划时代的意义。这两尊铜人是史上最早的针灸模型，大大弥补了当时针灸教学上石碑和书籍的不足，给临床试验带来了巨大方便，有力地推进了针灸学的迅猛发展和长足进展。这两尊天圣铜人的出现，不仅是针灸史上的创举，而且也是世界雕塑艺术史上的"明珠"。天圣铜人集我国古代医学文明和铜雕铸文明于一身，是祖国医学文物中的上乘之作，堪称"国宝"。

随着时间的推移，它越来越被推崇为价值连城的"国宝"。天圣铜人是世界上最早创制的人体经脉经穴模型，也是世界上最早的一种如实地反映人体内脏及骨骼的解剖模型。它较之西洋医学解剖学家维萨利斯的《人体之构造》（1543）早500余年。

颠沛流离的国宝

天圣铜人自出世以后,便开始了颠沛流离的生活,由此而演绎了一桩桩神秘的事件,一段段旷古的传奇令后人感慨不已。

两尊天圣铜人在北宋陈列了大约100年之后,在靖康年间开始多灾多难。1126年,金人攻打汴京,主张求和的朝廷答应了金人的一切要求,金人得以在京城大肆掠夺20多天,从王宫到民间,无数的珍宝、财物被洗劫,无数的宫娥、工匠被强行掠走。当然,还有一尊天圣铜人。《续资治通鉴》和《宋史纪事本末》都有天圣铜人被金人掠去的记载。在当时,金人之所以在意天圣铜人,除了它的医学、艺术价值之外,还有它本身的价值。由于北宋实施了"铜禁",金国缺铜,所以,天圣铜人对他们而言至关重要。

另一尊天圣铜人是宋人在汴京城战乱中从大相国寺仁济殿中偷偷运出城的,后来献给了南宋朝廷。在南宋灭亡的时候,这尊铜人被元朝人从临安运到了汴京,后又运到大都。在《元史》中还有记载,因铜人在战乱中受损,由尼泊尔匠人阿尼哥修复。到了明正统八年(1443),栉风沐雨的铜人已显破旧,明英宗决定重铸,并重刻了《新铸铜人腧穴针灸图经》石碑。铜人铸好后,置于太医院的药王庙,被人称为"明正统铜人"。至于原来的天圣铜人是否还在原处,史书无载。后来历经战乱,没有了踪影。

宋代针灸铜人是中国乃至世界上最早铸成的针灸铜人,它开了世界上用铜人作为人体模型进行针灸教学的先河。

题名记中群星灿

防空洞惊现宋石碑

20世纪60年代中后期,在"深挖洞,广积粮"号召下,位于县前街的市政府后院,要改建房子和挖防空洞,在施工时,于旧县衙附近地下发现两通石碑:《开封府题名记》和《开封府尹题名碑并记》。正值"文革"混乱时期,石碑被抛弃在大街上无人问津,其中一块被附近街道的人员拉走砸烂烧石灰了。另一块被当成青石板被嵌入防空洞的后墙。1971年,全市征集文物的时候这块石碑从后墙挖出来,移到开封市博物馆,经专家拂去尘土,辨识碑文后,大吃一惊,原来这块石碑竟是北宋文物——《开封府题名记》碑。

《开封府题名记》碑曾长期下落不明,为何会在这里出现?是因为黄河决口的时候好用石碑堵城墙吗?还是人为地被人藏匿于此?一个个疑问令人费解,原来,开封府的这两块石碑都是伴随着开封府衙办公地点的转变而迁移。

《开封府题名记》碑千百年来一直在开封府衙。开封府也不在这个位置。明末河水淹城,府署圮坏。府衙办公地点搬到了河道后街(今县前街)北宋宰相赵普故宅旧址,并在开封府门前重建包公祠(原县街小学对面),将北宋《开封府题名记》碑移立于祠内,该街一度被称之为"府前街"。民国成立废府置县，开封府所在地成为开封县政府驻地。新中国成立后，开封建市，县级机构迁出市区，原府署改为县街小学，祠被圈入市政府院内。

一个王朝的印记

《开封府题名记》碑刻于宋英宗治平至徽宗大观年间。青色石质碑高2.14米，宽0.96米，厚0.24米，碑文有剥落。碑文周刻蔓草纹饰，丰圆碑额刻篆书"开封府题名记"6字，端庄严谨，碑阴无字，也没有书写者姓名及刊刻年月，碑额和边采用缠枝牡丹和蔓草纹饰。

开封包公祠里的包拯像

石碑记载着北宋东京开封府长官上至建隆元年（960），下至崇宁四年（1105）共145年间183任长官的题名。每人均以大字书法姓名，名下刻小字记其官衔和任职时间，均为楷书。李孝寿名下空余未刻，是知府改为府尹，所以没有续刻，而另刻《开封府尹题名碑并记》，碑中第一人就是李孝寿，即《开封府题名记》碑最末一人，因此，李孝寿先任知府后改任府尹，《宋史·职官志》记载说是崇宁三年宋徽宗听从蔡京建议，"罢开封权知府，置牧、尹、少尹"。所以又刻一碑，名《开封府尹题名碑并记》。记载明开封的《如梦录》对此有阐述："又《开封府尹题名碑并记》，起崇宁四年李孝寿，讫上官悟，共四十八名，末附金韩仲适一名。"这块石碑已毁，未发现拓片和完整的碑文。今天依照《开封府题名记》碑，开封府长官改称府尹该是崇宁四年。现存的《开封府题名记》碑，是研究北宋东京开封府极其珍贵的实物资料。

《开封府题名记》中的北宋"星空"

官府题名，历来已久，"题名"制度在西晋时就已经出现，唐代一般还是记在木板上，后来才盛行石碑或石柱。北宋时期，为强化吏治，政府采取一系列措施。各级官厅各立本厅历任官员题名碑，记的就是官员姓名、官职、到任和离任日期。苏颂说："府寺题名，所以记初拜职者官秩、名氏暨临莅岁月，盖有司荣事任而警位着也。"司马光在《谏院题名记》中说，题名记可使后人"历指其名而议之曰：某也忠，某也诈，某也直，某也曲。呜呼！可不惧哉？"对贪渎者，老百姓指名唾骂，对尽责者，老百姓指名褒奖，题名记也是一种道德教化的方式。

《开封府题名记》碑

开封府立《开封府题名记》碑，就是北宋官府机构盛行长官题名的产物。这种"题名"制度，主要提示做官者要有一种荣誉感和荣耀感，同时警示为官者还要有责任感和使命感。

开封府是北宋首都所在地，政务繁杂。宋初，多由亲王担任府尹，称为南衙。太宗、真宗、太宗弟廷美、太宗子元僖，都曾任开封府尹，后以大臣担任，称"权知开封府"。

在《开封府题名记》碑中我们能看到一串闪烁古典文学星空的名字，大宋背诵天团出现在碑文之中。

寇准，碑中第二十三任知府。寇准一生体现了宋朝文人的刚正之气。毕士安评价他"兼资忠义，善断大事，此宰相才也"。辽宋战争中，澶渊之战"寇莱公当国，真宗有澶渊之幸。而能左右天子，如山不动，却戎狄，保宗社，天下谓之大忠"。（范仲淹语）寇准不仅仅是大忠，还是千百年文人的标杆和楷模。

范仲淹，碑中第五十四任知府。奉行"居庙堂之高则忧其民，处江湖之远则忧其君"；"先天下之忧而忧，后天下之乐而乐"。

蔡襄，碑中第八十八任知府。他大刀阔斧地整顿吏治，史称"襄精吏事，谈笑剖决，破奸发隐，吏不能欺"。

曾公亮，碑中第九十任知府。丁度，碑中第五十六任知府，他们编撰了一部《武经总要》，成为中国古代第一部官方编纂的军事科学百科全书。

欧阳修，碑中第九十四任知府。引领时代的文坛领袖。他不计个人得失，在进退之间，胸怀坦荡、光明磊落，蔡襄作这样评价欧阳修："位卑无路自闻达，目视云阙高苍茫。"欧阳修在经学、史学、金石、诗文辞等造诣很深，但都被其文名所掩。苏轼评价他说："论大道似韩愈，论事似陆贽，记事似司马迁，诗赋似李白。"

苏颂，碑中第一百三十一任知府。参与编撰《嘉祐本草》，后来又主持《图经本草》，主持修建了水运仪象台。水运仪象台是北宋时期制造的大型天文钟。计时报时、天文观测、星象演示，多项功能集于一体；机械工艺、天文历算、建筑工程，多门精湛技艺汇于一器；"现代天文台活动圆顶雏形""现代天文跟踪机械转移钟先驱""欧洲中世纪天文钟直接祖先"，多种称誉加于一身。苏颂留有《新仪象法要》一书，对水运仪象台的构造有着详细的说明。

指痕深处的温润情愫

包拯也做过开封府尹，但是《开封府题名记》碑中却找不到他的名字。

《开封府题名记》碑中第九十三任知府，是一个被抹去名字的官员。是什么原因被抹去了名字？被抹去名字的官员是谁？

"包龙图打坐开封府！"

原来，是敬仰包拯的后人忍不住去触摸这位青天的名字，天长日久，形成一道深深的指痕印。现观此碑，碑正中偏右的位置有处凹痕，包拯之名已成深坑，磨痕中有人补刻"包拯"二字，尚隐约可辨。

因为敬仰，所以虔诚；

因为爱戴，所以轻触。

百姓心中有"青天"，岁月长河留芳名。

包拯廉洁公正、立朝刚毅，不附权贵，铁面无私，且英明决断，敢于替百姓申不平，故有"包青天"及"包公"之名。京师有"关节不到，有阎罗包老"之语。包拯名震天下，自金元以来，开封屡建包公祠纪念他。元代诗人王恽在瞻仰了《开封府题名记》碑后写道："拂拭残碑览德辉，千年包范见留题。惊鸟绕匝中庭柏，尤畏双枝不敢栖。"包范就是包拯和范仲淹，物是人非，祠在碑在。

《开封府题名记》碑中包拯的姓名被人触摸已经看不出来了。

明代开封百姓仍习惯称之开封府旧址为"包府"，附近水域俗称"包府坑"，又名"包公湖"。清代在新府署的东南侧另建包孝肃公祠，把《开封府题名记》碑立于祠内。

文人笔下刻画了阎罗老包、震慑小鬼的神圣包拯形象。在民间视野中，包拯被推上神坛，被小说和戏剧严重神化，说他能够日断阳、夜断阴，后世将他奉为神明崇拜，认为他是奎星转世。

1927年冯玉祥第二次主豫，开始打神拆庙，包公祠遭到灭顶之灾，彻底被毁。开封府的这两通石碑被埋于地下。

后来，祠不在了，两通石碑浮出了地面。

《开封府题名记》碑幸免于难。1990年，经鉴定为国家一级文物。甚为遗憾的是，无法补全的"双璧"之一《开封府尹题名碑并记》永远消散在历史的长河中了。

《开封府题名记》碑，是记载北宋开封知府最完整的文献资料，是我国目前为止所发现的时间较早、记载人名最多、时间最为详细、涉及官职最多的地方官员题名记碑。它不仅是开封市博物馆的"镇馆之宝",而且在我国国宝石刻中也占有一席之地。

亡宋原来是石头

"杭州古城有一去处,名叫艮山门。艮山门无山,但却有水,一条与长街并行的大运河,连接着遥远的北方。'艮山'二字,正契合着北宋都城一个当年的园林景点:艮岳。"这是纪录片《南宋》第一集的开篇之辞。

艮岳是宋徽宗所建的一座影响极大的苑囿,在北宋汴京时期,这里曾有一处华丽富贵的文化景观,曾有一座举世惊叹的皇家园林。那是一场壮丽的皇家造园运动,至今无与伦比。当初却是一场非凡的梦,一场中国书画皇帝赵佶的艺术之梦,他独步天下,只是选错了时间与地点。昙花一现,飞鸿踏雪,艮岳作为历史景观文化曾留青史。

园林括天下之美

我们见过《清明上河图》里的繁荣,那是民间汴京城的昌盛,但无法瞻仰艮岳的魅丽,那是看不见的皇家园林韶华。艮岳始建于政和七年(1117)。最初动机,与赵家皇室的子嗣有关。"不孝有三,无后为大",无嗣为古代男性最大的心理焦虑,何况当上了皇帝的男人。那一年徽宗继位,19岁,崇信道教,自命为"教主道君皇帝"。刘混康向因没有儿子而苦恼的徽宗传授了一种闻所未闻的"广嗣之法",他向皇帝进言,说京城东北地势稍低,如果人工堆

北宋赵佶《祥龙石图卷》，现藏北京故宫博物院。

土加高，兴修一座山头，一定会给皇上带来吉祥，龙子龙孙将不断降生。徽宗听后大喜，兴建假山对他一个皇帝来说，还不是区区小事一桩。政和七年命太尉梁师成主持，户部侍郎孟揆为总领工修建艮岳园。徽宗令筑山像余杭之凤凰山，号曰万岁山。既成，更名"艮岳"。徽宗全盘考虑了京城的城市规划之后，产生了一个大胆而又冒险的想法：广种奇花异草，广建曲廊亭阁，建成一个庞大的园林体系。竭国力而经营，耗资亿万，于宣和四年（1122）始告成功。山建成后，又植草种树，不久便如自然山丘一样。又设坛祭祖，拜天祭地热闹了一番。此后不久，皇后果然怀孕，生下皇子，而且接二连三皇子出世。为此，道士刘混康名声大振，风光一时，自然也受到皇上的格外赏赐。

艮岳位于北宋首都东京城东北隅，周长约6里，面积约750亩。为了修建艮岳，宋徽宗对太湖石进行了中国历史上大规模的采集。采集这些巨石已是极为困难，把这些石头运到京城则更不是易事。当时采用的一种运输办法就是先用胶泥把太湖石的孔窍填充，再在外头用麻筋、杂泥裹成圆形状，晒干后以大木为车放到船上运输。到了京城后，再把石头浸在水中去除泥土后备用。为此，宋徽宗动用了上千艘船只，专门运送山石花木。一时间，汴河之上舳舻相衔、船帆蔽日，这就是劳民伤财的"花石纲"。

深信道教的徽宗出于羽化飞升的美好愿望,认为石头和花木能营造出一个最佳的太虚幻境。朱勔得知徽宗性喜花石苑囿,便投其所好,专门寻取浙中珍异花石进贡,年年岁岁不断增加。

　　朱勔搬运的最大的一座巨型太湖石,采自无锡鼋山,高4丈,周围两丈,玲珑嵌空,窍穴千百,为古今所知名的最大奇石,专造大舟以载,挽以千夫,凿河、断桥、毁堰、拆闸,数月方至京师,徽宗见之大喜,赐名"昭功敷庆神运石"。在宋徽宗赵佶以最浓厚的兴趣营造他的艮岳时,民间却被搅得鸡犬不宁,苦不堪言。《水浒》中青面兽杨志,就是遇风翻船失了花石纲,以至流落街头卖刀。花石纲也是激起方腊起义的重要原因之一。《宋史》说花石纲之役"流毒州县者达20年"。对此连蔡京都感到太过分了,赵佶也痛其所扰,曾要朱勔收敛一些。规劝归规劝,但是已经失控了,那些臣子已经成为利益集团,怎么会轻易放手甚至松手呢?有多少"秋风"可以借着皇帝的旗号打啊,有多少"浮财"可以顺便顺路装进自己腰包里啊。

忆昔繁华帝王家

　　艮岳自宣和四年告成之后,继续对园中景观进行完善,直至方腊以"花石纲"为由起兵时,才稍有收敛,但平乱后又复兴。

　　其时,豁露的汴京城,一直横陈于北方强敌铁蹄之下,没有天然屏障,也失去了铜墙铁壁的国防,泥土伴着泪水的蹂躏践踏,金兵也只是三四天的路程。在战还是和的摇摆中,疲惫和畏惧的宋徽宗把皇位禅让给赵桓,是为钦宗,太子赵桓十万个不情愿被迫无奈坐上了皇帝的宝座。在他看来这是火药桶更是火山口。在李纲组织的东京保卫战中,1126年1月,宋钦宗下诏亲征,20万勤王之师火速赶来,6万金兵北撤。京城暂时得以保全。

　　还没来得及观月、听风、赏花、品茗,金人的战车就已兵临城下,那是一场旷日持久的战争,为了抵御金兵攻城,艮岳及汴京其余宫苑、诸多官宦邸寓等之山石砖瓦均遭受灭顶之灾,尤以艮岳山石首当其冲地被毁制为炮石。艮岳奇石,大部分被凿碎之后填于炮筒,充当炮弹,还有些做了守城的石,砸向敌军，但最终仍没有挡住金兵的攻势。

城陷之后，军民奔逃向里城，其中相当一部分翻墙入艮岳，至少10万人进入艮岳园林之内，当时大雪连续多日，军民多冻伤，于是毁亭榭林木烤火取暖做饭，取苑中鸟兽为食，遍地风流的园林变成遍地难民的庇护所。随着进入园林的难民越来越多，局面极乱，达到了失控状态，宋军拆毁绛霄楼，其中物资立即被众人抢夺一尽。饥饿，恐惧，军民开始入园采樵，局面愈发不可控制，朝廷方于12月16日、22日、23日、29日先后下诏许民采樵万岁山。其实多为宋守城败军。自1126年12月29日之后，艮岳已是林木凋零无几、亭台砖瓦唯存了。

徽、钦二帝及皇室千人被掳往天寒地冻的北方……在解送途中，时年45岁的赵佶哀吟诗词《眼儿媚》一首：

> 玉京曾忆昔繁华，万里帝王家。
> 琼林玉殿，朝喧弦管，暮列笙琶。
> 花城人去今萧索，春梦绕胡沙。
> 家山何处？忍听羌管，吹彻梅花。

他一定是在回顾他的那座辉煌盛大的艮岳，可谓悲怨无比，家国无望！繁华如梦，艮岳如梦，梦幻东京。至此以汴京为帝都的168年的北宋王朝灭亡了。加上北宋晚期，政治腐败，军事无能，其统治处于风雨飘摇之中，一触即溃。"花石纲"最后一次运输还正在途中，开封已被金兵攻破，皇帝当了俘虏。东京很大一部分建筑，毁于火灾。金人索取金银财宝、图书及书版、文物珍宝及各种仪仗、礼器、祭器等不计其数。掠走的人口也有十余万人。通过这场浩劫，东京伴随着北宋灭亡而衰落，昔日辉煌的开封城已变得残破凋零，颓废不堪。开封经历了近两个世纪的繁华岁月，也终于走完了自己城市发展史中最令人神往的路程。

艮岳遗石诉沧桑

宋范成大于乾道六年（1170）至汴，安远门西就是金水河。河中散居卧石，范成大说"皆艮岳所遗"。艮岳中上好的巨石如"玉京独秀太平岩"被移至金大内后苑仁智殿前，"殿后用怪石叠成山"称"百泉山"，又有"涌翠峰"等，这些石山之石材极有可能直接取自艮岳遗石。

南逃的赵构在奔命之时仍不忘带走一批奇石，几经周折，最后把这些奇石安置在临安皇宫的御花园里。北宋灭亡后，未及启运和沿途散失的奇石流落各处。金人认为，艮岳的奇石也是战利品，应该掳走。于是，金世宗在修建大宁离宫时，派人去开封把艮岳的太湖石、灵璧石寻来运至金朝首都中都。现在北京的中山公园、北海公园等地都存有艮岳遗石，就连在中南海的瀛台上，也有用艮岳遗石堆砌的假山。

今天，我们只能通过这些来遥想当年的艮岳奇石了。我们已经看不到当年艮岳的华美，好在还有《艮岳记》《华阳宫记》《艮岳赋》《御制艮岳记》等记述了艮岳当年的高端大气。仿佛英雄暮年、美人迟暮，不可抵挡的是岁月的嬗变。

开封留下的艮岳奇石已经非常少了，剩下来的被几次淹城的黄河水埋于地下。龙亭西偏院旧官厅后，原有太湖石两座，玲珑剔透，非常好看，高各丈余，其中一块较大者上面刻有"宝月峰"3字，相传为宋代艮岳旧物。开封第一次解放的时候被炮火击毁一块，另一块只剩下半截。"宝月峰"，如今在龙亭公园的盆景园内。"留云峰"在道光二十一年黄河水淹城被填堵河防所用，水退后自淤泥中打捞复得。1957年1

艮岳石"留云峰"（开封市博物馆藏）

位于龙亭公园的艮岳石"宝月峰"　　　　　　宋徽宗像

月11日宋问梅先生捐赠北宋遗石"太湖石"一块，上刻"留云峰"字样，今存开封市博物馆。

　　无论如何，这就是宋徽宗喜欢的太湖石，见证大宋兴衰的石头，见过金兵烧杀抢掠，见过权臣误国，见过李师师的奇石，天下第一皇家园林的山石点缀，伴随大宋南迁的艮岳遗石，就此黯然千年。艮岳遗石，它们一直就在那里，静默不语。石头书写的历史传奇，承载了沧桑风雨。

KAIFENG
THE BIOGRAPHY

开封传

大河浩浩汤汤　浪花淘尽英雄　第六章

梁园昔有信陵君,名与岱华争嵯峨。
三千珠履不动色,屠门执辔来相过。
功成不显涕滂沱,青蝇白璧一何多。
……
迷涂富贵苦不足,宁思白骨生蓬蒿。
人生三十无少年,积金累玉空煎熬。
……
千年谁继白与甫,揽泪浮云洒烟莽。

——明 李梦阳《梁园歌》

名冠诸侯信陵君

信陵君与开封有太多的故事，从司马迁的《史记》到方志文献到民间传说，一直闪烁光辉。信陵君故宅在开封的大相国寺，唐宋金时期在此设有信陵坊，建有信陵君祠。

明代的时候信陵君祠在上方寺西面。后祠颓废，东河河道总督许振祎在老府门路西开封师专原信陵书院内新建一座祠堂。信陵君墓在河南开封府浚仪县南6公里，即今河南开封市禹王台区杨正门。李白《梁园吟》有"昔人豪贵信陵君，今人耕种信陵坟"。明李濂《汴京遗迹志》卷九："信陵君墓，在城东南扬州门之南。公子无忌卒，葬此。"汉高祖年轻的时候，多次听说公子贤德，每过大梁的时候，经常去祭祀公子。公元前195年，汉高祖击败叛将黥布，还都长安，经过大梁时，还安置了5户人家看守信陵君的坟墓，以便让世世代代的人们在每年的春夏秋冬四季都来祭祀信陵君。（参见《史记·魏公子列传》）司马迁感慨地说，天下诸公子也有喜欢结交贤士的，但像信陵君这样肯于接近住在深山穷谷中的隐士，敢于结交地位卑下者的并不多。因此说，信陵君的名望在诸侯之上，确实是名不虚传。

信陵君本名魏无忌，战国时魏国的贵族，是魏昭王的小儿子，魏安釐王的弟弟，信陵君是其封号。信陵，地名，在今河南省宁陵县境内。他与齐国孟尝君田文、赵国平原君赵胜、楚国春申君黄歇，并称为战国时期"四公子"。

大相国寺地址原为战国时魏公子无忌信陵君的故宅，宋代为"信陵坊"。

情报迅捷令主忧

　　信陵君非常谦和，屈尊结交，毫无官二代的架子，所以来投靠他的食客达3000多人。因为他的贤能与存在，仿佛现代世界的"核威慑"一样，各诸侯国十多年也是有贼心没贼胆。

　　常言道树大招风，功高震主。有一天，信陵君和魏安釐王正在下棋，突然听闻北方边境燃起烽火。不久传来消息说赵国军队进攻魏国，快到边界了。魏安釐王大吃一惊，马上就要召集大臣们商议该怎么应对赵国，信陵君不慌不忙地对安釐王说，赵王只是在打猎而已，并不是攻打魏国。我们还是继续下棋吧。看着信陵君不慌不忙的样子，魏安釐王也故作镇定，接着下棋。下着棋魏安釐王心里却有些不安，很是焦躁。

　　过了一会，从北方传来消息，原来真是赵王打猎，不是进攻魏国。魏安釐王这才放下心来，但是想到信陵君镇定自若的表情，想到他说的话竟然和探报来的消息一模一样，好像事先已经知道，就问他是怎么知道的。信陵君回答说，他的门客中有能探得赵国秘密的人，赵国有什么事情，他都会及时传来。

夷门之下，登上铁塔西望风景如画。

显然，信陵君触犯了规则，有信息不汇报，领导得不到关键快捷的信息，怎么敢相信你啊。不敢用啊，不能用啊。

礼贤下士尊侯嬴

大梁城的东门叫夷门，看守夷门的是一名老者，姓侯名嬴，大约70岁。不要看他又老又穷，但是眉宇间依然透露着不凡。信陵君听说之后，就急忙前去拜访，并送去了厚重的礼品。侯嬴却不肯收，他说几十年来修身洁行，到了晚年不能因为看守城门俸禄低就收受公子的财物，无功不受禄。

信陵君听这话便明白了，这是一位贤者。于是就以更为隆重的礼仪招纳他。这一天，信陵君备好酒席，准备大宴宾客。等到大家坐好之后，信陵君带着随从，空着车上左边的座位（古代乘车以左面为尊），亲自迎接看守东门的侯嬴先生。侯嬴见车子来了，就整理他破旧的衣服、帽子，径自上车，坐在公子左边的尊位上，毫不辞让，他想以此考验公子的诚意。只见信陵君引导车子到了市区，侯嬴却要下车去见他的老朋友朱亥。在闹市中，侯嬴顾盼自得，故意站着和朱亥闲聊，全然不知公子在等待中。私下里，侯嬴却暗中观察信陵君的反应。信陵君则谦逊等待，面色温和。而此时，信陵君府中，明贤官宦济济一堂，坐等公子回来开宴，街上的人十分好奇地围观信陵君握着辔头静待侯嬴。这时，信陵君的随从开始暗骂侯嬴，侯嬴看到信陵君的脸色始终不变，才告辞朱亥缓缓回到车上。

信陵君回到家中，就领着侯嬴坐到上座，一一介绍宾客给侯嬴认识，宾客们对此都很感惊讶。酒过三巡菜过五味后，信陵君起身至侯嬴席前敬酒。侯嬴说，今儿为难公子了，我侯嬴只是东门抱门闩、守城门之人，而公子您却带随从车马，亲自迎接我来到这里。

为了要成就公子爱士的名声，他故意让公子的随从车马久立于市区，实践证明信陵君是一个真正能礼贤下士的人。由于信陵君的诚恳，侯嬴也终于成为他的门客。

侯嬴又向信陵君推荐朱亥，他说他那天去看望的那个杀猪朋友名叫朱亥，是个有本事的人，只是人们都不了解他，所以隐藏在屠夫中罢了。于是信陵君多次前去拜访朱亥，可是朱亥却故意不去回访，也不道谢。信陵君觉得这个人很奇怪，但也没有深究。

秦相范雎一个劲儿地向赵国索要仇人魏齐，并把平原君扣为人质。赵相虞卿久仰信陵君大名，于是就带着魏齐前去投靠。信陵君很是担忧啊，接待也不是，不接待也不是。如果接待害怕秦国前来兴师问罪，岂不引火烧身？不接待，又怕一世英名遭人污垢，正在犹豫之间，魏齐成全了信陵君，他自杀了，赵相虞卿走了。

信陵君这肠子都悔青了，"天下豪杰怎么看我呢？"脊梁骨感到阵阵发凉。他寻思着一定得找个机会洗白名声。

向风刎颈送公子

战国末期，秦国为吞并六国，战争进行得频繁而激烈。在长平之战中，秦国大破赵军，坑杀赵国降卒40万。公元前258年，秦又乘胜进围赵国首都邯郸，企图一举灭赵，再进一步吞并韩、魏、楚、燕、齐等国，完成统一中国的计划。当时的形势十分紧张，特别是赵国首都被围甚急，诸侯都被秦国的兵威所慑，不敢援助。魏国是赵国的近邻，又是姻亲之国，所以赵国只得向魏国求援。就魏国来说，唇亡齿寒，救邻即自救，存赵就是存魏，赵亡魏也将随之灭亡。信陵君的姐姐是赵惠文王的弟弟平原君的夫人，她几次写信给魏王和信陵君，希望魏国派兵援救赵国。魏王得信，派将军晋鄙率领10万大军前去援救。秦王知道以后，就派使者威胁魏安釐王，说魏国要是敢去援救赵国，等打完赵国以后，肯定来攻打魏国。魏王连忙派人拦住晋鄙，让魏国军队停止前进，驻扎在邺城，表面上是援救赵国，实际上变成了在一边观望。平原君派人责备信陵君说："我赵胜之所以和你联姻，都是因为公子你讲仁义，能够急人所急。现在邯郸万分危急，兵临城下，指日可破，魏国救兵却是迟迟不到，这不是有负于公子你的名声吗？再说，公子你即使是轻视我，甘心看着赵国被秦国军队攻下，难道你就不可怜你的姐姐吗？"信陵君感到非常内疚，几次请求魏王发动救兵，但是魏王始终不肯听从公子的建议，碍于秦国威胁，想救却不敢救。赵国岌岌可危，信陵君于是带着自己的门客，驾着马车，准备鸡蛋碰石头，抱着必死的决心去救赵国。

在经过夷门的时候，信陵君看见了侯嬴，就把自己决心和赵国共存亡的想法告诉了他。侯嬴听了以后，淡淡地说："公子您不顾自己的性命，去和赵国共存亡，实在是仁义。请原谅我年龄太大，不能和您一起去。"信陵君告别侯嬴，出发了。

走出了几里路，信陵君觉得不对头，心里想着平时对侯嬴没有什么不周到的地方，这一点谁都知道，现在我前去送死，他却一句话也不对我说，难道是我有什么过错吗？信陵君又驾着马车回去。看到信陵君回来，侯嬴笑着说他就知道公子要回来。又说公子喜欢结交天下才俊，现在赵国有难，一个人带着宾客们去抵抗秦军，无疑是把肉丢给饿虎，又能有什么作用呢？他抱怨信陵君对不起他的门客。信陵君拜了两下，向他请教该怎么办。

他给信陵君面授机宜，他听说信陵君曾为大王最宠爱的如姬报过杀父之仇，问信陵君有这回事儿吧，信陵君点头承认，侯嬴说现在救援赵国的兵马由晋鄙率领，可以调动晋鄙的兵符则在魏王卧室内，而能出入魏王卧室的只有如姬。于是信陵君回府去请求如姬，如姬果然窃得兵符并交给了他。

信陵君得兵符后立刻启程。临行，侯嬴说，公子见到晋鄙与之合符，若晋鄙不交兵权，请示魏王不允，岂不坏事。人云，将在外主命有所不受，可见机行事。朱亥可同公子前往，晋鄙若不顺从，朱亥击杀他。

信陵君去请朱亥，朱亥爽快地答应下来，而且笑着对他说："我只是一个杀猪的屠夫，您几次来找我，并且赐给我礼物，我之所以不拜见您，是因为觉得小小的感谢对您没什么作用。现在您遇上了紧急的事情，也是我该帮忙的时候了。"朱亥就和信陵君一起出发。

民国时期李根源先生慕侯嬴高风，特为侯嬴井题词并树碑留念。

信陵君又去感谢侯嬴。侯嬴说他太老了，不能一起去。但是等到晋鄙的军队启程的那一天，他就在北乡自刎，为公子壮行。信陵君到了邺城，侯嬴果然没食言在北乡刎颈了。或许是侯嬴感到自己对魏国君主不忠，选择自尽。元代诗人刘祁在《夷门》诗中写道：

> 七国争雄古战场，千年遗迹已销亡。
> 信陵谩有空名在，壮士犹闻侠骨香。
> 霜落大荒秋草白，风生远道暮尘黄。
> 停车且醉夷门酒，莫动悲歌易慨慷。

无疑他用诗笔记录了那个时代的场景和世故人情，肝胆相照，士为知己者死。

围魏救赵死不惧

信陵君假装奉了魏王的命令前来接替晋鄙。晋鄙把兵符合在一起,确认无误。但还是不放心,有些怀疑,他统兵10万,奉大王令屯扎边境,此乃国之重任。现在看到信陵君既无朝中其他官员陪伴,又无大王所颁公文丹书,就放心不下。问信陵君可否稍待数日,容他禀明大王之后再移交兵权。朱亥见晋鄙推诿,跨前一步大声呵斥晋鄙,不服从王命,就是谋叛。晋鄙两眼一瞪质问他是何人,力大无比的朱亥抽出事先藏在衣中的大铁锤,一锤就将晋鄙砸得脑浆飞迸。杀晋鄙、夺得兵权后,信陵君高举兵符,对众将士说:"大王有令,命我接替晋鄙率军援赵,晋鄙违抗君令,已被处死。你们不必惊慌,随我出发,立功者必有重赏!"信陵君整顿军队,最后选了8万士兵,前去援救赵国。

秦国军队看到魏国的援兵到了,撤退而去。邯郸转危为安,赵国也得到了保全。赵王和平原君亲自在边界迎接信陵君,平原君背着箭,替公子开路。赵王对信陵君拜了两拜,说,自古以来的贤人,没有谁能比得过信陵君的。

后来信陵君派朱亥出使秦国,秦王看朱亥是个人才,想让他为秦国效力,并赐他高官厚禄,但朱亥不同意。秦王就把朱亥囚禁起来,威胁朱亥。朱亥见回国无望,就用头撞柱子,柱断而不死,于是手扼咽喉,喉断而亡。

信陵君也知道魏王怨恨自己,等到赵国安全之后,他就派人率领魏军回到魏国,而自己却留在赵国。这一待就是整整10年。

魏安釐王想杀掉信陵君的家人,如姬拦住了魏王,主动承认了自己的罪名。说公子于她有恩,出兵救赵是为了成就大王的威名啊。如果一定要追究,那就责罚她吧。魏安釐王把如姬打入冷宫,最终,如姬在她父亲的坟前自刎……

窃符之后遭诋毁

秦国听说信陵君在赵国,就不停地派军队攻打魏国。魏安釐王焦虑万分,派使者去请信陵君回国。经过内心的挣扎与斗争,公元前247年,信陵君派使者去诸侯各国求援，诸侯各国听说信陵君担任魏国的将军，钦佩他的道义，就都派出军队援救魏国。信陵君率领5个国家的军队，在河外击退秦军。信陵君大兵压境，秦军一时不敢出函谷关迎战。当时，威震天下者莫如信陵君。

秦王对信陵君非常忌惮，就派使者带着万两黄金去魏国寻找晋鄙的门客，让他们使用反间计。魏安釐王每天都听到别人对信陵君的诋毁，不得不信，最后终于罢免了信陵君的职务。信陵君知道内情后，就推托有病不再上朝，每天都和宾客们喝酒到很晚，沉溺于女色。就这样纵酒狂欢4年以后，竟然病死了。

千古流传美名扬

梁启超后来评论说："屈指古今中外历史，其以一人之生死，拯万乘之国于濒亡之际者，有几乎？""窃符救赵"的故事，从史书经典到舞台戏剧和影视，千古流传，文人雅士赞叹不已。

开封新街口，清代曾有信陵君祠堂，河东河道总督许振祎为信陵君祠撰有对联曰："有史公作传如生，爱客若君，真令读者慷慨悲歌不已；其门馆风流未谢，于今思昔，问谁能拔抑塞磊落之才。"一代名贤，没有被历史遗忘，无论是正史还是方志或者诗词，都铭记着他。

侯嬴监守的夷门，在今铁塔以西，仍有旧地名。据说，朱亥旧居在今开封宾馆处。开封市祥符区朱仙镇及其以南的仙人庄，即因系朱亥故里而得名。

唐代诗人王维曾作《夷门歌》：

公子为嬴停驷马，执辔愈恭意愈下。
亥为屠肆鼓刀人，嬴乃夷门抱关者。
非但慷慨献奇谋，意气兼将身命酬。
向风刎颈送公子，七十老翁何所求！

至今读来，仍令人眼潮心热，无限感慨。

李勉筑守汴州城

汴州是运河与黄河的交汇处，重要的地理位置使其地位由此开始上升，城池开始拓展，逐渐成为中原重镇，以及当时南北交通中枢和大都市之一。

水陆交通汴州兴

汴州正处中原腹地，四周平坦开阔，地势低洼。中原地区四通八达，汴州可控御全局，堪称中国古代第一战略要地。汴州战略地位最突出的表现是交通。发达的水陆交通使之成为中原地区的一大城市，成为唐代汴河漕运的必经区域。汴州四周无高山险川可凭，易攻难守，被称为四战之地。唐代，汴州承担着屏障东都洛阳、转输江淮漕运的重责，不容丝毫疏忽，有鉴于此，唐朝廷对汴州的军事经营逐渐重视。

"白古东西路，舟车此地分"，汴州是全国各地向洛阳都畿区和关中地区转运物资的必经之地。由于交通地位重要，就成为唐朝廷控制东方地区的重要据点。

唐高祖武德四年（621）置汴州总管府，安史之乱以后，在汴河两侧经常出现不服管理甚至叛乱的藩镇，他们往往和河北藩镇相呼应，试图切断运河的运输，截留江淮的财赋，而唐政府则又必须确保运河的安全。由于漕运通阻事关国之安危，控制了漕运通道也就控制了国家的经济命脉，具备了应对地方藩镇作乱的能力，因此唐朝廷也尽力保全漕路的畅通。如此一来，双方在大运河沿线地区尤其是江淮间的汴河沿线展开了激烈的军事争夺，汴水一线便成为政府与叛乱的藩镇争夺的焦点。朝廷对汴州地区的军事防卫极为重视，于建中二年（781）在此设宣武军，重兵把守，而且在此区域配置的节度使多是武人，借以牵制河北诸镇。汴河及其沿线区域为谁控制，不但关系着唐王朝的命运，也影响着全国的政治形势，而汴州恰恰位于汴河的咽喉位置，是江淮物资北运和西运的中继站。汴州的治乱得失，汴州将领的忠叛向背直接影响着汴河的通阻。《全唐文》陆贽《议汴州逐刘士宁事状》云："梁宋之间，地当要害，镇压齐鲁，控引江淮，得其人则安则强，失其人则危则弱。"

龙亭一带，最初为唐朝宣武军节度使李勉的衙署。

自安史之乱结束后（762）至兴元元年（784）宣武军节度使徙至汴州这段时间内，汴州先后成为河南节度使、汴淮西节度使、永平军节度使的治所。

安史之乱结束后，朝廷复置河南节度使，以张献诚任之。张献诚先是投靠安禄山，后又追随史思明，统逆兵数万替史思明守汴州。宝应元年（762）冬，洛阳东都收复之后史思明的长子史朝义逃归汴州，张献诚拒绝他进城，乃举汴州及所统兵归顺大唐，唐代宗任命他为汴州刺史，封南阳郡公。广德二年（764），田神功代替张献诚担任河南节度使一职，治所在汴州。

河南商丘市南门外北刘庄村碑亭曾有《八关斋会报德记》，唐大历七年（772）9月刻立，颜真卿撰文并书丹。碑文叙述了任河南节度观察使、汴州刺史等职的田神功，在"安史之乱"中因解宋州（今河南省商丘市）之围而立功,大历七年4月他患病初愈,徐向等人设"八关斋会"为其禳祈报恩,并建碑扬功。安禄山、史思明叛唐作乱后,田神功辅佐李忠臣收沧、德,攻相州,拒杏园,守陈留。

李勉经营汴州城

大历八年,李勉担任工部尚书,封沂国公。不久永平军节度使令狐彰去世,临终前上表举荐李勉接替自己,唐代宗遂任命李勉为永平军节度使。李勉字玄卿,唐朝宗室子弟,曾祖李元懿为唐高祖李渊第十三子,父曾为汉、褒、相、岐四州刺史。

大历九年田神功卒于汴州刺史任上,唐朝廷遂以其弟田神玉出任留后。大历十年,田承嗣将兵袭相州,遣大将卢子期攻洺州,杨光朝攻卫州,田悦攻汴州,河东节度使薛兼训、成德军节度使李宝臣、幽州节度使留后朱滔、昭义节度使李承昭、淄青节度使李正己、淮西节度使李忠臣、永平军节度使李勉、汴宋节度使田神玉等,犄角进军,田承嗣四面受敌,于是奉表请罪,唐代宗赦之。此次战争不仅阻断了田承嗣扩张领土的野心,而且保住了汴河运道的主控权。大历十一年五月汴宋留后田神玉去世,唐代宗本来想以永平节度李勉兼任汴宋节度使一职,但汴宋都虞候李灵曜拒绝接受这项人事任命,杀死了兵马使、濮州刺史孟鉴,北结田承嗣为援助,李灵曜据汴州作乱,雁过拔毛,无论是公私财物只要经过汴他都要扣留。"(大历)十一年五月,汴州大将李灵曜反,因据州城,绝运路,以邀节制。"淮西节度李忠臣包围汴州,田承嗣派田悦率救援精兵赶到,李勉等所率兵马在匡城(今河南长垣)遭突然袭击,吃了败仗,很快,他们稳住阵脚,对田悦予以反击,魏博兵马溃不成军,田悦只身逃脱。在汴州城中被围困的李灵曜见大势已去,于夜间开城逃窜,结果刚到韦城(今河南滑县东南),就被李勉手下大将杜如江活捉。汴州被平定,李勉将其押解入京,斩于阙下。

朝廷嘉奖李勉,又改授李忠臣领汴州刺史,李勉遂又复归滑州,再掌永平军。大历十四年,又平李忠臣之乱,2月,"以永平军节度使李勉兼汴州刺

登龙亭远眺

史,增领汴、颖二州,徙镇汴州"。至此,永平军共"领汴、宋、滑、亳、陈、颖、泗七州"。永平军治所从滑州移镇至汴州。

建中二年(781)正月,由于朝廷与藩镇间的对峙冲突逐渐升级,唐德宗令李勉重筑汴州城。扩筑汴州城主要有两个原因:经济上,城市发展迅速,人员流动巨大,而城市格局相对狭小;军事上,汴州成了重要的军事重镇,重筑汴州城是为了提升城市的军事防御能力。

当时的汴州城还是南北朝留下来的旧城,面对城市的快速发展,原有的城区已经容纳不下不断扩大的驻军和增加的城市居民数量,正如《资治通鉴》中所说,"会汴州城隘,广之"。《旧唐书》记载说:"先是汴州以城隘不容众,请广之。至是筑城"。

关于扩建后汴州城的规模,据《宋会要辑稿》载,"旧城周回二十里一百五十五步,即唐汴州城。建中初,节度使李勉筑。国朝以来号曰阙城,亦曰里城"。1989年,开封宋城考古工作队在市内现存开封城墙东西墙的缺口处的勘探和对宋东京内城北墙的考古发掘过程中,在宋内城城北墙下发现了唐汴州城遗址。残墙距地表深10—12米,残宽10米左右,系夯土版筑而成。残墙基厚约30厘米,墙基下是一层厚约10厘米的碎砖瓦层,砖瓦残片均属唐代或更早的遗物，因而推测该墙基即为唐汴州城遗址。扩建之后的汴州城，共设城门7座，南一门：曰尉氏；东二门：南曰宋门，北曰曹门；西二门：南曰郑门，北曰梁门；北二门：东曰酸枣，西曰封丘。

由于藩镇割据，汴河上经常发生抢劫漕船、洗劫商旅之事，因此李勉为了保护来往人员、船舶的安全，在新筑汴州城时将汴河圈入了汴州城内，使汴河成为城市的内河。李勉还在汴州城中轴线与汴河交汇处修建了汴州桥，俗称州桥，方便城内车马、行人交通。

汴州雄起遭觊觎

李勉在汴州的时候，汴州东面有藩镇李正己，北面有藩镇田承嗣，西南有藩镇梁崇义，每人都手握重兵，对汴州城虎视眈眈。

李正己当时拥兵10万，雄踞东方，附近的藩镇都很畏惧。为此唐朝廷把汴宋节度使一分为三，从永平军中析出宋、亳、颍三州另置节镇，以宋州刺史刘洽任节度使，治宋州，用来防备李正己，赐号宣武军。同时调京西兵10万人以备不测，命李勉、刘洽等人为各州刺史，以防备李正己等人。建中三年，朱滔自称冀王，田悦称魏王，王武俊称赵王，李纳称齐王。朱滔为盟主，称孤，武俊、田悦、李纳称寡人。他们如此公开挑明叛乱，无疑是在挑衅唐王朝的忍耐力。于是唐朝派遣永平、宣武、河阳都统为淮西招讨使，讨伐叛军。

这时，淮西节度使李希烈起兵，"攻李勉于汴州，驱民运土木，筑垒道，以攻城；恣其为就，并人填之，谓之湿薪。勉城守累月，外救不至，将其众万人奔宋州。"（《资治通鉴》）汴州失守，李希烈据城达一年之久。李希烈派人询问颜真卿关于天子的礼仪，颜真卿说："老夫曾经为皇家礼官，所记的都是关于诸侯朝拜天子的礼仪。"李希烈大怒，说如此不配合，应当自焚。颜真卿遂飞蛾一般往火上赴，李希烈怕耽误了自己的大事儿，就制止了。784年1月，李希烈在汴州称帝，国号大楚，改元武成。以汴州为大梁府，其境内分为四节度。

当时李希烈攻陷汴州城后，听说汴州参军窦良的女儿名桂娘颜值最高，于是就强娶。桂娘对父亲说："请父亲千万不要悲伤难过，女儿一定会消灭贼人。"她听说李希烈手下有个名叫陈仙奇的将领正直勇敢，就吹枕头风劝李希烈一定重用他。又听说李希烈的元配也姓窦，就对李希烈说愿意与他妻子拜干姐妹。后来李希烈患了重病，桂娘利用机会对陈仙奇的妻子说："李希烈的势力虽然庞大，但终将败亡，你看该怎么办？"陈妻将此事告诉丈夫，陈仙奇才突然有所领悟，于是贿赂医生毒杀李希烈。李希烈死后，他儿子不肯发丧，想杀掉诸将以自立。此时正巧有人献桃，桂娘建议将桃分送诸将，表示府邸平安无事，于是将帛布染成桃色、裹成桃状，并在假桃中暗藏密函。陈仙奇妻子剖开假桃，才知道李希烈已死。陈仙奇于是率兵入府，斩杀李希烈的儿子及家人共7口，呈报大唐天子，皇帝下诏拜陈仙奇为淮西节度使。

784年11月，失守汴州的李勉到了长安，素服待罪。议论的人大多认为，李勉失守汴州，不应当再担任职务了，李泌持不同意见，他对德宗说，李勉这人忠心正派，但是用兵并不是他所长，苦守3个月，在汴州守不住时，将士抛弃妻子跟从李勉走的大概有两万人，这足以表明李勉是得人心的。况且刘洽原是李勉的部下，李勉到达睢阳（今商丘市南），把手下兵士全部交给刘洽，终于平定汴州之乱，算起来也是李勉的功劳啊。德宗皇帝听了这一番话，又恢复了李勉的职位。

李勉所筑的汴州城是抛开原汴州节度使的署衙而新筑的一道城池，规模宏大，坚固宽广。它大大改变了原来的城市格局，基本确立了今日开封城的雏形，在开封城市发展史上是继战国魏惠王修筑大梁城之后的又一里程碑式的事件，是第二次见诸史籍的开封城，也是开封城垣可考的开始，对后世开封城的发展意义重大，影响深远。

韩愈遭遇汴州乱

《汴京遗迹志》卷15《艺文二》载有韩愈所作《汴州东西水门记并序》。艺文在古代方志文献中占据重要地位，古代文人吟咏记录的地方名胜或者方物都具有较大的文化价值。滕王阁因王勃兴、黄鹤楼因范仲淹名，汴州东西水门却没有因韩愈的书写而声名鹊起。这不是韩愈的原因，酒香也怕巷子深。

韩愈为什么给汴州东西水门写一篇记？韩愈与开封又有怎样的交集？

百代文宗做幕僚

兴元元年（784）十一月，刘洽自李希烈手中夺回汴州后，唐德宗任他为汴宋节度使，镇守汴州，宣武军节度使治所从宋州迁至汴州，驻军多达10万以上，汴州城的军事力量从此雄视天下，汴州成为左右全国形势的重镇。

由于战乱，运河疏浚工作中断，汴河一度堵塞，漕运难通。于是刘晏受命督修运河，确保漕运畅通。刘晏漕运改革中采用了分段运输法，规定"江船不入汴，汴船不入河，河船不入渭"，将汴河漕运的粮食贮存于汴州附近的河阴，还规定将江淮运来的"轻货（布帛等物品）"存储于汴州，这大大加强了汴州的交通枢纽地位，汴州日益成为唐朝东部乃至全国的经济中心城市。

汴州不但是唐王朝防堵河朔藩镇南下的重要屏障，而且是江淮漕运的必经之地，唐朝廷必须牢牢控制这一地区。宣武军历任节度使皆为重臣，必须忠于唐王朝。

贞元十二年（796）三月，韩愈跟随董晋在洛阳东都任职。7月董晋兼汴州刺史前往汴州镇抚。前节度使李万荣新丧，其将邓惟恭掌握军权，将乘机为乱，董晋受命，也不召集兵马，只带着韩愈及韦弘景、刘宗经等幕僚、随从十几人前往。

邓惟恭以为自己劳苦功高，轮流坐庄也该自己担任节度使了，心中颇有怨气，一直不肯派人迎接董晋。

董晋到郑州的时候，不见人来迎接。郑州的朋友很替他担心，劝他暂时留在郑州，观察事态发展。有个从汴州来的人提醒他说："董公不能进汴州城啊。"董晋没有理睬，立即上路。夜宿莆田，第二天在中牟就餐，晚上在祥符县八角住宿。邓惟恭还没来得及商议好对策，就听说董晋已经离汴州十几里。他慌忙率领将领们出城迎接。看到董晋脸色平和，邓惟恭心里才稍稍安定了一些。进城后，董晋依然把军中大事交给邓惟恭处理。

宣武军在刘洽主管的时候，扩充兵力，达10万余人，刘洽待他们很优厚，经常予以赏赐奖励；到了李万荣、邓惟恭的时候有增无减，导致将骄卒横，难以驾驭。于是节度使选最亲信的士兵作为亲兵，每次公庭议事，将亲兵埋伏于两旁，挟弓带剑，以备不测。对这些亲兵，更是劳以酒肉，赐以衣帛。董晋到后，全部罢黜，他认为用人不疑，疑人不用。董晋镇守汴州，谦恭简俭，既不杀人立威，又不更改旧制，遇事因循，得过且过，宣武镇也大致得到安定。为了加强汴州城的管理，巩固其军事和枢纽地位，董晋在城墙上修建了汴河东、西水门。韩愈自请作文，撰写了《汴州东西水门记并序》记述修建的由来、时间、经过，热情赞颂董晋的功绩，并勒石以铭。

董晋治汴期间，政策宽和、军心稳定、百姓安居乐业，所以韩愈在文中写道："时维陇西公（董晋是董仲舒的后裔，陇西人氏，人称陇西公）受命作藩，爰自洛京，单车来临。遂拯其危，遂去其疵；弗肃弗厉，薰为太和；神应祥福，五谷穰熟。既庶而丰，人力有余；监军是咨，司马是谋；乃作水门，为邦之郛；以固风气，以闲寇偷。黄流浑浑，飞阁渠渠，因而饰之，匪为观游……"

文人唱和汴州忆

韩愈当初应董晋之聘，任宣武军观察推官，随董晋赴任之时，文友孟郊有《送韩愈从军》赠别："志士感恩起，变衣非变性。亲宾改旧观，僮仆生新敬。坐作群书吟，行为孤剑咏。始知出处心，不失平生正……王粲有所依，元瑜初应命。一章喻橄明，百万心气定。今朝旌鼓前，笑别丈夫盛。"韩愈和孟郊相识较早。贞元十二年，朝廷又命陆长源以御史大夫行宣武军行军司马，佐董晋治军。陆长源对孟郊多年来一直关照有加，孟郊于是就来投奔陆长源。在汴州这段时间，陆长源只是一如既往地待孟郊以诗文之友，并无荐孟郊入幕之意。陆长源为孟郊提供了田宅，使他摆脱了困顿漂泊的生活，暂时安定下来，韩愈、孟郊二人在汴州唱酬吟咏，深契诗心。从贞元十二年到贞元十五年春孟郊离汴，韩孟的唱和不少。孟郊有《与韩愈、李翱、张籍话别》《汴州留别韩愈》；韩愈有《答孟郊》《醉留东野》等诗，皆写于此时。"汴水饶曲流，野桑无直柯。但为君子心，叹息终靡他。"（孟郊《汴州留别韩愈》）"昔年因读李白杜甫诗，长恨二人不相从。吾与东野生并世，如何复蹑二子踪？"（韩愈《醉留东野》）韩愈在诗中先以李白、杜甫的友谊深但不能长相随比喻孟郊与自己的经常分离。

在汴州，除了孟郊，韩愈和李翱、张籍等文人交往。

韩愈在汴州做幕僚的时候，给了李翱很多的帮助。后来看他聪明伶俐，便教他读书、写字，李翱悟性很高，进步神速，韩愈非常赏识，不幸的是李翱家庭贫困，没钱继续完成学业，韩愈悲痛地说："近李翱从仆学文，颇有所得，然其人家贫多事，未能卒其业。"李翱在《祭韩侍郎文》中叙述和韩愈相见的经过时说."贞元十二，兄在汴州，我游自徐，始得兄交。视我无能，待予以友，讲文析道，为益之厚。"

张籍从和州（今安徽和县）来汴州，跟着韩愈学习。贞元十四年（798），韩愈主持汴州贡举，张籍在这次考试中得中，这自然得益于韩愈的帮助。

漕运咽喉汴州乱

孟郊离汴不久,董晋卒。韩愈在汴州兵变前数日护送董晋的灵柩离开汴州。朝廷以陆长源为"留后"。陆长源性格急,恃才傲物,目空无人,对将士亦不体恤,扬言要以峻法治理军队。判官孟叔度,是一个轻薄好色,淫纵无度之徒,对将士随意侮辱,宣武军将士都很厌恶他。有人劝陆长源发钱物慰劳将士,他不以为然说:"我这不成了河北反贼了吗?怎能用钱收买将士的心啊!"按照惯例,主帅死后,均给军士布匹制作丧服,陆长源却给钱;而孟叔度又以盐替代钱,盐价定得高,布

韩愈

价很低,折算每人可得盐二三斤。军中怨气冲天,陆长源也没有防备,一天,叛乱突发,乱兵杀了陆长源、孟叔度,并割其肉食之。

孟郊远闻凶讣,写了《汴州乱后忆韩愈、李翱》诗。韩愈亦有《汴州乱》二首记此事:

> 汴州城门朝不开,天狗堕地声如雷。
> 健儿争夸杀留后,连屋累栋烧成灰。
> 诸侯咫尺不能救,孤士何者自兴哀。
>
> 母从子走者为谁,大夫夫人留后儿。
> 昨日乘车骑大马,坐者起趋乘者下。
> 庙堂不肯用干戈,呜呼奈汝母子何。

"庙堂不肯用干戈",韩愈用直笔,批评德宗皇帝对汴州宣武军的一味

姑息。

不仅仅是德宗，后来的几任皇帝也是害怕暴乱，格外小心谨慎。据守漕运咽喉之地的汴州兵将，又每每阻断、干扰运输，以达到要挟朝廷、邀赏得利的目的。如，大历十一年，汴将李灵耀反，因据州城，断绝运路，以威胁朝廷请赏。又如贞元十年汴州郑惟清等人作乱，杀人越货，转运财货被劫持，杀伤千余人。在这次兵乱中，运经汴州的越州贡品1700匹绫縠均被乱兵所劫。宣武军的兵乱因之循环往复，一直持续到唐末。

"去年春，脱汴州之乱，幸不死，无所于归，遂来于此。主人与吾有故，哀其穷，居吾于符离睢上。及秋将辞去，因被留以职事，默默在此，行一年矣。"（韩愈《与孟东野书》）离开汴州后，韩愈转到徐州节度使张建封幕下，仍担旧职。

丝路三贤会中州

作为丝绸之路必经之地的西北地区，是唐代边疆战争频繁发生的区域。这里驻扎了大量的军队，同时也是诗人向往与抒情的方向。丝路古道，成为诗人们吟唱的地方，2000多首唐代边塞诗丰富了《全唐诗》的内容。

三贤诗中丝路情

在李白的笔下，长安胡汉文化交融处处在："何处可为别，长安青绮门。胡姬招素手，延客醉金樽。"就算是喝一口小酒，一不小心到了胡人美女开的店里面："五陵年少金市东，银鞍白马度春风。落花踏尽游何处，笑入胡姬酒肆中。"《前有樽酒行二首》其二说：

> 胡姬貌如花，当垆笑春风。
> 笑春风，舞罗衣，君今不醉将安归。

李白的父亲叫李客，在陈寅恪先生看来，主要是西域人的名字与华夏不一样，常以胡客呼之，于是就取为名，其实并非本名。唐代丝绸之路贸易交往是历史上最繁盛的时期之一。碎叶，是唐朝在西域设的重镇，与龟兹、疏勒、

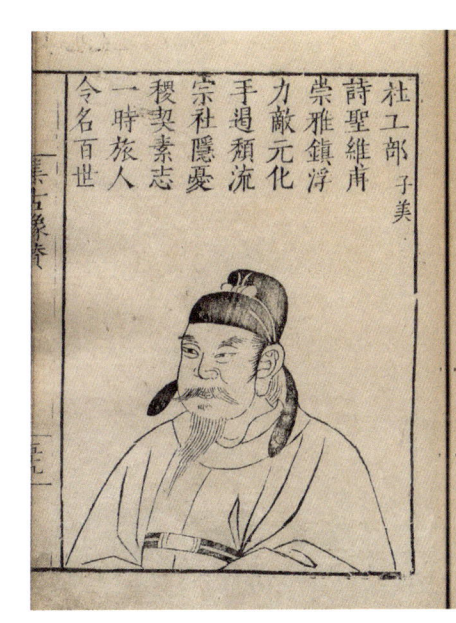

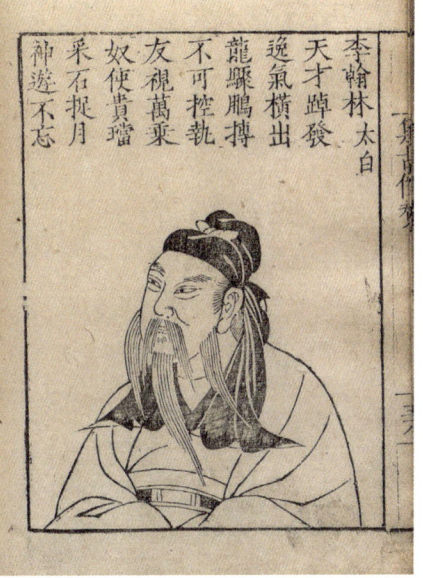

杜甫、李白（选自《集古像赞》，明孙承恩撰，明嘉靖十五年刊本）

于阗并称为唐代"安西四镇"，有学者考证说碎叶是李白的出生地。

杜甫的《兵车行》，记录咸阳桥上向西塞出兵的情景："车辚辚，马萧萧，行人弓箭各在腰。耶娘妻子走相送，尘埃不见咸阳桥……君不见，青海头，古来白骨无人收。新鬼烦冤旧鬼哭，天阴雨湿声啾啾！"

在大唐文坛，李白是伟大的浪漫主义诗人，被誉为"诗仙"。杜甫是伟大的现实主义诗人，被誉为"诗圣"，二人并称为"李杜"，他们是中国诗歌史上当之无愧的"双子星座"。

开元二十三年（735）正月，唐玄宗下诏求贤，高适获得荐举，被征召到长安，但未获仕用。他当时已是颇有名气的诗人了，在长安盘桓了一段时间，囊中羞涩，生活困顿。3年后，高适想起几年前一次出塞的种种亲身经历，感慨万千，写下了他的代表作《燕歌行》：

山川萧条极边土，胡骑凭陵杂风雨。

战士军前半死生，美人帐下犹歌舞……

215

杀气三时作阵云，寒声一夜传刁斗。

相看白刃血纷纷，死节从来岂顾勋。

君不见沙场征战苦，至今犹忆李将军。

高适的边塞诗与岑参齐名，并称"高岑"，高适后被封渤海县侯，是大唐诗人群体中唯一被封侯的。

在古吹台上走进"三贤祠"，看到几组塑像，在演绎着唐诗故事。是的，李白、杜甫、高适，3人在这里领衔主演。

三贤相会古吹台

古吹台遗址还在，那里今天仍然是一个园林，西门牌楼书"梁园"。

大唐天宝三年（744），中国文学史的焦点在开封。李白与杜甫相聚洛阳之后，古典诗坛的两颗耀眼明星在梁园闪烁。李杜在这里遇到了浪迹于此的现实主义诗人高适，惺惺相惜，于是这3位诗人畅游汴州，慷慨怀古，酣饮狂歌，写出了不朽的诗篇，李白在古吹台上写了《梁园吟》，杜甫多年之后回忆相会的佳境写下了《遣怀》，高适写下了《古大梁行》，成为传颂千年的佳话。

天宝三年，在京名噪一时的李白因赋"可怜飞燕倚新妆"之句而得罪了杨贵妃，被解除了翰林职位。他东下洛阳，结交了杜甫。两位大诗人神交已久，相见恨晚，便一同沿着黄河漫游，饱览锦绣山川。初夏时，他们来到汴州。一说李白直接在汴州遇到了杜甫。当时杜甫在陈留给继祖母卢氏料理丧事。他祖父杜审言的"私第"在陈留，杜审言的续妻卢氏，虽然不是杜甫父亲杜闲的生母，但对于杜闲父子及其子孙辈，视如己出。杜甫在《唐故范阳太君卢氏墓志》中对卢氏回忆："某等凤遭内艰，有长自太君之手者，至于婚姻之礼，则尽是太君主之。慈恩穆如，人或不知者，咸以为卢氏之腹生也。"

高适是沧州人，20岁时曾到长安寻求功名，怀才不遇，便北上蓟门，漫游燕赵，想在边塞寻求报国立功的机会，但一直没找到出路。

公元744年，中国文学的焦点聚集在古吹台，三贤相会。

鸟道几登顿，马蹄无暂闲。
崎岖出长坂，合沓犹前山。
石激水流处，天寒松色间。
王程应未尽，且莫顾刀环。

这是高适的《入昌松东界山行》，这首诗描写了河西道路的艰难。之后，他便在汴宋一带（开封到商丘）过着"混迹渔樵"的贫困流浪生活，长达十几年之久。但是高适的作风非常豪侠浪漫，在他的作品中充满豪士侠客的肝胆义气，豪迈动人。

李白、杜甫、高适三大诗人相聚梁园，同登吹台饮酒赋诗。《新唐书》说：杜甫"少与李白齐名，时号李杜，尝从白及高适过汴州，酒酣登吹台，慷慨怀古，人莫测也。"闻一多《少陵先生年谱会笺》："秋，游梁宋，与李白高适登吹台琴台。"

李白、杜甫、高适3人酒酣古吹台，放眼四望，信陵君的坟墓已被耕为平地种上庄稼，梁孝王的舞榭歌台早已踪迹皆无，枚乘和司马相如也已灰飞烟

古吹台上三贤祠

灭，不禁感慨万千。忽然听到不远处窗外传来如梦如幻的琴声。3人疑似师旷再生，不禁心生感慨。似醉非醉之间，李白即兴赋诗，挥笔在墙上写下了那首千古名作《梁园吟》：

> 我浮黄云去京阙，挂席欲进波连山。
> 天长水阔厌远涉，访古始及平台间。
> 平台为客忧思多，对酒遂作梁园歌。
> 却忆蓬池阮公咏，因吟渌水扬洪波……

高适吟诵再三，伴着悠扬的琴声也写下《古大梁行》：

> 古城莽苍饶荆榛，驱马荒城愁杀人。
> 魏王宫观尽禾黍，信陵宾客随灰尘……

李白、杜甫、高适3人畅游汴州，慷慨怀古、吹台赋诗。

　　杜甫当时并没有题写诗词，或许在李白、高适面前他有些谦虚甚至更多的是崇拜。"白诗也无敌，飘然思不群"，"清新庾开府，俊逸鲍参军"，"李白斗酒诗百篇，长安市上酒家眠"，"笔落惊风雨，诗成泣鬼神"，在这些诗句里，杜甫发自肺腑地敬重李白，让他回望曾经的交往。李白去世后，杜甫才又写了《昔游》和《遣怀》二首来怀念这次相会，他们不仅仅在汴州览胜，还到宋州观景、山东单父台登高。"昔我游宋中，惟梁孝王都……忆与高李辈，论交入酒垆。两公壮藻思，得我色敷腴。气酣登吹台，怀古视平芜。""昔者与高李，晚登单父台。"（《遣怀》）杜甫"乞归优诏许，遇我宿心亲。未负幽栖志，兼全宠辱身。剧谈怜野逸，嗜酒见天真。醉舞梁园夜，行歌泗水春"。（《寄李十二白二十韵》），这是杜甫追忆与李白相识时的情境。透露二人曾把酒谈心。他们夜里在梁园趁着酒醉乘兴起舞，曾于泗水行歌作乐。高适入仕前好谈论政治，李白则刚从朝廷失意出来，杜甫也是很不得意。3人凭吊梁孝王，追寻邹阳、枚乘、司马相如等人的遗迹，是希望能像他们那样获得君臣相知的际遇。

　　李白、高适、杜甫同游梁、宋，饮酒观伎，射猎论诗，相得甚欢。李白、杜甫、高适3人大约在梁园游历了3个月，杜甫因奔祖母丧而回洛阳巩县料理家事，高适因事入楚。送别了杜甫、高适，李白仍在梁园居住。杜甫回乡料理完家事，又返回梁园。李白、杜甫再次相会并结伴游历。二人由梁园入东鲁，开始了"醉眠秋共被，携手日同游"的新的漫游生活。再去淮泗，漫游于金陵（今南京）和姑苏（今苏州）之间。一年多后，二人回到梁园。杜甫西上后，李白则继续以梁园为中心出游各地。

千金买壁留佳话

在汴州梁园，他们在旅游胜地题词据说遭到了一位僧人的反对，那个僧人拿起工具准备擦去诗句，却被一位弹琴的姑娘拦住。为了保留诗句，她愿千金买壁留下李白的诗句。她就是名门之后汴州的才女宗氏，她的祖父宗楚客，在武后、中宗时期曾3次做过宰相，后来因依附韦后，为玄宗所杀。不久，李白听说此事，深受感动，便托杜甫和高适做媒，娶这位宗氏才女为妻。宗氏就是李白的第四位夫人。这个"千金买壁"的传说未必真有其事，但宗氏才女却

千金买壁

确有此人。据郭沫若考证，李白"在梁园也有家，往来于此，累十年之久"。

婚后，二人感情深厚。李白和宗氏结婚后仍四处漫游，也常回家看看。直到安史之乱爆发，他才带着宗氏与她的弟弟宗昂逃到江南避难，结束了"一朝去京国，十载客梁园"的生活。

今天，开封市古吹台上的三贤祠始建于明代正德年间，"在吹台上，禹庙之后，旧有三龛，塑碧霞元君像，正德丁丑，巡按御史毛伯温改塑三贤像。"是当时河南巡抚毛伯温有感于唐代大诗人李白、杜甫、高适曾同登吹台饮酒赋诗而特意建造的。

清代麟庆游三贤祠题写了一副对联："一览极苍茫，旧苑高台同万古；两间容啸傲，青天明月此三人。"现在的禹王庙东院还存有旧三贤祠，不常开放。在吹台北侧下面专门建一四合院，布展有塑像，展示李白、杜甫、高适同游梁园的风雅往事。

一代词帝殒汴京

南唐后主李煜,字重光,初名从嘉,号钟隐。才识清赡,善诗文、音乐、书画,尤工词。《湘山野录》称他"性宽恕,威令不素著,神骨秀异,骈齿,一目有重瞳。笃信佛法"。

北宋建国之后,李煜幻想可以偏安一隅,开宝四年(971)宋军平南汉,李煜害怕了,次年上表,遣弟李从善入朝,奉方物进贡,自去"唐"的国号,改称"江南国主"。唐国印为江南国印,又将其中央机构一并降格,尚书省改称司会府,枢密院改为光政院,御史台改为司宪府等。宋太祖允许他的请求,并授李从善为奉宁军节度使,赐第留住京师。对于宋朝而言,李从善其实就是一个人质。

卧榻之侧不容他人鼾睡

李煜积极向宋朝进贡,赵匡胤生日时进贡,赵匡胤母亲去世进贡,逢年过节进贡。听说大宋要举兵,于是就进贡。听说宋军围城,忧惧,又进贡。低调、隐忍,李煜只想保全暂时的平安。

他请高僧讲佛经,他命窅娘裹成小脚,在纯金莲中跳舞,窅娘纤丽善舞,"行舞莲中,回旋有凌云之态。"借助醉生梦死,聊以打发心中的恐惧。974年,宋太祖召南唐后主李煜到汴京觐见。李煜派徐铉到京应对，并奉上大批财物，请求宋军缓兵。能言善辩的徐铉反复质问宋太祖说南唐有什么罪，为什么一定要穷追猛打啊。宋太祖理屈词穷直截了当地说："卧榻之侧岂容他人鼾睡？"

当时南唐有武将林仁肇，勇猛无比，万夫莫当。这时宋太祖开始玩起了反间计，他派人窃得林的画像悬挂在一个宅院的房间内，专门领着南唐的使者来看，问使者这是谁。使者说是林仁肇将军。宋太祖说他将要来降，先用此像为信物。又指着这空房间说，这就是将来要赏赐给林仁肇的院子。使者回去后及时把这个情报密报给李煜。李煜就信了，于是派人用鸩毒把林仁肇给毒死了。

李煜

后，金陵陷落，李煜肉袒降于军门，时年40岁。他带着弟侄以及嫔妃300口，离开金陵，渡江时曾留诗《渡中江望石头城泣下》：

江南江北旧家乡，三十年来梦一场。
吴苑宫闱今冷落，广陵台殿已荒凉。
云笼远岫愁千片，雨打归舟泪万行。
兄弟四人三百口，不堪闲坐细思量。

开宝九年（976）正月，曹彬押送李煜抵达汴京。宋太祖亲自在明德门举行了受降仪式。并没有大张旗鼓宣传，只是小范围内命李煜君臣白衣纱帽到楼下待罪。李煜已做亡国君，如同丧家之犬，到楼下即叩头引咎。宋太祖特加恩德，封违命侯，赐第居住。

当初征伐南唐之时，宋太祖告诫大将曹彬说，城陷之日，勿伤城中人，若犹困斗，则李煜一门不可加害。即将攻城之际，曹彬突然装病，众将领探望之时曹彬说，他没啥病，是心病，请各位发誓破城的时候不要乱杀无辜，

223

他这病就好了。

江南李花被折来

宋太宗继位后,李煜就命悬一线,时刻危机四伏了。

太宗加封李煜为陇西郡公,带来的小周后被封为郑国夫人,在赐第内安稳居住。按照今天的位置来说,就在大梁门北侧居住。

作为亡国之君,李煜总是垂头丧气,即使见宋太宗的时候也沉默寡语,很少开口。太宗见李煜这般样子,便疑心他心中仇恨大宋,这人一旦胸中有芥蒂,便处处都觉得李煜的行事皆是不好。因此暗中命人监视李煜。

李煜不该做帝王,天生一词人,他寓居开封,常常感慨国破山河在,恨别鸟惊心。万千情愫诉诸笔端,遥望江南,风花雪月已成空,回望江山,故国不堪回首,那些宴游雅乐,那些风流往事都已经烟消云散。他把怀思故国,忆念嫔妃的情恩,填了一阕词,调寄《浪淘沙》道:

帘外雨潺潺,春意阑珊。罗衾不耐五更寒。梦里不知身是客,一晌贪欢。

独自莫凭栏,无限江山。别时容易见时难。流水落花春去也,天上人间!

李煜填了这词,恰遇当初城破逃出的宫人庆奴,她现在已做了宋廷派江南镇将的妾侍;镇将遭使入朝,庆奴不忘旧主,带了封信前来问候。李煜见庆奴之信,不禁长叹:"庆奴已得好处安身,倒也罢了,只是我呢?"他想起在江南,曾在黄扇上书赐宫人庆奴:"风情渐老见春羞,到处销魂感旧游。多谢长条似相识,强垂烟态拂人头。"想到这些不觉泪流满面。忽然然抬起头来,见送信的人还在阶前,静候回信。李煜便将心中的哀怨写在书信,结尾写有"此中日夕只以眼泪洗面"的言语,写罢便交付来使带回江南,返报庆奴。

李煜这一阕词,一封信,原本抒发他心里的哀怨,并没什么旁的心思。

哪知太宗差来监视的人，早把这一词一信，暗中报告给宋太宗。太宗见了词，倒不以为然，听得信中内容，却勃然大怒道："朕对待李煜，总算仁至义尽了，他还说'此中日夕只以泪眼洗面'，这明明是心怀怨望，才有此语的。"太宗心里暗生杀机。

一天，宋太宗到新落成的崇文馆观书，故意诏李煜陪同，宋太宗手指书架上的书，对李煜说："这些书都是你江南旧时之物，归降本朝以来，不知最近你还好读书吗？"李煜诚惶诚恐顿首致谢，内心却激荡不平。

到了太平兴国三年的元宵佳节，各命妇循着向例，应该入宫，恭贺佳节。李煜之妻，郑国夫人也照例到宫内去恭贺。不料周氏自元宵入宫，过了数日，仍不见回，李煜心知不妙却也无可奈何，只得在家中唉声叹气，要想到宫门上去询问，又因自己奉了禁止与外人交通并任意出入的严旨，不敢私自出外，只得望穿秋水。一直到正月将尽，周氏方从宫中乘轿而归。原来是太宗见周氏生得花容月貌，便把她留在宫内，硬逼着她侍宴侍寝。

"江南剩得李花开，也被君王强折来。"李煜知道一切后，长叹一声，牙打碎咽肚子里也没法说。这就是亡国奴的现实写照，国破家亡，他忍泪失声，他无可奈何，他一筹莫展，他心如刀割。待心情平静之时，他挥泪写下《相见欢》：

　　林花谢了春红，太匆匆。无奈朝来寒雨晚来风。
　　胭脂泪，留人醉，几时重。自是人生长恨水长东。

宋太宗想长期霸占小周后，又恐长久留宫中，要被臣僚议论。于是就派南唐降臣徐铉去探李煜动静。

出了阊阖门往北就是李煜的宅院，门前清冷，偌大的院子毫无生机。徐铉当年险些被宋太祖杀掉，他问为何不早日劝李煜以归降，徐铉说臣为江南故臣，国灭，不该问其他。宋太祖赞誉其忠心，赞其是忠臣，从此事他如同事李氏。

徐铉见到李煜想行君臣之礼，被李煜制止。这哪是当年的风流天子啊，此时的李煜头戴青纱帽，身穿道袍，腰系丝绦，面容憔悴，体态清癯。徐铉不禁心中悲凉。李煜握住徐铉的手，放声大笑。长叹道，后悔当初没用韩熙载为相，错杀了潘佑、李平，没有用林仁肇之计袭取淮南，倒中了反间计错杀了他。徐铉一听万分惊恐，安慰一番皇辞别而去。

宋太宗问徐铉李煜都说了什么话，徐铉不敢隐瞒，便和盘托出。宋太宗听了，面现怒容。

因词及祸牵机亡

七月七日乞巧节乃李煜的生日，望着眼前的情形，李煜不觉触动愁肠，胸中悲感无法排泄，只有诗词才能浇心中块垒。他先填了一阕《忆江南》的小令道：

> 多少恨！昨夜梦魂中。还似旧时游上苑，车如流水马如龙。花月正春风。

胸中悲愤，依然压抑，于是再填《虞美人》：

> 春花秋月何时了，往事知多少，小楼昨夜又东风，故国不堪回首月明中。
>
> 雕栏玉砌应犹在，只是朱颜改。问君能有几多愁？恰似一江春水向东流。

小周后看到"问君能有几多愁？恰似一江春水向东流"，担心之极，她怕笔墨带来杀身之祸。李煜倒觉得已经国亡家破，除了悲歌长吟，还能怎样消遣呢？他叫小周后依谱循声，轻启朱唇，唱起这两阕词来。

李煜所填的两阕词被线人抄录给宋太宗，太宗看后勃然变色，说李煜还心心念念不忘江南，若不除去，必为后患。便命内侍，取了一瓶牵机药酒，宋太宗亲手加封，命内侍传谕李煜说今日为陇西郡公生辰，圣上特赐御酒一樽。李煜接了御酒，饮罢谢恩。初时并不觉得怎样，到了夜间，忽从床上跃起，大叫了一声，两手两脚，忽拳忽曲；那颗头，或俯或仰，好似牵机一般，绝不停止。如此数十次后忽然面色改变，倒在床上，气息全无。太宗听说李煜亡故，心下大喜，表面上却做出很是哀悼的样子，下诏赠李煜为太师，追封吴王，并废朝3日，遣中使护丧，赐祭赐葬，恩礼极为隆重。

宋人笔记有记载："遂有秦王赐牵机药之事。牵机药者，服之，前却数十回头足相就，如牵机状也。"还有一种说法："后主在赐第因七夕命故妓作乐，声闻于外。太宗闻之，大怒。又传'小楼昨夜又东风'及'一江春水向东流'之句，并坐之，遂被祸云。"（参见王铚《默记》）也有一种说法是赵德昭所为，更多的文献指向宋太宗。如果是秦王，最多也是帮凶，奉命行事而已。

小周后为了避开宋太宗的逼幸，拒绝入宫，悲愤难禁，自杀身亡。

100多年后，太宗的第六个继承人赵佶，有一天巡视宫中内库，看到太宗时期的毒药库赫然还在，想起当年后主之事，以及当时的传闻，不免为权力之残酷而感到歉意，便下令彻底毁去。

太宗时期的几位暴命亲王，不知有的是不是也死于毒药？我们不得而知了。

开封空余孙李唐

"南朝天子多无福，不做词臣做帝王。"生于七夕，死于七夕，一代词帝终结于42岁生日。李煜死后，所赐宅院改为净慧院，后来，附近居民逐渐增多，形成村落，口逊李唐庄，孙有退位囚禁之意，李指李煜，唐指南唐。后来渐渐写成了孙李唐。

后主辞世的消息传到江南，"南人闻之，巷哭设斋。"李煜的命运博得了宋朝人的深深同情，民间传说宋徽宗就是李煜投胎再生，宋人笔记《贵耳集》《养疴漫笔》等书均有记载。宋神宗一日在内殿看完历代帝王图像，见李后主风神体态，赵佶有蝉脱秽浊、神游八极之表，再三赏叹。后来便梦见李后主投

宋代囚禁李煜的地方如今成为一个名叫孙（逊）李唐的村庄。

身入宫，遂诞生赵佶。少时封为端王，从小风流俊雅，无所不能，长大之后才华横溢，颇似李后主。

　　李煜之后，开封空余孙李唐。悠悠千载，尘世漫漶。一片新居占据了当年的李煜故宅，踪迹难寻，旧物难访，还好，还有后主的词可以品味，悲愤岁月，不堪回首，致敬中国最伟大的词人。他的词句已经融入到中国人的语境，"春花秋月""问君能有几多愁，恰似一江春水向东流""离恨恰如春草，更行更远还生""自是人生长恨水长东"……

　　李煜用词抒发心境，他的作品最终成为宋词的一个巅峰。"国家不幸诗家幸，赋到沧桑句便工"。在开封，李煜因词亡命，也因词而被"封神"。王国维说："词至李后主而眼界始大，感慨遂深，遂变伶工之词而为士大夫之词。""客观之诗人，不可不多阅世。阅世愈深，则材料愈丰富，愈变化，《水浒传》《红楼梦》之作者是也。主观诗人，不必多阅世。阅世愈浅，则性情愈真，李后主是也。""人者，不失其赤子之心者也。故生于深宫之中，长于妇人之手，是后主为人君所短处，亦即为词人所长处。"王国维把李煜捧到了天上。在开封度过的最后岁月，最终把李煜一生的才情酝酿成一首首绝妙好词。

家国情怀书梦华

几乎所有研究开封地方文化或者研究北宋东京城的专家、学者,都要看《东京梦华录》,它就是文字版的《清明上河图》。孟元老在靖康之难后南渡,晚年回忆东京繁盛情景,生动记述了都城东京的市井生活、风土人情、城市建筑、商业服务、勾栏瓦肆以及说书、杂剧、歌舞伎艺等情景,他的怀旧文字多年之后成为这个城市的经典记忆,他的著作是对一个朝代都城的系统文献记录。

孟元老究竟是何人?

孟元老,何许人也?宋代文献以及后世的史书对其语焉不详。据南宋陈振孙的《直斋书录解题》说,"元老不知何人。少游京师,晚值丧乱之后,追述旧事,兼及国家典祀、里巷风俗。以其首载京城宫阙、桥道、坊曲尤详,故系之地理类。"《四库全书总目提要》说:"元老始末未详,于南渡之后,追忆汴京繁盛,而作此书也。"明代李濂在《跋东京梦华录后》一文中说:"元老不知何人,观是录纂述之笔,亦非长于文学者……元老自序自徽宗崇宁二年癸未入京师,至靖康元年丙午避兵南徙,盖寓京师者二十有三年,故记载时事极为详备,但是时艮岳已成,梁台上方寺塔俱在,而录内无一言及之,不知何也。"

之后，胡震亨也曾表示怀疑，他说："但大内所载殿阁楼观，仅仅十一，无论诸宫，只如政和新宫，自延福、穆清已下，尚余四十余殿，而艮岳于时最称雄丽，何可略也？"清朝学者常茂徕在《邦崖钞本东京梦华录·跋》中提出："艮岳为一时巨观。且以萃天下之名胜，独缺而不书。谢朴园序指为宣和讳，以余观之，讳诚是矣，而为宣和讳则非。何则？花石之进，为太守朱勔；艮岳之筑，专其事者为户部侍郎孟揆。揆非异人，即元老也，元老其字而揆其名者也。推元老之意，亦知其负罪与朱勔等，必为天下后世所共指责，故隐其名而着其字。"

开封市博物馆展出的孟元老画像

邓之诚先生在《东京梦华录注·序》说："元老本末不详。有常茂徕者，开封老儒，同治中犹存，喜收拾乡邦文献而不甚读书，改窜《如梦录》，令人叹恨，即其人也。不知宋人多以老命名，竟谓元老是字，奇想天开，坐实元老即孟揆。观其称朱勔为太守，胸无黑白可知。"邓之诚先生认为常茂徕读书不足而予以批评。

开封著名学者孔宪易1980年在《历史研究》发表上《孟元老其人》一文，也认为常茂徕"孟元老即孟揆"之说是无稽之谈。孟揆曾当过户部侍郎和龙图阁直学士，《东京梦华录》所记的某些内容与其身份不符，因而也否认"孟元老即孟揆"的说法。伊永文怀疑孟元老取宋人常见名字为托名，其人或为孟姓贵胄子弟，或为浪迹京城出上入下书会先生，记录风土，以使人追忆故都之乐。他认为孟元老系徽宗朝宗室子弟赵子淔之化名。顾传湜则认为，《东京梦华录》的著者孟元老，就是做过教坊使的孟景初。只有改名孟元老的孟景初，才会在书中这样突出自己。他统计说，在《东京梦华录》全书中提到次数最多的人有两个，一个蔡京，一个孟景初；提到"蔡太师"的地方总共有3

处，而提到孟景初的地方也有3处。其中卷10《除夕》条载："至除日，禁中呈大傩仪，并用皇城亲事官。诸班直戴假面，绣画色衣，执金枪龙旗。教坊使孟景初身品魁伟，贯全副金镀铜甲装将军。"

孔宪易推断孟钺是孟昌龄的未出"五服"族人，孟钺这个"开封府仪曹"，可能是政和四年孟昌龄治河"有功"推恩下的福利。到了宣和元年，蔡京又保奏孟昌龄治河"有功"，进行"推恩"。所以除了孟昌龄的诸子升职转官外，其余的"有服"晚辈，塞进开封府作一个比较清闲的曹官，是很容易的。孔宪易先生的观点颇受学界重视，《中国大百科全书》在《东京梦华录》词条中关于作者就采用了孔宪易的说法。孟元老就是孟钺，百度百科和维基百科都采用了此说。

孟元老的故都情思

《东京梦华录》自序："仆从先人宦游南北，崇宁癸未到京师"，他居住在"州西金梁桥西夹道之南"，"渐次长立，正当辇毂之下……"《东京梦华录》涉及朝章典制时似乎总会出现一些与《宋史》不同的差别，按《宋史》乃正史，所载朝章典制规范严谨，故《四库全书总目提要》评《东京梦华录》"自都城、坊市、节序、风俗，及当时典礼、仪卫，靡不赅载。虽不过识小之流，而朝章国制，颇错出其间"。赵师侠在该书跋文中写道："幽兰居士记录旧所经历为'梦华录'……市井游观，岁时物货，民风俗尚，则见闻习熟，皆得其真。"孟元老乃基层小吏，虽是出身官宦之家，但是大内的很多建筑、礼仪他是说不清楚的。唯独市井繁华，烂熟于心。

孟元老在开封居住生活多年，做过小吏，故上至皇宫内院，下至瓦舍勾栏，大至朝仪郊祀，小至民风礼俗，都能亲见亲闻。他在书中有意或者无意流露出自己的身份，如："吾辈入店，则用一等琉璃浅棱碗，谓之'碧碗'，亦谓之'造羹'，菜蔬精细，谓之'造齑'，每碗十文。"这显然是富家子弟的做派，在北宋东京，琉璃并不多见，当时唯有大食、高丽有这物件。据说有一次蔡京专门把一琉璃酒器敬献给皇帝。在宋代，大臣要是大吃大喝被发现一定会遭遇弹劾的，他们不敢进"星级饭店"吃喝，而像孟元老这样的"官二代"却无所顾忌，我行我素，在东京江湖厮混20余年，都城内的饭店老板都敬他三分。宋朝受推崇的餐具都是贵重金属，真金白银，红漆木盘次之，而玻璃器皿却是最为豪华的餐具。正是这样的奢侈与铺张，他才在序言中说"观妓籍则府曹衙罢，内省宴回"。北宋有个规矩，官妓都属于教坊，是有"编制"之人。凡是朝中人士有宴请需要他们作陪，"须假诸曹署行牒，然后能致于他处"。一句"仆数十年烂赏叠游，莫知厌足"与他的身份倒是非常合拍的。从年龄上来推算，也是合理的，从崇宁二年的童年到政和四年的青年，孟元老有钱，有闲并且有点小权，才可以毫无顾虑自由出入茶坊酒肆、勾栏瓦舍的。

孟元老在"靖康丙午之明年，出京南来，避地江左"，情绪一直很失落，惆怅不悦之情溢于言表。到了晚年，"暗想当年，节物风流，人情和美，但成怅恨。近与亲戚会面，谈及曩昔，后生往往妄生不然。仆恐浸久，论其风俗者，失于事实，诚为可惜，谨省记编次成集，庶几开卷得睹当时之盛……目之曰《梦华录》"。孟元老曾经属于"衙内"式人物，纵游东京，逍遥自在。时过境迁，物是人非，但是各种情境在经历了多年风雨仍鲜活地存于心中，因为闲散，便常常穿梭于大街小巷四处游玩，对其间的一切了如指掌，亦成为他晚年仍能详尽而细致地描述心中故城的重要因素。

南渡之人，怀念旧都，令人心碎。东京百姓是在帝都沦陷的情况下背井离乡，被迫流落南方，所以他们对于故土的感情非常复杂，其中既有离别之情，更有亡国之恨。城池可以复制，但是家国不可再生。唯有记忆永恒，于是对于北宋东京的繁华，在南宋成长起来的年轻人没有亲身体验过，他们只是从父祖辈的言谈中获知一些零碎甚至失实的信息，而对此又不以为然，缺乏深厚的感情。孟元老敏锐地意识到，一旦他们这代人谢世之后，后人再谈起北宋东京的情况，就更难以说清了。因此他油然而生一种使命感，决心在有生之年将开封的情形写出来以传之后世，以缅怀昔日的市井繁华，使人"开卷得睹当时之盛"。

《东京梦华录》中的市井表演,而今在清明上河园再现,喷火吸引众多游客。

孟元老的梦幻东京

其实孟元老的真实身份是谁都已经不重要,他可能是一个团队,也可能是一个识文断字的市民,这都不是重点了,关键是他把东京贮藏到翰墨里,把自己隐在人群中,后世的我们每次打开此书就能够遥想当年京都的盛况。不知孟元老是谁,谁都知道孟元老。他的回忆里隐藏着一种固执,他踏遍东京的脚印后来都变成流动着的文字。他不厌其烦地历数东京的御路关厢、通衢深巷,流水账式地标注纷繁的店铺食坊,写菜谱般地罗列"奇巧百端"的名馔小吃,不堪其冗地铺陈种种流程性的细节,让我们在词语的堆砌中,详晓"车马盈市,罗绮满街"的东京。他略微粗鄙的写作言辞,为后世保留了最为本真的宋人话语标本。

孟元老死后,这部书才开始刊行。之后相继出现了《都城纪胜》《西湖老人繁胜录》《梦粱录》和《武林旧事》4种著作。它们都以《东京梦华录》为模式,把南宋国都临安的"繁胜"作了多方的叙述。从这个事实可以看到《东京梦华录》在当时的影响。

  他不但开创了一种笔记体著作形式，而且影响了后世所有关于这个城市著作的人文精神，在中国文学史上占据重要的地位。在充满矛盾名字的"开"和"封"之间，给所有的阅读者以昂扬的动力和希望，"东京梦华"如今成为这个城市甚至这个世界最为闪光的品牌。孟元老以一人之力，把原汁原味的大宋东京的烟火人间和市井画卷呈现在近千年的历史中，一次次为我们端上原汁原味的东京风情。谁也不如孟元老这样能把东京保留到今天。东京的一切已属记忆，《东京梦华录》中的繁华街市都已经被黄河的寒凉淤泥积毁。自然的灾害破坏不了孟元老的笔墨，至今我们可以在他的文字中寻找着帝都的繁盛，是他一直在慢慢唤醒着古都的气韵。

清明上河绘神品

中国画史上有一位让人惦念很久的人,更确切地说,是因为一幅画让人们永远记住了这个人。他就是北宋著名画家张择端和他的"神品"《清明上河图》。从来没有一幅画和一座城市如此水乳交融,从来没有一幅画在世博会上以中国的形象展示于众。千年以来,可以代表中国传统绘画的长卷有不少幅,《清明上河图》处于前列,如不是这样,世博中国馆也不会把《清明上河图》里的城市风景幻化成流动的风景,那些赶路的脚夫边走边吃喝……历史长卷被高科技再现得栩栩如生。这是张择端的大手笔,他用一支画笔描绘了北宋东京的繁华与风俗。多少次梦里走进画卷,置身于千年的时空。梦回大宋,看汴河两岸繁花似锦,观街肆巷陌百业兴隆。因为张择端的画卷,使人们体验到了一个大气磅礴的大宋,有了一个繁荣昌盛的东京,有了一片灿烂的星空。

游学京师成待诏

在过去的900多年里,《清明上河图》曾被无数收藏家和鉴赏家欣赏,历经劫难,几经战火。它生在繁华和战乱交替的时代,它的价值注定了其后世的辗转飘零,它的闻名中外更让人们充满好奇:张择端,到底是怎样一个人?

北宋被金朝灭亡58年后,金人张著用行楷为《清明上河图》写下了短短

《清明上河图》化身清明上河文化主题公园

的跋文："翰林张择端，字正道，东武（今诸城）人也。幼读书，游学于京师，后习绘事，本工其界画，尤嗜于舟车、市桥郭径，别成家数也。按《向氏评论图画记》云：'《西湖争标图》《清明上河图》，选入神品，藏者宜宝之。'大定丙午清明后一日，燕山张著跋。"

所谓界画，指用界笔、界尺画线的一种方法，是中国画的画种之一。明代陶宗仪《辍耕录》载"画家十三科"，其中有"界画楼台"一科，指以宫室、楼台、屋宇等建筑物为题的绘画，也被称为"宫室"或"屋木"。

张著本是一布衣文人，长于诗文，诗书皆学唐风，精于鉴定书画。1205年，他的诗名和鉴定才华得到金章宗的欣赏，负责管理御府所藏书画。《清明上河图》上无作者署名，北宋后期成书的《宣和画谱》亦不载张择端画名。《宣和画谱》是一部记载宋徽宗时期内府藏画的谱录，刊载当时画家231人，却没有张择端的名字，收录各种名画6396幅，也没有《清明上河图》。《宣和画谱》一概不收录宣和年间的画家，特别是对擅画宫室的画家要求更高，因为"画学之业，曰佛道，曰人物，曰山水，曰鸟兽，曰花竹，曰屋木……"界画被置于"画学"之末。《宣和画谱》将五代宋初的界画名家郭忠恕列为"高

张择端雕像

古者"。《清明上河图》没有被收录在《宣和画谱》里,这是什么原因呢?明代陆完在此图跋语里说得好:原来《宣和画谱》是在蔡京当政之时编纂的,这个奸相奉行的是"顺我者昌,逆我者亡"的派性路线。苏东坡、黄山谷都是在书画艺术上极有成就的大师,由于与蔡京政见不合,都被排斥在《宣和画谱》之外。"画谱之不载择端,犹书谱之不载苏黄也。小人之忌嫉人,无所不至如此,不然则择端之艺其著于谱成之后欤!"宣和年号共计7年,而《宣和画谱》成于宣和二年,《宣和画谱》在《清明上河图》画完之前已整理完毕,故未收录也是合理的。

关于张择端的史料极为稀少。张著的跋义无疑给后人留下了关于张择端的线索。张择端大约在公元1085年出生于山东诸城一个诗书之家。张择端在家乡"幼读书"的目的无非也是长大"游学于京师",成为国家所用之人才。而"游学于京师"的目的与参加科举考试有关。

北宋末年,张择端寒窗苦读十载后,怀揣满腹文章和报国之志,风餐露宿,赴当时都城东京赶考,不幸名落孙山,他只得背起行囊,在东京流浪,好在他有两把刷子,靠卖画暂时维持生计。相传当年张择端在大相国寺中寄宿,

237

每日潜心绘画。后来其名声渐渐传到宋徽宗耳中，宋徽宗虽然于国事无能，却委实是一名艺术家。他见到张择端的画，十分欣赏此人的才华，便将张择端召进翰林图画院，当起了待诏。待诏本指以一技之长供奉于内廷的人，宋、元时成为对手艺匠人的尊称。

擅长界画摹东京

宋朝时，画官经常根据文人的一些诗句作画，供宫廷要员们在"有闲"时去观赏、品评，咀嚼"野水无人渡，孤舟尽日横""踏花归去马蹄香"的韵味，借以达到消遣游乐的目的，但也有一部分时间可供画官们自由创作。这就是说，他们的创作分为命题作画和自由作画两种。一般来说，命题作的画拘谨，流于套式，个性不强；自由之作风格奇异，个性突出。张择端的作品，以上两类皆有，据说总数不下百幅，但流传下来的只有《清明上河图》和《金明池争标图》，它们都是张择端自由创作的画。

张择端擅长界画。界画的表现形式一方面要求精细，一方面又要符合当时"逸品""高古"的审美趣味。张择端放弃了当时主流审美趣味，选择深入民间，选取京师繁荣的民风民俗场面，他用自己最擅长的精工细笔，准确逼真地描绘了东京的城楼、屋木、虹桥、舟船以及街市繁华的场面。张择端的《清明上河图》本是进献给宋徽宗的贡品。它描绘了北宋时期东京市民的日常生活状况和汴河两岸店铺林立、商客熙来攘往的热闹场面以及运载粮米财货的漕船通过汴河桥时紧张繁忙的景象，真实生动地再现了当年清明时节社会各阶层的日常生活，是一件具有重要历史价值和杰出艺术价值的风俗画。

《清明上河图》大多景物楼阁是根据实景艺术加工后绘成，这些可以对照《东京梦华录》的内容，按图索骥。比如《清明上河图》中对于虹桥图的描绘则使后人得以掌握翔实的虹桥结构形制。《东京梦华录》也对其做过文字记载："自东水门外七里至西水门外，河上有桥十三。从东水门外七里曰虹桥，其桥无柱，皆以巨木虚架，饰以丹艧，宛如飞虹。其上、下土桥亦如之……"孟元老所言的虹桥只是一个统称，上土桥、下土桥也是宛如飞虹。所以，《清

一朝步入画卷，一日穿越千年。《清明上河图》场景再现之赵太丞家。

明上河图》所描绘的虹桥也许是下土桥。不得不佩服张择端的精致描摹，对当时虹桥结构的准确刻画，才使得后人按照图样复原成为可能。

市井风情醉开封

《清明上河图》以全景式构图和严谨精细的笔法，展现出北宋都城汴河两岸及城郊清明时节的风貌。

画面从东京城的东郊开始，首先映入观者眼帘的是郊外田野，在疏林薄雾中，掩映着几家茅舍、老树、小桥、流水、扁舟。远处一队驮着货物的驴子沿着宁静的小溪向汴河走来。不远处，村落出现了，道路也逐渐宽广。远处有一队郊游者归来，男主人骑马、女主人乘轿，轿顶上还插着新折的柳枝，足见其游兴之浓。轿后跟随着骑马的、挑担的，为全画展开了序幕。接着，画面沿汴河向西渐次展宽，由村落而至城关，临河的街道两旁布满了餐馆、饮食小店；河里船只往来，首尾相接，或纤夫牵拉，或船夫摇橹，有的满载货物逆流

一朝步入画卷，一日穿越千年。《清明上河图》场景再现之城门。

而上，有的靠岸停泊，正紧张地卸货。再向西去，接近虹桥，河边停靠着许多大型货船。货船周围有的人在紧张地装卸货物，有一组纤夫正在用力地拉着一条大船缓慢地行进。一条大船已经行进到桥下。桅杆放倒，不好过桥，水手们正紧张地与急流搏斗。虹桥上则挤满了人，他们伏在栏杆上，正在围观这紧张的过桥场面。画面生动逼真，仿佛有喧哗之声从画面上传出来。这是画卷中最为精彩的部分，也是全画的高潮。另一个镜头显示这条大船已从桥西露出半个船身，船头上的人表现出安然自得的神色，看来已经安全通过。仿佛一部纪录片的连续镜头一样，慢慢展卷看到的是一幅连续的画面，情节生动、人物形态丰满、故事扣人心弦。再往西去，汴河便转弯出了画面。经过两个十字路口，便出现了一段城墙和一座城门，这在一般绘画的构图上是很难处理的场面。但是张择端不愧是位丹青高手，他大胆设计、巧妙处理，他在画面上画了一支骆驼队。画面上队首的第一头骆驼已经在城门外门洞口露出了半个身子。这支小小的骆驼队一下子就把被城墙阻隔的空间贯穿了起来。

画家的构思匠心独运，实在妙不可言。在繁华的城内，单见街道宽阔

一朝步入画卷，一日穿越千年。《清明上河图》场景再现之孙羊正店。

整齐，两旁并列着各种牌号的店铺、作坊。至于街上的小商小贩，更是数不胜数。

《清明上河图》内容丰富、构图严谨，无一处是闲笔。全图画中有814人，牛、马、驴、骡、骆驼等各种牲畜70余匹，车轿20余乘，大小船只29艘，房屋30余栋。这么多的内容，在古画中是少有的。但是，由于作者布局合理，安排巧妙，笔法细腻，既注意了画卷的整体性，又突出了中心主题，避免了平铺直叙，使人观后并无杂乱繁琐之感，达到了"咫尺之内，体百里之回"的高度艺术效果。这充分反映了张择端对当时社会生活深刻的观察、体会和高度的艺术修养。

"靖康之难"后，北宋宫廷画家作鸟兽散。张择端再次沦落民间，南宋的宫廷画师名单中也没有张择端的名字，千古一名家，后来只得用"不知所终"来形容他的后半生了。

汴京记忆诉兴亡

从龙亭湖午门广场前行至御街,西侧矾楼前有一石碑,镌刻有刘子翚的一首《汴京纪事》:"梁园歌舞足风流,美酒如刀解断愁。忆得少年多乐事,夜深灯火上矾楼。"这首绝句会让人对那些风流歌舞、那些醇厚美酒、那些为赋新词强说愁以及欲说还休的青涩产生无限遐想。刘子翚一定很逍遥,很不羁,他一定见证了汴京的繁华,他一定融入了矾楼的华美夜生活……多年之后,回忆起当年的京城故事,最为难忘的依旧是"夜深灯火上矾楼"。

刘子翚是谁?他的作品为何把东京梦华的记忆和怀念故都的情思以及寄托兴亡的历史融入其中?

家国沉浮记汴京

刘子翚,字彦冲,号屏山,又号病翁,建州崇安人。"学者称为屏山先生",朝廷赠以太师,追封齐国公,谥为"文靖",《宋史》有其小传。他见证了北宋末年的政治文化,经历了大宋南迁的现实历史。宋代政治昏庸,但是文化却是走向了顶峰。社会的震荡深深撞击着士大夫阶层的身心,在家国沉浮,社会变迁的大时代中,当年曾经集聚在北宋汴京的文人也随王室南渡而心力交瘁。刘子翚以诗人和大儒的双重身份,在历史的洪流中完成了个体的蝶变,终

一下雪开封就成了汴京

成南宋一个代表性文化符号。刘子翚生于宋徽宗建中靖国元年（1101）的三月初七，曾祖刘太素师从《春秋》学大家胡瑗，胡瑗的《春秋》学后来成为刘氏家学。刘子翚与其兄刘子羽又曾受学于另一位《春秋》学大家胡安国。少负奇才，不到弱冠之年的刘子翚就入太学学习了。当时，通过太学入选走上仕途基本上是一条比较稳妥的道路。在太学学习期间，他被二程理学深深折服。太学毕业后不久，金兵进犯，于是刘子翚毅然投笔从戎，他以父荫授承务郎，到真定府做幕僚。宣和四年（1122）他随父亲抗金，曾亲眼见证了金兵入侵之后，百姓流离失所、家园荒废、满目疮痍的惨状。

靖康元年（1126），宋金鏖战进入胶着阶段，当时刘子翚的父兄都征战在抗金的战场上，亲人安危，国家危亡，亲情与民族情感都交织在一起，25岁的刘子翚写下了《靖康改元四十韵》，诗中充满了对金国违反海上之盟的痛恨："肉食开边衅，天骄负汉恩。阴谋招叛将，喋血犯中原。"同时也流露出对北宋王朝割地求和、软弱态度的不满："横磨非嗜杀，下策且和番。割地烦专使，要盟胁至尊。"他渴求有志之士慷慨杀敌，报效祖国："短衣求李广，长啸得刘琨。"但是，有心杀敌却无力回天。宋军兵败如山倒，金人很快就占领了北方广袤的土地，直逼汴京城下。靖康二年十二月，汴京城陷。时年27岁的刘子翚，不仅经历了国破之殇，更经历失去亲人之痛。刘子翚的父亲刘韐当时作为使者，肩负使命到金营议和，金人对他威逼利诱，遭到他义正词严的拒绝，刘韐大义凛然地说，"偷生以事二姓，死不为也"。他给孩子刘子翚等人写好遗书遣人送回，自己从容更衣沐浴，跪拜南方之后，自缢身亡。对于父亲的为国殉节，刘子翚十分痛恨金人，他的世界从此没有了颜色，"丁忧"3年，他"哭墓三年"，愤而写下了《汴京纪事》组诗20首。

魂牵梦萦是开封

《汴京纪事》组诗全部由七绝组成，每首集中写一件事，以靖康之变为叙事中心，以都城汴京为写作背景，前7首主要写汴京沦陷后的现实，后13首侧重写汴京往日的繁华旧事。刘子翚用简练、形象、生动的诗歌语言再现了这段令人痛心疾首的历史画面，描写了汴京沦陷之后的惨状，字字血、声声泪，抨击了误国的佞臣和金兵的南侵，表达对国家民族命运的深切忧虑。

刘子翚的汴京是他从小到大一直向往的汴京，他的抱负与志向都在这座城市。汴京对于他而言还是他父亲、兄长用生命来守卫的固若金汤的都城。汴京对于他而言还是他少年时代交游、青年时代求学的繁华胜地。汴京记载了他最美的青春年华，留下了他最纯真的情愫和成长足迹。离开后，再也没有一座城，像汴京那样叫人魂牵梦萦，叫人想起就心疼，想起来就黯然神伤、泪流满面，就算仰天长啸后仍不解的依旧是浓浓的乡愁。27年的山河岁月，27年的生生死死以及爱恨情仇都留给了繁华的汴京，都留给了远去的中原故都。任凭铁塔风铃摇曳，任凭相国霜钟凝重，任凭汴水暗夜惊涛，任凭如水月光照耀州桥。刘子翚以一个人的视野，以一个文人的家国情怀书写了时代的最强音，《汴京纪事》一次一次被人吟咏出中国好声音。

汴京是刘子翚心中的痛，从繁荣鼎盛的东京梦华到城春草木深的国破家散，汴京无疑存在刘子翚心中最为软弱的地方。那时的汴京是"宫娃控马紫茸袍，笑捻金丸弹翠毛"，如今却是"凤辇北游今未返，蓬蓬艮岳内中高"。艮岳曾是北宋豪华的园林，无论当年的皇帝如何奢靡，但是那些城市的地标依旧竖立在人们心中。皇帝被掳到北国了，富丽堂皇的艮岳已经荒芜一片，蓬蒿高长了。万千感叹，凝于一言。"万炬银花锦绣围，景龙门外软红飞。"景龙门为汴京著名的城门，每年元宵佳节，宋徽宗就是在这里游赏玩乐。景龙门的花灯异常华美，都城市民熙熙攘攘游赏其间，天子与民同乐，日夜沉浸在"锦绣围""软红飞"的富贵之乡，纵酒酣歌，消磨岁月。如今再回首，依旧的当年明月夜，却不见当年旧时人。昔日繁华已经成为过眼云烟。刘子翚刻意将一段美好的汴京岁月感悟成诗句，让文字的温度传导给我们当年的记忆和往事。

"辇毂繁华事可伤，师师垂老过湖湘。缕衣檀板无颜色，一曲当时动帝王。"名妓李师师，因她与亡国之君宋徽宗有密切的关系，又加上《水浒传》中说她与水泊梁山的宋江也有关系，于是便成了宣和年间一个人人皆知的风流人物。正史不屑于提到她的名字，但是刘子翚却在《汴京纪事》组诗中专门写到了她。李师师色艺双全，貌若天仙，同时琴棋书画无所不通。文人的笔记小说中记载着她与不少文人的交往，如张端义《贵耳录》、张邦基《墨庄漫录》，都记载了她与大词人周邦彦、晁冲之的来往和诗词酬答。

靖康之难后，"师师垂老过湖湘"，依旧风华绝代，依旧风韵犹存，缕金檀板与之相比都无颜色。参阅历代笔记小说，不少说法与刘子翚的记载十分吻合，如《青泥莲花记》云："靖康之乱，师师南徙，有人遇之湖湘间，衰老憔悴，无复向时风态。"张邦基《墨庄漫录》书中称李师师被籍没家产以后，流落于江浙一带，当地的士大夫邀请她歌唱，但李师师已"憔悴无复向来之态矣"。刘子翚的诗歌借歌妓李师师前后遭遇的变化，寄托家国兴亡之感慨。

记录时代成史诗

作为朱熹的老师，刘子翚不但是南宋知名的理学大师，而且还是一位才情横溢的诗人。当代学者钱钟书先生称朱熹是"道学家中间的大诗人"，而称刘子翚是"诗人里的一位道学家"。钱钟书在《宋诗选注》中写道："假如一位道学家的诗集里，'讲义语录'的比例还不大，肯容许些'闲言语'，他就算得

历史上著名的白矾楼

道学家中间的大诗人，例如朱熹。刘子翚却是诗人里的一位道学家，并非只在道学家里充个诗人。他沾染'讲义语录'的习气最少，就是讲心理学伦理学的时候，也能够用鲜明的比喻，使抽象的东西有了形象。"

刘子翚一生留下了很多文字，《屏山集》20卷，其中仅诗歌近10卷，715首。刘子翚去世后，他的孩子把刘子翚的著作整理结集，可惜没有得以刊行。后来，经朱熹整理之后，《屏山集》才得以刊刻成集，流传于世。刘子翚诗歌造诣颇高，风格比较清爽明快，《四库全书总目提要》称其"古诗风格高秀，不袭陈因"。尤其是五言古诗，"幽淡卓练"。刘子翚从不同角度反映出世事巨变、家国沧桑的现实，并寄托了深沉的感慨。刘克庄称其诗歌"叙当时事，忠愤悲壮"。足见其爱国之情的忠贞赤诚、深沉厚重。其《汴京纪事》诗20首，堪称一代兴亡史的诗史，当时就在金兵占领区和偏安一隅的南宋版图上广为流传。在南宋理宗宝庆年间，有人将刘子翚《汴京纪事》之七中的"夜月池台王傅宅，春风杨柳太师桥"一句，改为"秋雨梧桐皇子宅，春风杨柳相公桥"，以讥讽当时奸臣史弥远，而使陈起、刘克庄、敖陶孙、曾极、赵汝迕等5人都因此受到牵连和严惩,在中国文学史上形成了一场典型、罕见的"诗祸"。可见,刘子翚的诗歌在南宋还是很有影响力的。

刘子翚的诗歌特别是《汴京纪事》组诗,展现了汴京沦陷前后的众多历史事件的风貌,历来为人瞩目。清人翁方纲推崇说:"刘屏山《汴京纪事》诸作,精妙非常。此与邓拼榈(邓肃)《花石纲诗》,皆有关一代事迹,非仅嘲评花月之作也。宋人七绝,自以此种为精诣。"八九百年来,他的《汴京纪事》一直广为流传。

KAIFENG
THE BIOGRAPHY

开封传

河底日隆堤日高　黄河竟是天上涛

第七章

千载金汤拥上流,只今惟有荻花秋。
江南客子笑无语,闲看黄河绕汴州。

——元 陈孚《黄河》

天上曾闻玉辇过,金城千里带黄河。
凤凰一去蓬莱苑,雁鹜群飞太液波。
灯火楼台空市井,风云冠盖尽丘阿。
惟余画角声中调,犹是流沙碛里歌。

——元 李准《登汴梁城》

汴州城作鱼龙屋,汴州人葬鱼龙腹。

——清 盛熙《过汴感赋》

王府遗址新地标

开封龙亭一带，最初为唐朝宣武军节度使李勉的衙署，五代后梁改建为建昌宫，后晋改为大宁宫，后汉、后周以建昌宫为皇宫，北宋建都开封，以此为皇城大内。金建皇宫于此。元灭金后，皇宫遂废。《马可波罗行纪》中记载了元代开封的繁盛："南京是一大州，位置在西。居民是偶像教徒，使用纸币，臣属大汗，恃商工为活。有丝甚饶，以织极美金锦及种种绸绢。是为一富足之州，由是一切谷粮皆残。"这里的南京指的是开封，金改东京为南京，1288年，元改南京为汴梁。

皇宫遗址建王府

1378年，朱元璋的第五个皇子朱橚分封开封，第二年在金代故宫基址上修建周王府，史载"九里十三步"。

周王府遗址曾经沉睡数百年，1981年春，当时的开封市城建局园林处龙亭公园将潘湖水抽干，在进行挖土堆造假山的施工过程中发现了大量的龙纹瓦当、滴水、绿釉板瓦、筒瓦和青砖等建筑构件。河南省文物研究所（今河南省文物考古研究院前身）、开封市博物馆联合组建成开封宋城考古队（今开封市文物工作队前身），对周王府遗址进行发掘。开封市从1981年至1986年先

巍峨高大的龙亭大殿

后4次对遗址范围内进行发掘,清理出大中型的房址和门址、廊庑、院墙、亭子、花坛、水池、排水设施等遗迹;遗址内普遍发现有大量的砖瓦、滴水、勾头、吻兽等建筑构件,其中部分滴水、筒瓦均为琉璃质,且上饰龙纹。另外还出土有数百件的铁锅、瓷碗、瓷盘、瓷碟、酒盅、花盆、铜镜、铜钱、钥匙、骰子、玉佩、香炉、桌椅、床等与生活息息相关的物品,其中有10余件青花瓷盘上还有"周府上用"的字样。

600多年的历史变迁,连周王府如今也在地下掩埋,而周王府的夜夜笙歌、丝竹管弦却穿越时空,回荡在线装的书籍和石刻的文字以及帝都的传说之中。

周王府的内城叫紫禁城,墙高5丈,上有垛口,四周有城壕环绕,四面有门,"南门曰端礼门,北门曰承智门,东门曰礼仁门,西门曰尊义门"。周王府内还建有豪华精美的园林。紫禁城有一外围,称"萧墙"。萧墙四周开有4座墙门。南曰午门,东曰东华门,西门曰西华门,北门曰后宰门。这4座门修成殿宇形制,斗拱俱用铜丝网罩,名为枫衣。下有白石一方,名曰足食,取丰衣足食之意。各门都极宽敞伟丽、碧瓦朱门、九钉九带，犹如皇家一般。

和历代王朝的建筑一样，在这座威仪万千的周王紫禁城中，也修有妍姿绰约的王家宫苑。在这些宫苑中，最大的是紫禁城后的一座煤山，上有亭阁花石，是周王府初建的时候修筑的一座土山。山高5丈，遍山植以松柏，常年青翠满目。山上立一碣，上写"八仙聚处"4字，意为神仙洞地，人间胜境。山下有湖曰"洼池"，湖光山色，秀丽异常。又有湍水涌激，水中浮有二球，急水冲动，二球上下跃腾，名为"海日抛球"。湖边沿岸遍修水亭，无数楼台舞榭，烟柳画坊，倒映水中，影楼相对，上下曳动，疑是仙界风景。各样游乐之处，无数奇花异石，遍布于园内重峦叠嶂之中，览之不尽。山坎处，就山依洞，有女尼诵经，木鱼有声，香烟缭绕，俨然是界外仙境。园内又多养飞禽走兽，随处可见鹿羊抵触、禽鸟展翅、猛虎作威、鹤舞莺鸣，数不尽的风光柔情。每于暮春3月，暖律喧晴，万花争出，芳草如茵，燕舞晴空，湖中微波寥寥，宫中佳人，新愁易感，旧恨悬生，轻展玉喉，画桥流水处丝篁隐动，歌韵清圆，侈靡相尚。

除煤山外，又有寿春园，也叫百花园，位于萧墙之内，紫禁城礼仁门之外，为周端王世子恭枵所建，时在晚明。此园本宋徽宗御花园艮岳故基，修建时地下刨出宋时石碣可证。东边低洼处，修建高台，台上建亭，高二丈许，此亭可视内宫之景。

曾经沧海难为水

朱有燉贵为藩王子弟，锦衣玉食，享尽人间富贵，最终凭借文学创作留下了一树繁花。周藩是一个庞大的权贵集团，他们完全控制了开封的经济文化政治和生活各个层面。明代开封王府林立，竟然有12家之多，全是周藩子系。周王府开封人称之为老府，所以现在新街口一带还有老府门的叫法。周定王朱橚曾因参与皇位的争夺失败被建文帝废为庶人。《如梦录》记载："形家者言：毁银安殿所以去龙心，拆唱更楼所以去龙眼，定四角石所以制龙爪，堆土作台所以克水，使龙不能飞腾。东华门不许开，谓之文官闭口；拆尊义楼谓之武将去头。"朱有燉在这次政治遭遇中备受挫伤。虽说后来朱有燉袭封王位,他的心灵依然存在伤痕。

在这样险恶的环境下,历经坎坷的朱有燉深自韬晦,敏行慎言。开封丰厚的文化积淀与多姿多彩的历史遗存给朱有燉的创作提供了更多的素材和土壤。为改革杂剧,朱有燉做过一系列的尝试,成绩斐然。如,在结构处理上,朱有燉采取虚写手法,避免同类场景的重复、摆脱人物过多的写实场面、省略舞台装置。朱有燉还在杂剧中继续元代沈和甫试验的南北合套。过去杂剧只用北曲,但南曲的委婉却为北曲所不及,南北曲的并用,对刻画不同人物的性格与感情的变化,是有积极作用的。这一系列的改革,都收到了较好的效果。特别是南北曲并用,开启了嘉靖间徐渭创制南杂剧的先河。

王世贞说他所作杂剧,音律颇谐,"今中原弦索多用之"。回望历史,在开封这块土地上多少王侯将相在昙花一现之后消失于历史的长河中,反反复复不如一粒沙。而周王府最后留存下来的不是权力、富贵,宫殿在龙亭湖下,万千美人终作土,一抹斜阳之下,任文人骚客们凭吊。传承下来的终归是文化,这个死后谥号"宪"的王子朱有燉,生前在一盏离愁、一树桃花之后,阅尽人间繁华、看破红尘,潜心戏曲创作,终于修成正果。

风水宝地龙亭起

明末的诸多王府已像一群步履蹒跚的老人,气数将尽,再也无力推动古城开封的发展,昔日勃勃生机的数代京师,已日暮途穷。终于,明末的一场大水使72家王府一朝瓦解,尽入地下,只留下周王紫禁城中高耸的煤山(即今龙亭位置)雄踞古城,作为开封兴亡盛衰的见证。

清初,河南当局曾在这个地方修建河南贡院,因地面低,渐有积水,加上老百姓经常在这一带挖土找宝,"渗入院,宣泄无由",原址成了废池,遂成了两个大水坑。公元1841年,黄河在开封决口,水围城垣之后,长期汪洋。常茂徕记云:"蹰旁积水,一望无际,皆宋明时宫殿废址,有人于此刨古器物……自道光二十一年，黄河决口，水浸入城，龙亭左右，水深丈余。"清初，不少居民或在此掘挖器物，或于此取土他用，旷日弥久，地势更为低洼；道光二十一年大水淹城后，就形成了龙亭前的潘杨二湖和西北区的大面积水域。后来就形成了潘杨二湖，现在称龙亭湖。漫步湖畔，湖边皆景，烟柳满目，丛花烂漫；鸟鸣高枝，鱼翔浅底。暮色渐浓，湖上画舫华灯初放与景区灯光交替闪烁，映照水中，宛若朵朵绚丽的花朵。断桥的波纹，杨柳的青翠，湖水的清澈，那都是一种生命力的张扬，一种个性美的傲然。杨柳的婀娜多姿、堤石的宽容厚重，龙亭湖畔的每一棵树都是一段故事、每一块石头都是一个故事，都有一段传说。

如果不是亲眼所见，还真不知道龙亭一带自古就是风水宝地啊。嘉庆五年河南布政使马慧裕撰《增修龙亭碑记》称："古者建邦设都，必审形势，而神道设教，亦所以安斯民……形家之言曰，中州为天下之腹心，而祥邑为省之间奥，平旷四达，以水为龙，自亥入首，六龙聚会，必高阜为主宰，以洁岭振纲，左铁塔而右鼓楼，龙亭适居中近丘，应元武之位，控制左右，领袖八方，亭高三丈六尺，石阶七十二级，上应天象，盘石在西，铁鼎在东，石桥南跨以通呼吸之气；铁牛北镇，以司水土之权。昔人创造，井井有法，大豫省负河为固，河庆安澜，则民生赖矣，斯言也。"

康熙三十一年（1692）在煤山旧址上建万寿亭，"台端初建万寿宫，左右有斋房，为正贺朝贺之所，嗣及改为庙宇，金碧焕映，超瞩巍然，俗所谓龙亭者是也"。雍正十二年（1734）河南总督王士俊在此扩建万寿宫。专门作为节日大典向清朝皇帝遥拜朝贺之地。宫前修有长180丈的驰道，道两旁"环以碧沼，若蓬瀛焉"。乾隆十五年（1750）后重大节日改在行宫，万寿宫为道教所据，改名为万寿观。雍正十二年把万寿亭扩建为万寿宫。清顺治十六年（1659）在此设贡院，作为考试举人的场所。因院内渗水过甚，雍正九年迁往新址（今河南大学）。1925年，督军胡景翼复加修葺，改名龙亭公园。1927年冯玉祥主豫，毁神像遣散道士，将真武殿拆除，正殿改作中山纪念堂，改龙亭公园为中山公园。

1953年开封市政府将残破的龙亭整修一新，重新开辟为以古迹游览和水

今天的龙亭公园已经成为开封旅行的打卡地。

上活动为主题的文化休闲公园。

皇城地标重矗立

龙亭是开封的地标建筑，也是开封市民骄傲的皇城遗址。1994年7月，龙亭大殿基座后墙坍塌，牵挂着百姓的心。全市人民心急如焚，希望新的龙亭大殿能早日雄立在古城。一场自愿自发的爱我开封、修我龙亭的行动在古城开封轰轰烈烈地开展起来。短短3个月，共有32440人、60家单位为龙亭修复工程捐款100.1万元，占整个修复工程款的近一半。龙亭大殿修复工程历经100个不眠之夜后完美竣工。

千年地标承袭帝都龙脉，古老龙亭凝聚皇城王气。龙亭，是开封的标志；龙亭，是古都的象征；龙亭，是优美的传说；龙亭，是历史的沉淀！

千年龙脉延续大宋王气，离尘不离城，静而悠远，宁静、和谐、内秀、幽雅的古典气息，在湖语绿意间，聆听花开的声音；在灿烂阳光里，细味天空的静谧。在烟火气的城中，观湖、观景、听雨、听风，是心灵的一种净化。一杯菊茶的芳香，一泊湖水的平和，偶尔回想起那些青春的故事，那些少年的感伤，那些尘世的喧嚣，每望见帝都的新地标，仿佛风吹过、雨走来，尘世生活的烦恼与忧愁都消失于湖畔，消失于心的止泊。

于谦铁犀镇河妖

铁犀真身在这里

黄河柳园口段,让人记忆最深的是镇河铁犀:高大的台座上端坐着威武的铁犀,独角冲天,面对黄河,卫堤镇河保安澜。许是先入为主的缘故吧,人们会以为这尊犀牛就是明代于谦所铸。附近一牧羊的村民说,铁牛村还有一个比这还老的铁犀。一句话让我心里很是挂念,于是决定前往寻找。

出了开封市安远门右拐,经过一个路口,前行一段再往东南方向走大约2.5公里,就可以看到一个村庄,大概在铁牛村的东北角,一个3亩见方的院子跃入眼帘。蜿蜒起伏的波浪线条的院墙,中间是大门,没有标牌,无人把守,院子里荒草遍地,门楼内不远是闲卧在地的石狮,院子东侧有一座亭子,镇河铁犀就在那里。

这才是真实的铁犀,是历史文物,旁边有1963年河南省人民委员会公布的河南省文物保护单位石碑,这是于谦铸造的铁犀。

铸造铁犀攘灾祸

于谦任过山西道监察御史、江西巡按御史等职,曾随宣宗朱瞻基平定

开封涧水河畔的于谦塑像,纪念他守护开封惠民为民。

朱高煦的叛乱,在斗争中初步显示出了干练之才能与廉洁之作风,颇受朱瞻基欣赏。

宣德五年(1430),河南和山西等地发生灾荒,宣宗皇帝钦点于谦,任命他为兵部侍郎兼河南巡抚、山西都御史。

于谦是独自来到任上的,生活由仆人照料。他以诗明志:"人生天地间,一苇浮江河。富贵与功名,倏然浮云过。"于谦注意了解民情。他在抚院门前立了两面木牌,一面写着"求通民情",一面写着"愿闻利弊"。他"轻骑遍历所部,延访父老,察时事所宜兴革"。黄河河务是当时河南地方官的重要职责之一。自金代明昌五年(1194),黄河在阳武决口改道之后,开封就成为濒河之城,这里百姓饱受洪水肆虐之苦。从洪武至永乐的50多年间,仅在河南境内即溃决16次,其中有12次是在开封附近,最大一次是永乐八年(1410)秋天,"河决开封,坏城二百余丈。民被患者万四千余户,没田七千五百余顷"。

身居两省巡抚高位,于谦对黄河水害不敢懈怠,令沿河军民厚筑堤障,多方修葺黄河大堤与开封护城堤。沿黄河大堤每隔一里,设置一亭,亭设亭长，负责率领民众修守大堤，防河溃决。但是黄河丝毫没有改变它肆虐的天性，大小水灾仍不间断。于谦到河南后的第二年，即同河南布政使发动民工疏浚了从祥符县至仪封黄陵冈的黄河淤道，大大减轻了黄河在开封附近溃决的危险。1439年，黄河决口，大堤冲毁，开封城危急时刻，于谦"告天，誓以身殉，投以所御公服，躬督筑以捍，其患遂弭"。（参见胡谧《庇民祠记》）于谦还十分重视黄河堤防的安全，命令沿河各州县厚筑堤障，堤岸上广植树木以固堤基，堤上每5公里设置"窝辅"一个，由专人驻守，加强巡视，发现堤岸有损毁坍塌随即修补。于谦还下令在开封城西、北、东三面筑起长40多里的护城堤，"护城堤，离城三里，一名三里堤，北接金村，远城周围抱东南直抵苏村，盖前代筑以防水者，后被水冲圮"。（参见李濂《汴京遗迹志》卷7）今天依然可以看到并使用的护城堤就是于谦当年修筑的。在于谦的精心督治下，自宣德五年至正统十二年于谦在河南的18年里，黄河在河南境内仅溃决3次，而开封附近则未曾溃决一次。

传说，战国时期李冰治水开凿都江堰时，曾以牛为化身，征服了江神。1446年5月，于谦命工铸造铁犀，以镇水患，督铸此铁犀置于河堤，并建回龙庙，以攘灾祸。

"铁犀有二义焉：铁者金也，为水之母，子不敢与母斗，蛟龙咸畏之。铁犀即牛也，牛坤畜坤为土，性能克水。昔李冰治蜀江亦作犀以镇之，而勒铭其上。于公之为此，盖仿古人之遗意云。"（阎兴邦《改建铁犀镇河庙碑记》）

惠民德政百姓念

崇祯十五年（1462），河决犀沉庙毁。清顺治年间，铁犀又被掘出。康熙三十年（1691），巡抚阎兴邦重修庙宇，三进院落，占地100多亩，改名铁犀镇河庙，撰《铁犀铭》镌刻于石，立于庙内。于谦调离河南之后，开封人民感恩其惠民，思念其德政，就在城内马军衙桥西原于谦办公地点旁建立于谦的生祠，内奉于谦肖像，把他与土神、河神并祀，称为庇民祠。于谦去世后，又在南熏门外许忠节祠右侧建褒忠祠。成化年间重建庇民祠时，河南左参政胡谧所写记中有一段精彩议论："嗟乎，有官在治而人称颂之、崇奉之，固其有以得民，然非阿则瞮，未必皆诚也。惟夫既去而犹思，既没而益慕不忘者，然后见其得民之心之诚且笃耳"。（参见胡谧《庇民祠记》）大意是，人在官位上得到称颂和崇奉，尽管和他的政绩有关，但因慑于他的权力，未必出自真心。而当那人离开了官位，特别是故去后，仍得到人们的思念和不断追慕，肯定地说这是发自内心的真诚。清代康熙年间河南巡抚阎兴邦亲撰《改建铁犀镇河庙碑记》说："则公之为大梁计安全者，可谓防之周而虑之密矣。大梁之人宁得不子子孙孙思公如一日哉！"

镇河铁犀

自从于谦铸造铁犀，神器就一直稳居于铁牛村。铁犀依旧在，几度夕阳红。时隔15年之后的1416年，"七月初四日，河决汴梁土城，初六日复决砖城，北城中水深丈余，官舍民居一空，藩府官眷各乘筏避城外高地，民死者无算。"黄河威力无穷，经常决口。崇祯十五年，黄河泛滥冲毁了回龙庙，镇河铁犀被洪水挟带的泥沙深深掩埋在地下，庙毁犀沉。李自成攻打开封的时候，采用"万夫移犀""千锤百锻，声闻十里"，用了十天也没能损坏铁犀的全身，"仅于左肋少穿一穴"（《改建铁犀镇河庙记》碑），真正应了铁犀背上铭文："百炼玄金，镕为真液。"阎兴邦在《铁犀铭》中说："巍巍者犀，铮铮者铁；以卫金堤，以丰玉粒。"果然如此，不是一般人所能损害其金刚之躯的。道光二十一年，黄河又决，庙毁犀存。后来，在这处遗址中曾经挖掘出很多砖瓦木料和神胎，现存的铁犀和石碑都是从地下出土的。1940年，侵占开封的日军看中了铁犀，把它掠至开封城，先是安放在文庙，欲销毁熔铁制造军火，铁牛村村民奋力抗争，最终买通了办事人员，才使铁犀躲过劫难，再回故里，仍然矗立在铁牛村。

每年的农历四月初八为回龙庙庙会，烧香3天，每天唱戏，此庙会后来演变为"小满会",此庙香火甚盛。铁牛村村民爱铁牛,"铁牛不能离开铁牛村"。

至今,铁犀身上还有数枚洞眼,不知是李自成钻的还是日军钻的。20世纪90年代初,开封市为发展黄河旅游事业,拟将铁犀移往风景游览区,但铁牛村村民坚决不同意搬迁。相关部门尊重民意,按照原犀翻铸一尊,从此开封有了两尊铁犀。真犀与两通古碑留在铁牛村,新铸铁犀则放置于柳园口黄河游览区内。郑州市黄河游览区花园口将军坝西侧也安放了一尊铁犀,也是开封铁牛村这尊铁犀的"化身"。在杭州西湖湖畔的于谦祠里,有一尊开封铁犀的复制品,扬州大运河博物馆也有一座铁犀。全国5尊铁犀,但真身只有一个,就在铁牛村。

"若今汴氓祀公治水之一绩,殆将以基国家秩公命祀于百世矣乎。"(参见胡谧《祭少保于公文》)于谦所铸造的铁犀成了一种寄寓美好愿望的实物载体,今天不仅仅是文物价值,更是具有纪念意义。

水淹开封城毁灭

无数次经行大梁门，无数次感慨万千。

它曾经屡经战乱和风雨水患，从辉煌到破落不过是一场水、一把火或者一面旗，没有谁想过它的感受，其实它也不需要被人念想。我仰望的这道城墙根基依然是北宋的城墙。如果不登上城楼，如果不东西远望，是听不到城头士兵大旗的猎猎声，是看不到攻守双方的刀光剑影，是闻不到弥漫硝烟和血雨腥风的。唐代建中二年建筑此门，称梁门，一定是怀念大梁旧都的辉煌，追忆往昔繁华。历经五代十国的兵火，我们从当年频繁改变的城门名称就可以感受到历史的残酷。这座城门，后梁称乾象门，后晋称乾明门，宋初称为千秋门，太平兴国四年9月改为阊阖门。阊阖原指传说中的西边的天门。王安石《别谢师宰》诗："阊阖城西地如水，鸡鸣黄尘波浪起"，说的就是这座城门。

开封，李自成伤心之地

《古今图书集成》记载，洪武元年重筑的开封府城，周长20里195步，高3丈5尺，广2丈1尺，这是在宋代里城的基础上修筑的城墙。明代开封的规格是陪都，环城修"敌楼五座，俱有箭炮眼，三方四正，十六邪"。据《如梦录》记载，还修有"大城楼五座，角楼四座，星楼二十四座"，修

李自成攻打开封，一只眼睛在大梁门被射瞎。

有"样铺十座，窝铺五十四座，炮楼十座，周围四千七百零二丈，垛口七千三百二十二。"

明开封城墙5座城门互不对应，东面一门偏北，一门偏南，南门偏西，西门正直，北门偏东，称作"五门不对"。如此格局源于时人的一种说法，即汴梁地脉，源自西来，故西门正直。以吞西边河洛过来的王气；而其余4门皆屈曲旋绕，意在使进城的王气不致走失。整个看，明开封城呈卧牛形，西门为牛首，其余4门为牛足，故又称卧牛城。不过，在宋元笔记中也有对宋东京外城以"卧牛城"的称呼。旧说牛为土属，土能克水，取名卧牛城，当可镇河水之患。5门共有铁裹城门50扇，门外有护城河，有板桥供人马通行。5门除安远门通延津外，大梁门通中牟，曹门通兰阳，南薰门通尉氏、通许，宋门通陈留，称为五门六路，八省通衢。

大梁门独对斜阳，占据西出的主干道，虽然不是西出阳关，这道门也是被人避讳的，比如结婚的就要绕过此门，民间认为出西门不吉利。开封人自古忌讳说"出西门"，因西门按昔日五行五色说：西方白色属金白虎也，白色与金为凶犯杀（煞），称丧门，故昔日犯死罪被砍头者是出西门的。

明末李自成三打开封，明军据城拼死抵抗，开封城墙成为双方激烈争夺的主要战场。今天，每次经过城墙附近，遥望那一字排开的炮台和城垛，感慨那块块厚重的青砖，他们曾经目睹过脚下的惨烈战事，历史变迁、硝烟弥漫的时代风云都一一看在了眼里。

西门，曾是李自成的伤心之地。早在明末，李自成就开始在开封"深挖洞"了。农民起义军在开封西门附近开挖城墙，从地下挖洞，想打通城池。谁知守城官兵从上面挖洞，双方打通洞口之后便发生了诸多激战。姚雪垠的长篇历史小说《李自成》里面有这样的描述："到黎明时候，城头的竖洞已经同城下义军的大洞接通。竖洞是一层一层往下缩小的，最上层的直径有一丈开外，上面可以站立许多人，往下变成八尺，再往下变成六尺、四尺，到最下面与大洞接通的地方，最粗的直径只有一尺。这时竖洞就十分难挖了。起义军在大洞里面抵抗很凶，同上边互相对打。城上不断向下投掷石头，又用长枪向下戳……"结果那一次李自成不但没有把固若金汤的开封城攻下，而且在1641年的2月17日他的左眼在开封西门外被人射瞎。《大梁守城记》记下了该事："围城时，（曹太守）身任西门右所总社，日则出城打仗，夜则守城。军中削竹为箭，其大如箸，略长一两寸，铁镞如锥。刻木为槽，安放于中，引弦激槽，其箭可射三百余步。闯围汴时，满城放箭，遂中贼目，实用此箭。究不知为何人所射……"《明史》说是总兵陈永福射中，"永福射自成，中其左目，炮毙上天龙等。自成大怒，急攻之。开封故宋汴都，金帝南迁所重筑也，厚数丈，内坚致而疏外"。农民起义军用火药来引爆，炸开后就向外辐射，破砖破瓦纷飞作响，农民起义军的骑兵被打得焦头烂额，搞得李自成十分惊慌。正好杨文岳的援兵又赶来，李自成于是就撤围，败走西门。

固若金汤，抵不过大河汤汤

开封城墙，固若金汤。

如果不是李自成和官军相继决堤，开封就不会有灭顶之灾。

崇祯十五年（1642）4月，农民起义军又逼近开封，围而不攻，打算坐困开封城。皇帝派出的援军将领和黄河上的驻军相继逃散。朝廷又诏令山东总兵官刘泽清增援开封。高名衡时为河南巡抚，李自成两次围攻开封，他和同僚们坚守开封，等待增援。刘泽清奉命赴援，各部队在朱家寨聚集，不敢进战。刘泽清就说："朱家寨离开封只有八里。我带兵五千渡过南岸，靠着黄河扎营，引黄河水来围着兵营。然后我们依次扎下八个营寨，直通黄河大堤。筑起一条甬道把黄河北面的粮食运到城中当粮饷。那时贼兵已经疲惫，我们可以一次就把它给打跑了。"各军将领一致同意。于是刘泽清带了3000人先渡过黄河过来扎营。又开挖沟渠引黄河水环绕在军营四周，想依次扎下8个兵营直抵大堤，甬道没筑起来，农民起义军过来争夺，双方相持了3天，各有伤亡。刘泽清就拔营回去了。

10万援军不敢越黄河半步。

这个时候，城内粮食吃完了，中秋节后"十室九空""万灶皆冷"，户闭路断，人自相食。

"五月开门放人出，六月闭门防人逸。将军密计抚军领，肥瘠皆堪充军食。"（王紫绶《大梁宫人行》）没有吃的，与其放纵民众出城投奔农民军，不如将他们关在城内充当军粮。官军想挖开黄河淹没开封城，又怕伤及自己，一直犹豫不决。听说陕西部队已经向东来了，害怕各镇官兵一起来夹击，又想改变主意。恰好这时有人向巡按御史严云京献计，请决开黄河灌农民起义军。严云京讲给开封守城领导，大家都同意。周王恭枵招募民工在城外修建了一道羊马墙，跟高大的黄河岸一样厚实。农民起义军的营寨连着黄河岸，黄河决口后农民起义军马上就完了，城里却不必担心。官方正在朱家寨挖黄河口时，农民起义军知道了，把营寨转移到了高地上，备了巨船大筏等着，同时驱使几万民工反挖马家寨口淹开封城。《明史》记载"流贼围开封久，守臣谋引黄河灌之。贼侦知，预为备。"农民起义军于是就在其上流不远处的马家寨开始掘堤。

9月14日夜官军在朱家寨掘开黄河南岸大堤。朱家寨口，宽二里多，居河下流，水面宽而水势缓；16日，马家口决堤，宽一里多，居河上流，水势猛，深不可测。两口合为一流，加上天降大雨，黄流骤涨，声闻百里。怒涛千顷，直捣开封。"丁夫荷锸者，随堤漂没十数万，贼亦沉万人。河入自北门，

动漫短剧《微梦大梁门》再现开封城的建筑遭遇黄河水的情景。

贯东南门以出,流入于涡水。名衡、永福乘小舟至城头,周王率其宫眷及宁乡诸郡王避水栖城楼,坐雨绝食者七日……贼浮舰入城,遗民俱尽,拔营而西。城初围时百万户,后饥疫死者十二三。汴梁佳丽甲中州,群盗心艳之,至是尽没于水。"(《明史·高明衡传》)

城内黄水,几与城平,一座千年古城,顿成汪洋泽国。《汴围湿襟录》载:"水深数丈,浮尸如鱼。哀哉百万生灵,尽付东流一道。举目汪洋,抬头触浪。其仅存者:钟鼓二楼、周府紫禁城、郡下假山、延庆观,大城止存半耳。至宫殿、衙门、民舍、高楼略露屋脊。"城墙只露出水面,四城周围地貌完全改变,河流全被淤没,千里沃土,变成"黄沙白草,一望丘墟"。黄澍在崇祯十六年二月庚午的奏疏中汇报守住经过时说:"汴梁百姓,周土百眷而外,臣七月初旬以点保甲为名,实在人丁三十七万八千有零。至九月初旬,再一查点,抵存奄奄待毙者三万余人耳。"

古马道展示了开封大梁门的历史变迁。

黄河淤积成奇观

官军和农民起义军这次掘口加上大雨汛情,给开封造成了城毁人亡。经过这次大水淹没,清初,开封城内一片黄沙,苇蒿遍地,几乎有20年的时间,盐碱沼泽遍地,人烟断绝。

开封城数次被水淹,城墙是开封人安危的最后一道屏障。黄河在开封境内决口达370余次,其中直接围困开封城的达15次之多。水入护城堤内,但因城墙之阻而未进入城区的,就有10多次。

在大梁门北侧有古马道遗址,在该段城墙地下深约一米处,有一段保存完好、清晰可见的古马道遗迹。在第二层古马道下约50厘米深处,又发掘出一条砖层腐损严重、使用时间较长、年代更为久远的古马道。第三层马道深埋地下近3米,这层马道是1739年清乾隆年间的马道,用了将近百年。道光年间,在第三层废弃的基础上修建了第二层马道,可惜刚刚修好不久,黄河水患便把开封城给淹没了,这两层马道被泥沙淤积在地表以下。1842年重修开封城墙的时候，修筑了第一层马道。3层古马道记载了大梁门的历史变迁和沧桑过往。

从唐代的梁门到今天的大梁门，这座城门走过了1000多年的历史，烟消云散的是诸多历史故事，留下的是历史现场。无论脚下还是地上，我们感触的仍是厚重的文化层堆，在历史面前，唯有心存敬畏，才可以触摸到历史时空的风云……

抗旨保固开封城

1936年12月份出版的《河南博物馆馆刊》第五集，在"史料"栏目中刊发了《迁省说》，没有显示作者是谁，但是从文中的叙述来看似乎是豫省新任的官员。他直接参与了河南省高层关于迁移省会的会谈，是谁已经不太重要了，重要的是知道谁保护了开封城，没有失去省会的地位。

这是道光二十一年（1841）的那场大水。凭我们目前的大脑记忆或者知识储备很难想象当时黄河水围城的情形，省城开封一度沦为孤岛，城墙周围惊涛骇浪，城墙之内，哀鸿遍地。饥饿、恐惧成为另外的不稳定因素。

张湾决口，开封城危急

1841年的3月至5月，河南久未下雨干旱严重，到了6月份，天气突变，猛降大雨。三两天的时间，陕州（河南省三门峡市陕州区）万金滩一段黄河连续涨水至9尺6寸。管辖祥符汛的下南厅官高步升，一早就提出了张湾大堤堤身单薄，不能防御大汛，要求对大堤进行加高培厚，以防黄河猛涨。上级没有批准高步升的请示。决口前群众发现獾洞出水，报告给河南巡抚牛鉴。他乘坐轿子到现场，用秸草和铁锅堵漏洞失败后，就脱下黄马褂来堵，也没成功。

6月16日，下南厅祥符上汛三十一堡（张湾村）南岸决口，牛鉴派人雇

开封柳园口段的黄河

上船只，带上钱钞和干粮进行赈救。省城开封迅速遭到大水围困，形势危急，巡抚牛鉴一方面上报朝廷，一方面知会负责河防的官员防御洪水。牛鉴暂驻祥符六堡，调集下游防汛的官员赶紧抢筑河堤。17日，尽管关闭了城门，可南门却为黄河回流所冲进，大水破门而入，在府县官托病不出之际，城内绅士出资募人，经过一天的紧张抢修，才使南门重新堵闭。宋门旁的水门洞，却因河水倒灌，屡堵屡渗，仅在此处用棉被、棉衣、布袋、砖包等以数十万计，才塞住水门。19日，牛鉴乘小船到城下，守城人员放下绳子，巡抚大人攀青砖跨城垛，才得以进城。城门已经堵得严严实实，缝隙处用沙袋挡住避免渗透。护城堤已经有了漫口，官府召集民夫修缮，需金1500两，财政部门不及时发工钱，丁活儿的·哄而散。

城内各街巷已经有了积水，深的地方有五六尺。政府各机关部门都被水淹，藩司粮道衙门未淹，恐慌之下，城市管理出现混乱。一些不法之徒乘机抢劫，牛鉴当机立断，斩首首恶分子示众。张贴布告，严令各商家不得哄抬物价，要确保百姓基本生活物资供应。

牛鉴派兵保护监狱和仓库，调遣官员、士绅在城市分段抗洪，并安排专人采购芦苇席、干粮以救难民。6月21日，开封城已经水灌5昼夜，原本就是盆地,地形处于锅底儿的开封城,此时低洼处一片汪洋。城墙外大水围城,雨水倾盆,日夜不停,城内哀嚎遍地。官府给蜷缩城头和栖于城外树梢的百姓送去吃的。

洪水泛滥,省城危在旦夕

当大水至城下时,势如滚雪,一喷数丈,四面之声,如雷如钟。城外居民躲避不及,溺死无数,脱险入城者,男女露宿城上。城内被淹之处,居民亦登城避难。发水时,加之大雨倾盆,日夜不绝,城内号哭之声相闻。四郊居民淹死者十之四五,附堤居住者皆奔赴堤上,多半不及携带衣粮。其他村落或爬到屋顶号啕,或攀到树上哀鸣,往往数日没有饮食,无人拯救,饿死树上。又或有饿极复投水死者,惨凄不堪言状。《汴梁水灾纪略》序言描述了当时的情景:"全河复注于西北,孤城一线,介于滔灭之旁,祸水四围,竟无福地可处。万顷如扬汤之沸,千声等啼峡之哀,人民同鱼鳖之游,村落尽蛟龙之窟。驱神以入苦海,高庙仅露屋檐,惊鬼而出黄泉,浮棺都悬树杪。加以濛濛阴雨,无晦无阴,赫赫迅雷,如震如怒。"

6月23日,洪水泛滥,3丈高的浪头直冲护城堤向下倾泻,省城危在旦夕。牛鉴派人从各产粮区购买、调运了足够的粮食,以救济灾民。

6月24日,官府带河兵乘舟准备到张湾堵塞漫口。水上行舟数里就遇到了黄河洪峰,但见浪头排山倒海而来,"中有人形突起二丈许,伸两手摆泥沙战战而倒,如是者数十处",舟人大惊失色,大呼水怪来了。开封太守邹鹤鸣凝视良久,说这并不是水怪,水力激地,沙土掀起,反射到空中如有形的物件,这一定是大水来了。果然,水声如雷,连天而涌,直冲开封城西北角。在护城堤内的孙李唐庄分成3股,顷刻包围全城,环城巨浪澎湃,声如雷鸣,官民无不震骇。

巡抚牛鉴日夜守城,城垣之间坍塌者十余次,每次自五六丈至十余丈长短不等,炮台被大水削去3处,险工迭出,女墙被拆除,终能及时抢修完固。一天,城身已被大溜(大溜是指河心的速度大的水流。现代汉语中有"随大溜"的词语，就是源于此。）冲得间断倒塌，十三炮台往下就下蛰30余丈。眼看就要冲垮城墙，绝望之时，料船飞至，兵民奋勇抢修，绝处逢生。

六月底，道光帝收到了安徽巡抚转来的河南巡抚牛鉴的奏报：黄河在河南祥符漫堤，河水以高屋建瓴之势，直冲省城，开封已成孤岛，附近州县均成泽国。（《奏报黄河漫口疏》）7月17日，牛鉴接到圣谕，道光帝要求他多召集人员和物料，抓紧时间维修城墙，"保固省城，责无旁贷"，不能借口水势大，人力难以控制，导致更大的损失。那时的开封城，已经岌岌可危。南城地势极洼，已经多处坍塌，其余墙体因为多日浸泡，也已经变形变酥。上游万锦滩已经连续涨水13次，加上每天阴雨连绵，城内坑塘全部浸水。街道成河，抗洪抢险人员淋在雨中，站在泥里，任凭风吹雨打，不畏艰难，哪怕牺牲自我也要确保省城安全。

躬身入局，督战城头

1841年的大水围城，考验着开封，不但考验建筑的质量，更考验着省城官僚体系的运转高效与否。清朝已经在开封营建200年了，作为中原重镇，开封必须得保。

砖头成为最抢手的资源，开始的时候是放开价格收买，城内卖砖者日多，价格每块12文，每天官府收购10万块砖仍然不够用。后来价格翻倍也供不应求，于是拆破庙、民房、校场、公寓、假山甚至连城内棚板街水道上的石条，一齐弄去强压洪峰水头。河南贡院有号舍11866间，贡院砖被运到西北隅，尽入洪峰。开封城内许多重要的碑刻，都被投入到这抗洪中，要么被冲走，要么长眠于泥沙之下。

牛鉴心里"势同剜肉补疮，实迫于万不得已。"他有些动摇了，明崇祯十五年，洪水将开封全城淹没，城内30余万人口，仅存3万。城内外黄水一片，泥沙弥漫，河南巡抚、开封府和祥符县等官"悉移外州县"，但开封人没有放弃，于康熙元年重建。省城还保不保？如何保？怎么保？一系列问题左右他的心思。河督文冲从一开始就没想保全开封，7月12日，文冲向皇上奏报

273

一折两片，详细阐述了漫口过程并附上示意图，还提到了嘉庆十八年睢工漫口的事例，建议暂缓堵口，缓上一二年，等水性定了再说。奏折称"但墙垣以外四面受淤，城内几成釜底，卑湿难居。即或挽归正河，亦须另择善地，早为迁避。"道光帝被开封城的安危所触动，于是朱批："另有旨。"7月15日牛鉴奏说要不遗余力，力筹保守开封城。他躬身入局，督战城头，考虑砖头轻小，就购买大块毛石以截洪水。

牛鉴于7月15日上奏《省垣水围吃重实情》之折。道光帝开始质疑能否坚守住开封城，"城垣断不能久泡无妨，岂非坐待百万生灵俱归沉没？朕心实有不忍。因思与其拆移砖石剜肉补疮，莫若即所拨库银以为迁徙赈恤之需，着牛鉴等悉心妥酌，剀切晓谕，凡此城内居民各有父母妻子，趁此及早迁徙，以冀生全；如有安土重迁不愿轻去其乡者，亦不可加以逼迫。其文武大小官员兵丁人等，倘至事出危急，亦即随时酌量，就近迁避，不必以城已就湮，因有守土之责，徒作无益之举。"（参见《祥符县志》卷之七）迁移省城显然不是良策，但是考虑黎民百姓疾苦和城池安危，尽管是需要大笔费用迁城，皇帝还是暗暗下了决心。

开封百姓的勠力同心和不怕艰难困苦的无畏精神感动并激励着牛鉴。身为一省长官，他开始改变了自己的想法，虽然在大水面前也曾动摇过。河督文冲以城墙已经残破无法防守为理由奏请皇帝迁城，皇帝寄信给牛鉴，请他妥议，牛鉴上《妥筹迁徙省城疏》，奏请皇帝"迁徙碍难不如防守为要"。7月24日，牛鉴等再次上奏："禀报开封商民自愿效力、踊跃抢险情状，以证民心民力可用。"清廷下旨要求巡抚牛鉴等拿出具体迁徙意见。牛鉴与其他官员协商后，又与开封绅士们反复商讨，最后上报清廷，必须缓议迁移省会一事，否则，守城人心涣散，开封城立刻会再次遭到洪水淹没之灾。

其时，当时朝廷已经计划好了迁移目的地，选中的是洛阳。洛阳也是古都，城阙俨然。无非是花几十万两银子便可以搬迁洛阳，现有的办公场所可以使用，省去了建筑经费。主要局委迁过去，巡抚衙门在哪，那里不就是省城吗？朝廷还有一个担心，怕开封抢险最后城池和财物两空，几十万两白银用在守城上，即便守住了，灾后重建灾民赈济都是无底洞。于是8月3日、4日、5

日这3天，军机大臣连续签发3道字寄，传达皇上旨意，说祥符危机，牛鉴如果守城不保，马上想法迁移，与其坐以待毙莫不如三十六计走为上。但是牛鉴上奏说迁移需要重新评估，百姓不愿离开等等。于是道光皇帝就派大学士王鼎、侍郎慧成，现场勘查拿出具体方案。落款日期是道光二十一年八月初四日。

王鼎和慧成抵达开封抢险现场，马不停蹄进行百姓问卷调查。接待了无数批百姓代表，代表们呈递禀告公文或者请愿书，都不想迁移省城。正所谓穷家难舍，故土难离。哪里好都没有家好。王鼎在道光二年的时候曾经任职河南巡抚，时间虽说只有三两个月，却对开封城的百姓有所了解。他也对开封城有感情，更不想这个中原名城成为废墟。面对百姓的开封情结，王鼎等人深为同情和理解支持。军机处的3道字寄需要答复，"迁固大难，守亦不易"，王鼎极其审慎，对省城迁徙之议不否决，只说应缓议。多次给皇帝的奏章说开封全城士绅商民拥戴巡抚，合力保护城垣，不愿迁徙，"人心固结，防护实可无虞"。开封知府邹鸣鹤上修城垣、浚城濠、筑护城堤、开惠济河4事，王鼎采纳入奏，朝廷于是决定坚守开封城。后来，防守不积极的河督文冲被皇帝谕旨枷号示众，每天跪在大堤之上。反面教材增强了守城人员的斗志。牛鉴曾上奏说情，显然皇上已动怒，没有回旋余地，将犯人上枷标明罪状示众3个月，半天都不可少。

发配途中，林则徐开封治黄河

王鼎是林则徐的良师益友，二人属于生死之交。林则徐在发配的路上，行至扬州时，在王鼎的保举下，以黄河决口事，奉旨改赴开封，以戴罪之身到开封

黄河大堤林则徐纪念馆前林则徐的塑像

与王鼎一起治理黄河。

林则徐在道光十一年（1831）曾在开封任河南布政使，同年12月调任河东河道总督，负责河南、山东两省的黄河治理工作，在治河方面有一定的经验。

林则徐于1841年9月21日到达开封，驻在祥符六堡工地。《汴梁水灾纪略》写道："林公之来也，汴梁百姓无不庆幸，咸知公有经济才。其在河上昼夜勤劳，一切事宜，在资其筹划。"

林则徐一到开封，不顾长途跋涉的疲劳，立即搬至工地住下，协助王鼎办理堵决口事宜。林则徐建议抓住时机开展封堵决口，当即开始组织人力，筹集物料，并与有经验的老河工研究堵决口方案。最后确定：在决口东西各筑正坝、上边坝、下边坝3道坝，从两端向中间开始堵决口；开挖引河千余丈，分流回归故道。"每日五鼓赴工督理，三更始旋寓所"。经过5个月的努力，林则徐率众修筑了从马头到小马圈的大堤，总长8756米，在柳园口合龙。

《重修河南省城碑记》拓片

王鼎对林则徐在治河中的功绩赞赏不已，上奏"林则徐襄办河工，深资得力"，请求赦免流放，予以任用。但清廷无视奏荐，下谕"林则徐于合龙后，着仍往伊犁"。林则徐只得遵旨启程，开封父老洒泪送行，世代铭记林则徐的功绩。

林则徐领导修复了这段河堤，守护黄河安澜，开封人民为纪念林则徐，称这段河堤为林公堤。该堤同原来偏南的河堤相比，向北前进约2公里，故俗称"前进大堤"。又因该堤形似月牙，故人们又称之为"月牙堤"。

经过8个月的苦战，水退。开封城才免受沉溺之灾。"……水落涨消之时，辨树识村，积沙没屋，平皆如砥。"牛鉴冒着抗旨杀头的危险，力保省城开封不迁移。林则徐不辱使命，保全了开封城。生死时刻，人民利益至上，终使开封繁华省城的地位延续了110多年。

黄河归故硝烟起

开封红洋楼位于陇海铁路南侧的民生街。2013年5月，红洋楼以国共"黄河归故"谈判旧址，入围第七批全国重点文物保护单位名单。典雅红洋楼，独立斜阳风姿秀。屹立近百年，静观花开花落，笑看云卷云舒，沧海桑田，历史风云变幻，不变的是它的容颜。小楼历经变迁，从私人公寓到办公用房，风沙吹拂了几十年，每一片砖瓦，仿佛都说出它的尊严。小楼亲历历史，在国共"黄河归故"谈判中，见证了一场没有硝烟的战斗，见证了国民党反动派水淹解放区阴谋的破产……

黄河归故谈判背景

1946年，刚刚经历14年抗战之后的第一个春天，杨花似雪、莺歌燕语，以蒋介石为首的国民政府打着让黄河回归故道的幌子，策划了以水代兵，水淹解放区的阴谋，妄图制造第二个"黄泛区"。为了保护人民利益，共产党一方面同国民党进行黄河谈判，一方面领导解放区人民，轰轰烈烈开展治理黄河的斗争。

从1938年花园口扒口起，到1946年，黄河改道已经8年了。这8年期间，黄河故道堤防，受到战争和自然的破坏，堤坝残破不堪，险工毁坏殆尽。

同时，黄河下游沿岸广大地区是共产党在抗日战争中发展起来的冀鲁豫解放区和山东渤海解放区。沿岸40万军民，在黄河滩上开辟了田地，建筑了村庄，黄河故道已经变成了美丽田园，人力、物力、资源丰富，战略地位重要。要在短时间内完成迁移农舍、保护耕地、修筑黄河大堤各项工作，任务相当艰巨。如果在堤防未及修复的情况下，黄河水如果突然回归故道，势必决堤泛滥，解放区军民要蒙受灭顶之灾。

国民党政府单方面决定堵复花园口的决堤口门，企图在解放区没有修复堤防工程的情况下，制造新的黄泛区。让黄河水回归故道，实质是把地处黄河下游地区的冀鲁豫解放区一分为二，实现对解放区各个消灭的目的，以实现蒋介石宣称的"可抵四十万大军"的黄河战略。

1946年1月，"联合国善后救济总署中国分署"（以下简称联总）专门负责中国区的美籍工程顾问塔德等由开封到达冀鲁豫解放区的菏泽，勘察黄河故道。塔德等停留两天即返回开封。去后不久，国民党中央社就发布消息，歪曲事实，称塔德等的勘察工作受到阻挠，无法顺利进行；同时，国民党政府在报纸上宣布"黄河改道工程能于两个月完成"，企图为其单方面堵口制造舆论。2月，在国民党政府黄河水利委员会领导下，成立了黄河堵口复堤工程局。3月1日，国民党政府在事先未与解放区洽商的情况下，于花园口破土动工，正式进行堵口工程。

中共中央以人民利益为重，同意黄河回归故道，但决不同意国民党政府在下游未复堤整堤，即先堵口后放水的行动，主张先复堤、浚河，并迁移河床居民，然后堵口，不使下游发生水灾；对于蒋介石水淹解放区的阴谋，则坚决揭露和反对。

艰难谈判一波三折

1946年3月23日，晋冀鲁豫边区政府代表晁哲甫、贾心斋、赵明甫等在开封与国民党政府代表商谈堵口复堤问题，4月7日达成《开封协议》。

《开封协议》中商定堵口与复堤同时进行，改变了国民党当局指使下的只

红洋楼，周恩来在开封参加黄河归故谈判下榻于此。

"堵口"、不"复堤"的状况，将"复堤"提到和"堵口"同等重要的地位。条文中"但花园口合龙日期须俟会勘下游河道堤防淤垫、破坏情形及估修堤工程大小而定"，解释起来回旋余地很大。该协议没有完全体现周恩来提出的"先复堤后堵口"的原则。之后，赵守钰和美籍顾问塔德等与中共代表赵明甫、成润共同赴黄河下游查勘，从菏泽到河口实地调查堤岸破坏情况。4月15日返回菏泽，在冀鲁豫解放区行政公署，与段君毅、贾心斋、罗士高等进行协商，并达成《菏泽协议》。复堤、浚河、裁弯取直、整理险工等工程完竣后，再行合龙放水；河床内村庄迁移救济问题，由国民党政府黄委会呈请"行政院"发给迁移费，并请联总、行总救济。《菏泽协议》比《开封协议》有所进展。

4月17日，国民党中央通讯社发出"黄河堵口复堤决定两月内同时完成"的消息。20日，国民党《中央日报》发表消息称："倘黄河汛前不克全部完成堵口工程，（国民党）政府方面实不能负全责。"大有置千百万人民性命于不顾的危险。

5月10日，中共中央发言人发表谈话，指出：国民党当局违背先复堤、

280

浚河后堵口放水的协定，坚持两个月内在花园口合龙放水，这只是借治河为名，蓄意水淹冀鲁豫3省同胞，如果国民党当局一意孤行，人民将采取自卫措施。要求国内外人士主持正义，制止国民党花园口堵口，彻底执行《菏泽协议》。

堵口谈判在开封已无解决的可能，解放区派人前往南京同周恩来一起与国民党政府水利委员会、黄委会、联总、行总等代表进行了谈判，先后达成了《南京协议》、周恩来同塔德的《六点口头协议》，以及马歇尔、薛笃弼、周恩来3人对执行协议的"保证"。6月下旬，内战全面爆发。国民党对堵复花园口更加迫不及待。在向中原解放区发动进攻前3天，他们不顾历次黄河谈判成果，悍然撕毁《南京协议》，单方决定于6月23日进行花园口堵口工程抛石合龙。由于石料不足，加上黄河水涨，花园口违约堵口，除了遭到解放区人民的强烈反对外还有技术上的困难，以失败而告终。

1946年7月1日，冀鲁豫解放区行政公署、晋冀鲁豫参议会、冀鲁豫办事处及冀鲁豫各界联合总会致电周恩来、马歇尔等："希诸先生急派三人小组来汴，监督执行南京协议，一方面阻止抛石堵口，一方面速拨工款、工料及迁徙救济费，以息众怒，而利工程。"（1946年7月1日《冀鲁豫日报》）而国民党当局对人民的呼声置若罔闻。

7月12日，冀鲁豫解放区行政公署委派王化云和赵明甫、杨公素赴开封，对国民党方面和联总提出质问。

王化云等人到开封之后，当晚9点即举行会谈。王化云作为首席代表，强烈谴责了国民党政府黄委会及联总塔德等破坏复堤工程，拖延支付复堤工款，完全置人民群众的生死危亡于不顾，有意违背《南京协议》，施展国民党当局水淹解放区的阴谋。塔德态度十分蛮横地说："你们说我违背《南京协议》、执行国民党阴谋，这是对我的侮辱。中共不同意拆除汴新铁路是同刘峙一样，企图利用该路作军事用途。不同意分流，就是不相信工程技术人员，不与政府合作。"王化云等立即逐条予以驳斥，结果会谈不欢而散。最后，王化云严正声明，如果国民党方面和联总一意孤行，解放区将采取必要的行动，自卫自救，在河道内打一道拦河横堤，不让河水东流。

这次谈判尽管未能达成协议,但对于解放区代表的强硬态度,国民党政府黄委会及塔德却不得不有所考虑。次日清晨塔德即飞赴南京,接着转赴上海,分别向国民党政府和中共代表周恩来陈述了这次开封谈判的情况。为了解决当时迫切的问题,双方商定在上海再次举行会谈。周恩来抓住时机,分别于6月29日、7月8日、7月10日连续3次向马歇尔致送备忘录,希望他出面敦促国民党政府履行《南京协议》,尽快发放复堤所需器材、粮食以及工款。

7月14日下午,周恩来又亲自飞抵上海,同联总的雷易和行总署长蒋廷黻进行了深入的交谈。周恩来于16日返回南京,向马歇尔提出黄河问题应脱离政治、军事以单独解决的主张。他决心通过一切可以争取的方式,以最大的努力,继续为中国共产党,为解放区人民谋取利益。

红洋楼亲历历史

红洋楼由当时北京邮政总局拨款,1917年为河南邮务管理局邮务长及会计长居住、办公而兴建的两座小楼。东红洋楼系当时邮务长阿良西(英国顾问)公寓,规格高于西红洋楼,抗战胜利后为联合国救济总署所在地。

1946年7月18日至22日,周恩来在上海分别同国民党政府和联总的代表进行谈判。谈判到黄河下游解放区粮食分配及救济问题上,周恩来提出:关于具体数字的分配,我要亲自到开封去,听一听冀鲁豫解放区政府的意见,再行商定。

周恩来在上海出席黄河堵口工程联席会议谈判的间隙,为了深入了解实际情况,于7月19日从上海飞抵开封,进一步了解复堤工程进展情况及在汴的联总、行总及国民党政府黄河水利委员会工程技术人员对堵口和复堤的态度。他在会见联总工程技术人员时指出,联总一向以善后救济为主旨,却把分配给黄河堵口复堤工程上的各种设备和运输器材,绝大部分用在花园口堵口工程上,而担负整个复堤任务2/3以上的解放区,至今什么也没有得到。假若联总真正遵守"没有政治歧视"和"公平分配"的原则,就应该采取公正而明确的态度,立即制止国民党政府堵口放水的罪恶行径,立即拨付解放区应得的

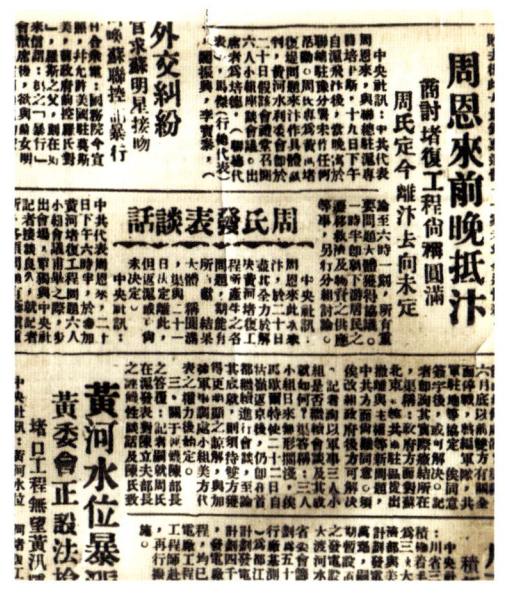

1946年7月21日,《河南民报》刊登周恩来到达开封的消息。

1946年7月20日,《新华日报》刊登周恩来到达开封视察黄河复堤工程的消息。

全部工款、工粮、机器设备、运输器材和河床居民迁移费,并保证在故道复堤、险工整修和裁弯取直等工程全部完成后,才能堵口放水。

周恩来到开封前,冀鲁豫解放区党委书记张玺、冀鲁豫解放区行政公署主任段君毅、黄委会主任王化云已接到通知抵达开封。周恩来一下飞机,立即听取冀鲁豫解放区复堤工程进展情况的汇报,询问解放区应得工款、工粮及交通运输等问题,征询解放区党委对谈判的具体意见,并介绍上海会谈情况。

傍晚回到开封后,周恩来派车把张玺和段君毅由菏泽接到开封研究黄河堵口问题。周恩来同志同国民党在开封进行黄河归故谈判时,一直卜榻东面的红洋楼。

7月20日,周恩来出席了在开封城隍庙街国民党黄委会举行的黄河归故问题座谈会。会议自上午9时开始,席间诸工程师一致认为在大汛前不能进行堵口,目前只作已有之防堤护坝工作,关于下游复堤浚河,工粮、工款,河床居民迁移费等问题,会上一致认为仍本着南京协议去解决。因为座谈会上对工程意见尚未完全一致,所以此次座谈会双方只有会议记录,尚未签字成立协议,尚待今后继续商谈。赵守钰和塔德发言后,周恩来发表了讲话,他从黄河悠久的历史讲到黄河改道,从国共谈判讲到中国的前途,从黄河复堤讲到花园口堵口。他用大量事实揭露了国民党把黄河作为战争工具的阴谋,阐述了共产党的正义主张,重申共产党"先复堤,后堵口"的原则立场。周恩来严正警告国民党反动派:黄河协议必须坚决执行,任何耍弄阴谋诡计的人绝没有好下场。最后,他大声说玩火者必自焚,玩水者必灭顶。周恩来渊博的知识、庄严的态度、明晰的说理,以及对事实的深刻了解,使听者无不叹服。在场的国民党中央通讯社的记者,在发出的专稿中,也不得不承认,周恩来是"气宇轩昂的人物",回答问题"是深刻的"。7月21日,周恩来离汴返沪,在机场留下了与马杰等人的珍贵照片。22日上午他在上海与国民党方、联总继续举行会谈。他站在党和广大人民群众的立场上,在坚持原则的前提下,采取灵活的斗争策略,使国民党方代表处于被动地位。经过激烈论争,双方终于达成了协议,由周恩来、蒋廷黻、福兰克芮签署了《黄河工程协定备忘录》(又称上海协定),洪水期间不再堵口,应集中力量维护现已完成之各种工程。堵口工程可在9月中旬重新进行。

在黄河归故谈判过程中,虽然国民党政府一再推翻协议,尽力拖延支付复堤工款和河床居民救济费,但是以周恩来为首的中共代表坚持有理、有利、有节的谈判斗争,使蒋介石政府不得不接受"复堤尤重于堵口,堵口不能先于复堤"的原则,推迟了堵口,赢得了下游复堤时间和部分工款、器材,保护了解放区人民利益。这也为冀鲁豫解放区开展自卫战争创造了有利条件,为刘邓大军突破黄河天险、揭开解放军战略进攻序幕奠定了基础。

1946年12月27日,国民党政府乘黄河涨水之机,违约开放引河,致使故道分流过水。1947年1月4日,流入故道之水到达柳园口,5日,越过汴新路基向东流去。3月15日,花园口堵口合龙,黄河回归故道,国共黄河归故谈判告终。

KAIFENG
THE BIOGRAPHY

开封传

等闲识得东风面　万紫千红总是春

第八章

全军十万拥雄师,正是酬恩报国时。
汴水波涛喧鼓角,隋堤杨柳拂旌旗。

——唐 符彦卿《知汴州作》

天风吹我来中州,光阴荏苒春复秋。
民安物阜公事简,目前景物随冥搜。
梁园花月四时好,日落夷山映芳草。
大河泻滔涌地来,腾波起浪如奔雷。
隋堤烟柳翠如织,铁塔摩空数千尺。
阴晴晦明各异态,对此令人感今昔。

——明 于谦《题汴城八景总图》

皇家寺院市井风情

大相国寺是开封的地标建筑，早在北宋时期就是皇家寺院了。南宋使节只要经过开封，就会关注大相国寺的现状或者前去凭吊一番。后世的小说评话以及古典戏剧、曲艺演唱中提到开封时，也大多会加入一些大相国寺的情节，比如《水浒传》中鲁智深倒拔垂杨柳，就是在大相国寺的菜园；《说岳全传》中有一章还写了"大相国寺闲听评话"。古今多少事，尽在笑谈中。寺内"资圣熏风""相国霜钟"是著名的开封胜景。一座宝刹，穿越千年，历经战火、水灾后，在神圣与凡俗之间，从容、淡定……

艺术宝库相国寺

现在的大相国寺，是清代翻建、新中国成立后整修的，规模比历史上小了很多，原来"基址七进，有五百四十余亩"。大相国寺的地址，原为战国时魏公子无忌信陵君的故宅，也有说是他"胜游""游赏"的场所，宋代将这一带叫做"信陵坊"。南北朝时期，佛教盛行，各处纷纷建立寺院，555年，曾在这个地址建立一座建国寺，后来遭兵燹毁坏。唐初为歙州司马郑景的宅园，附近还有一个福慧寺经坊。711年，慧云募购郑景宅园，掘得北齐置寺的古碑，遂改福慧寺为建国寺，并将以前募铸的高1丈8尺的弥勒佛像安置其中。当时

大相国寺山门

唐睿宗为了纪念自己由相王即位皇帝，于是下诏把建国寺改为大相国寺，并御书牌额。从此，大相国寺香火日盛、名声显赫。唐代大书法家李邕撰写的《大相国寺碑》称大相国寺"棋布黄金，图拟碧络，云廊八景，雨散四花。国土威神，塔庙崇丽，此其极也……人间天上，物外异乡，固可得而言也"。

唐代大相国寺里面是个艺术宝库，佛殿内有吴道子画的文殊维摩像、石抱玉画的护国除灾患变相、车道政画的北方毗沙门天王和塑圣杨惠之所做塑像，都非常神妙。寺内一些建筑，不仅非常宏丽，而且非常精巧，比如大相国寺楼门，宋代的木工喻浩曾说："他皆可能，唯不解卷檐尔。"后来遭受一次严重火灾，三日不息，大部分烧毁殆尽。

繁华伽蓝皇帝临

公元804年，日本国遣使空海来大相国寺学习3个多月，学习汉语言和密法。他归国前再次寄宿大相国寺，学习天台密法，研习中文汉字，并撰述大量笔记。后来他用汉字草书的偏旁，参以梵文的音符，制成《伊吕波歌》，成为日文字母之一——平假名的创始人。

大相国寺在北宋时期最为繁华,当时恰位于东京里城的南部,是当时最繁华的区域,又正在汴河北岸,交通便利,加上规模宏大、游人众多,从而自发地形成百姓的交易市场。寺内汇集了大批民众在此娱乐,有上元观灯,各种灯艺,光彩争华。有资圣熏风,夏日纳凉,冬季赏雪。听琴观画、僧院品茶,繁华世界,百姓乐园。

据说北宋立国不久,宋太祖就到大相国寺视察工作,面对佛像,宋太祖问陪同的赞宁和尚是否跪拜,赞宁和尚十分聪慧,说"现在佛不拜过去佛",宋太祖会心一笑,一高兴就为寺院题写金字牌匾,以后皇帝在上元节来大相国寺游赏成为一个不成文的规矩。

大相国寺有500罗汉,个个栩栩如生。元丰年间,久旱无雨,宋神宗在宫中祈祷多次,梦有一僧骑马飞驰空中,口吐云雾,化为倾盆大雨。第二天,宋神宗命人寻梦中之人,在大相国寺500罗汉中第十三尊找到梦中那僧。

商业娱乐大"瓦子"

开封有潘楼并州东西瓦子、新门瓦子、桑家瓦子、朱家桥瓦子、保康门瓦子等。瓦子是宋代的商业娱乐场所,桑家瓦子比较大,"近北则中瓦,次里瓦,其中大小勾栏五十余座。内中瓦子莲花棚、牡丹棚、里瓦子夜叉棚、象棚最大,可容数千人……瓦中多有货药、卖卦、喝故衣、探搏、饮食、剃剪、纸画、令曲之类。终日居此,不觉抵暮。"(参见《东京梦华录》卷2《东角楼街巷》)

相国寺位居京城的中心位置,不仅仅是寺院,还是开封城最大的"瓦子"。孟元老在《东京梦华录》中专门一节写《相国寺内万姓交易》,描述了北宋后期的相国寺商业娱乐繁盛情况:相国寺每月开放5次,诸多百姓过来交易,大三门前都是卖飞禽猫犬珍禽奇兽之类的,无所不有。第二、三门卖的都是日常用品。寺院内的空地上用彩色幕布搭建了铺位,买卖蒲合、簟席、屏帏、洗漱、鞍辔、弓箭、时果、腊脯之类。近佛殿,有孟家道院王道人蜜煎、赵文秀笔及潘谷墨。占据两廊的都是诸寺师姑卖绣作、领抹、花朵、珠翠头面、生色销金花样幞头、帽子、特髻、冠子、绦线之类。殿后资圣门前，都是卖书籍、玩好、图画及诸路罢任官员土物香药之类。后廊都是卖占卜算卦之类的物品。每遇斋会，凡饮食茶果，动使器皿，虽三五百份，不过一会儿工夫就可以办到。大殿两廊，卖的都是宋朝名家的书法作品。

大相国寺对文人的诱惑尤为强大，常有宝贝在此悄然现身。王得臣在大相国寺淘得《张登文集》一册6卷，黄庭坚于大相国寺得宋祁《唐诗稿》一册，"归而熟观之，自是文章日进"。上官极游大相国寺，买诗一册，纸已发黄，回家一看，包书皮的纸竟是五代时门状一幅，上面还有皇帝赐进士及第的文书。米芾曾购得王维的真迹。苏轼海南放还时，欠人酒钱写诗抵账，不久，这幅字就出现在了大相国寺里。李清照为丈夫赵明诚的《金石录》作序，回首往事时，首先想到的就是大相国寺。她与赵明诚结婚时，赵明诚才21岁，在太学每休假，他总是把衣服典当了，换钱去大相国寺买些碑文。

宋徽宗继位前是端王，他到大相国寺游玩时，一高兴就叫直省官替他算了一卦，算卦人是浙江的陈彦，问过八字文后大惊失色，曰："必非汝命，此天子命也。"直省官大骇，狼狈走归，不敢声张，第二天悄悄告诉了端王，"王默然"。

还有一个在寺门口算卖卦先生，有天连接做了4个书生的生意，掐指算来竟然都要当宰相，连他自己都晕了，说怎么会一天之内来4个宰相，围观的人更是哄堂大笑，从此再没人信他的卦术，落了个穷饿而死。那4个书生为张士逊、寇准、张齐贤、王随，后来皆为一时名相。崇观以来，杂剧、平话、讲史、说诨话等在相国寺内演出频繁，颇受好评，观者流连忘返。

百姓交易游乐场

金元多战火，大相国寺一度被战火波及，原有60余院，历经兵火只剩数间房屋。范成大作为出使金国的使者，路过开封，"过大相国寺，倾檐缺吻，无复旧观"。元世祖曾对大相国寺进行修葺，寺院主要建筑如旧，但是已经没有北宋时繁华了。

到了明代，开封作为地方政治经济文化中心，加上明太祖朱元璋也是和尚出身，极为重视佛教。朱元璋在洪武初年重修大相国寺，改赐额为崇法禅寺，后沦于河患。永乐、成化、嘉靖年间经过多次修建，明代大相国寺的规模虽不如北宋的宏丽，却比金、元时繁盛得多。据《如梦录》记载，"每日寺中有说书、算卦、相面、百艺逞能，亦有卖吃食等项"。明代的大相国寺庙会已由宋代每月5次、金代每月8次的定期开放变为百姓日常交易和游乐的场所。

1910年的相国寺山门

开封自明末黄流淹灌后全城"俱被泥沙围拥地下"，大相国寺只存形迹，部分遭淤没。周亮工由南京赴北京，路过开封，亲眼看到水退后情形："大殿檐溜当胸，释迦巨像，裁露肩肘……"清代先后9次修葺大相国寺，其中以1766年的规模最大。乾隆皇帝钦赐大相国寺碑文匾额。今天寺中的主要建筑多是此次重修的，但周边都是政府机构，使得大相国寺的面积较之前大大缩小了。大相国寺"百物充盈，游人毕集"，仍为一圣地。

清末由寺出资在东、西走廊一带建一些店铺，赁与商贩营业，所有地皮和住房由寺按门或按月收租金。营业时间只限于白天，入夜即须歇业外出，因寺内惯例，每至晚10时必须净寺锁门。寺内店铺出售的物品除书籍、字画、古董外，还有布料、药品、玩具、首饰、女工针线、各类杂货及各种地方小吃。此外，还有说书、相声、双簧、坠子、摔跤、武术、算卦、测字、相面等各种杂耍。

佛门净地也江湖

1927年，冯玉祥改大相国寺为中山市场。寺内佛像除千手千眼佛外大部分被毁，寺内建筑物年久失修，残破零落。据《开封新建设一览》记载，当时的中山市场由商店、娱乐场及公共游览处等部分组成，商店种类繁多，有布匹、国货、织染、铜锡铁器、油酒酱醋、古玩画籍、饭馆等；娱乐场有戏园、词曲、武术、绘书、杂货、烟店、茶社、幻术、留声机、写真片及动物游艺等；游览处则有平民休息处、马戏、平民公园演讲处，民乐厅、革命纪念馆、美术馆、图书馆、游艺馆、实业馆。张履谦的《相国寺民众娱乐调查》一书记载了大相国寺11类娱乐。

相国寺成了一个类似北京天桥、南京夫子庙、天津的"三不管"、上海的大世界一样集商贸、餐饮、戏园、游乐等，是杂技艺人和其他艺人聚集作艺的场所。

大相国寺钟楼鼓楼两旁，有许多摊贩叫卖小吃食，如胡辣汤、小米粥、

有百姓在相国寺大雄宝殿前洗衣。

大米饭、煎包子、调煎凉粉及夏日瓜果、梅汤等等，又有粽糕、浆粥，午后则有茶。据说在道光以前曾有一种阳糕，味美著名。八角殿西胡同口旁，有秦家小馆，出卖大米饭及扣碗鸡鱼肉等等。每年腊月八日，由寺制成一种腊八粥，醇香味厚。鱼池沿路南背对鱼池有得月楼饭馆，以炒虾仁肉片、腰花子及清汤馄饨、灌汤包子等著名。

藏经楼后，放生池西，有饭庄名得月楼，市井无赖，前去设局白吃。酒足饭饱，暗置屎壳郎于菜盘内，高呼经理兴师问罪。经理手足无措，堂倌赵七，填到嘴里说："四川木耳，好脆！"众皆瞠目结舌，饭钱只得照付，狼狈而去。

相国寺内小吃很多，根据1935年《相国寺》一书中的《各种工商业总表》统计：当时有饭铺55家，饭庄9家，馍铺1家，稀饭锅1家，油馍稀饭2家，包子5家，煎包子1家，面条1家，烧饼油馍1家，水饺面条1家，牛肉汤3家，油茶1家，茶汤2家，茶馆16家，茶摊4家，酒馆3家，凉粉7家等。

市井文化最繁盛

当时民众娱乐的活动情况，分为戏剧类（包括梆子、京剧、坠子三种）、鼓书相声类（主要包括说书、大鼓书、道情、相声和竹板快书）、江湖卖艺类（卖解、幻术、西洋镜、日光电影）等。

首先说戏剧类，那时，开封城内的戏院共有10家，而相国寺即有永安舞台、国民舞台、永乐舞台、同乐戏园4家。剧院占全城的1/3强，观众往往比全城各戏院的总数多一倍。

在相国寺最早演出河南梆子戏的是"永安"戏班。永安戏园在相国寺火神庙内，1926年中山市场管理所利用庙宇大殿搭盖而成。这里曾是豫剧名演员荟萃的义成班演出基地，20世纪30年代，马双枝、王润枝、杨金玉、彭海豹、韩金铭、于从云等曾在此搭班演唱，并首创了戏班与戏园结合的先例，命名为"永安舞台"。1938年开封沦陷后，永安戏院停业。

永乐戏院位于相国寺西院西大殿，1927年利用大殿旧址搭盖成简易戏院。1920年代末修建为永乐戏院，演唱河南梆子戏。1928年农历二月二，陈素真第一次登台演出《日月图》，扮演小旦胡凤连。陈以女旦，改变了开封舞台上传统的以男扮旦的历史。1933年有京剧鸿连盛科班和一些京剧演员与河南梆子合作，同台演唱。1934年陈素真来此搭班演唱，轰动了开封，被誉为"河南的梅兰芳"。1935年初改建为豫声剧院，樊粹庭先生就是在此开始豫剧革新事业的。

国民大戏院在相国寺栗大王庙（亦说放生堂）遗址。民国以来曾建为学校。1928年冯玉祥为唤起民众，推广社会教育，改建为国民大戏院。20世纪30年代初司凤英、史彩云曾一度在此演唱，后改名为人民会场，1943年梅兰芳曾在此演出。

同乐戏院，1927年将相国寺养鱼池（放生池）填平后建一中山舞台。后改为菜场、造胰工厂、卖艺场。1933年改为同乐戏院，京剧名家富花仙、韩志雄等在此组班演唱。后有武鸿福、郭子英、张幼奎、江菊兰、刘慨勤、金慧琴等也曾先后在此演唱。1935年6月，著名的河南梆子演员筱火鞭、司凤英、赵顺公等在此演唱。

最早在相国寺唱坠子的是在开封首唱的殷锦唐夫妇，后来是他们的徒弟张金三、马治荣。当时坠子戏惹人喜爱，相国寺中唱坠子戏的茶园就有8个。在相国寺唱坠子的不单是姑娘、少妇，也有须眉男子。艺员卖唱的时间是上午10点到下午5点，在每段唱完之后，由唱坠子的人或闲着的人持一簸箕向听众讨钱。张三妮是河南坠子第一代登台演唱的女艺人之一。张三妮大年初一在相国寺演出创下一天收80块银元的纪录。听众评价说："别说听三姑娘说书，就是她在相国寺哭一场，也能使听众满棚。"张履谦在《相国寺民众娱乐调查》中说："最早相国寺中唱京奉大鼓、山东大鼓的很多，而河南坠子撞入之后，唱大鼓书的姑娘便逃之夭夭了，这是河南坠子值得特书的事件。"又说，到了20世纪30年代，"唱河南坠子简直成了女子的专业"。1928年到1937年间在上海灌制的河南坠子唱片就有93张之多。

开封老听众中流传两句顺口溜儿："陈志魁的好马叫，刘世禄的好肉炮

(学炮响十分逼真)"。陈志魁平生掌握大书几十部,小段近百个,每当他在相国寺演唱坠子书,就会被围得里外三层,水泄不通。陈志魁曾在相国寺顺兴书场连续说书14年从不换场。"快板圣手"程启彬开书便能抓住人。他将坠子、马头调及京剧的唱腔,融入竹板快书的演唱之中。1946年,有一次他在开封南关大城戏院前唱地摊,巡警横加刁难,收走了他的快板。他当即拾起两块瓦片,照样打得灵巧自如,唱得听众流连难舍。

接着说鼓书相声类,早年,相国寺唱京奉大鼓、山东大鼓的有40多位女演员,在寺内红了10多年。民国初年,在相国寺前院的山门殿,东西钟楼和鱼池沿西火神庙,都设有山东大鼓书场。这些书场陈设整洁,一般可容数十人。在其中演出的有9班,著名艺人有三四十人。尤以"四王"为代表,即英艳王徐翠兰、妩艳王杨金喜、庄艳王杨金玉、秀艳王李大玉。在这娱乐界四大天王中杨家竟然占据两席,妩艳王杨金喜、庄艳王杨金玉是亲姊妹。1916年,姊妹二人来到开封,在相国寺"既出棚,座客常满,家挡无虚席"。除英艳王徐翠兰外,没有与之抗衡的人。

清末民初开封比较有名的艺人有:里城镶红旗人"老关爷",在相国寺东院鼓楼下设场,演说《三国演义》诸书;"摇头疯"说《聊斋志异》;"穷孙张"说《明清忠烈》;"里城王"说《绿野仙踪》;"寿张马"说《张文祥刺马》,以及王亭、苏先儿、魏先儿、老马玉堂、老张先儿、李学等,均是这一时期在开封演说评书的名家,其中尤以李学影响较大。段润生说评书,常喷唾沫星,人称"段吐沫",他常在相国寺西偏院金家茶馆前设场。开封沦陷时期,楚至刚在婚后第二年说《雍正剑侠图》说到童林打擂吐血时,自己也累得吐起血来,一口鲜血喷出,溅到扇面上成朵朵梅花。楚至刚拒绝就医,坚持把当天的内容说完,人称"双吐血"。纪侠生拓展了中州评词界的范围,把相国寺剑侠小说引入武侠评书,并且用北京话开讲,一改开封话独霸市场的局面,给人带来一股清新空气。

开封最早的相声在1919年前后,"皮刘儿"开始在相国寺西偏院说相声。"十二能"说的是"骂大会",相声艺人于宏声反对这种低俗的演艺,他善说能写,常据时局变化编演新段儿。在相国寺演节目之后不像其他艺人那样拿着铜锣或者簸箕满脸笑容、客气之际向客人收费，他这里是先买票再听相声，节目结束散场之后不用再去讨要钱。1921年冬，28岁的张杰尧到开封相国寺，他最擅长模仿大姑娘、老太太、上海商人、河南艺人。他一身都是嘴，他是第一位把文明相声带进开封的艺人。1943年相国寺有两位唱京戏的艺人徐少华和莲仲三，白天在相国寺头殿前说相声，晚上在人民会场里演京剧。后来陶湘九也来到了相国寺说相声，轰动了开封。陶湘九收了5个开封的徒弟，分别取了艺名：徐宝瑜、秦宝琦、杨宝璋、王宝珍、马宝璐。

最后说江湖卖艺类。1930年代，马华亭的弹弓、沈三和沈少三父子的跤在大相国寺曾名噪一时。他们中大多兼行医、卖药、卖大力丸、正骨推拿，靠真功夫行走江湖。

李博一年老了，拉不动洋车了，便来相国寺干西洋镜，一木方匣和24张画片，观众付了钱，他顺口或唱或讲画片内容，把画片串成一个故事。中山市场"洋片"中多战争情况，各地风景及珍异禽兽，也有男女裸体画片……

1930年代的相国寺，有两个魔术团和3个魔术摊最为有名。两个魔团是尤海仙领导的"万法堂"魔术团和刘雪贵领导的刘雪贵魔术团。3个魔术摊的主要演员分别是陈嘉祥、李九江和魏华亭。尤海仙虚心向相国寺幻林高手石俊子、快手张、张三学习幻术，并翻新花样，自成一路，不久即在相国寺前院，以"万法堂"魔术团的名号独立成团，他后来成了开封幻术界的权威。

魏子遂，开封市人，西装革履，常挟一大皮包，出摊于相国寺，善说诨话、秒语，为卖眼药中能手。经常对贫苦者免费治疗，博得慈善声誉。结果，医不自治，双目失明。

斗蟋蜂也是相国寺的民间娱乐兼赌博的形式之一，赌注有押至银币千元以上者。开封有人因以一蟋蜂百战百胜，而获巨富，虫死，于开封老凤祥首饰店铸尺长银棺，哀而葬之。

作为千年古刹，大相国寺既是佛教寺院，又是文化寺院。

在神圣与凡俗之间，相国寺五方杂处、江湖儿女热闹非凡，烟火气息非常浓郁。大相国寺一如帝都几千年的发展变化一样，沧桑从容，优雅淡定……

科举制度在此终结

1905年清政府正式废科举。历时1298年的科举制度从隋朝大业四年（607），隋炀帝以"试策"开科取士以来，直到在开封落下了帷幕，河南贡院，完成了中国最后一场科举考试，见证了古代科举考试的终结。

中国四大贡院之一

河南贡院是河南省举行考试，选拔封建时代人才的场所。明代河南贡院在周王府的西角路北，有号舍3600间，后来不够用，每号头增添板号2间。明代河南贡院毁于崇祯年间黄河大水。

清代河南贡院的位置几经迁移。清初，因明末黄河决口毁城，开封荒无人烟，3年一次的乡试，改在辉县百泉书院举行。乡试不在省城举办，来往不便，加上辉县环境偏僻，河南省当局于清顺治十六年（1659）利用明代周王府旧址修建贡院，有号舍3000多间，明远楼高4丈有余。由于贡院位于周王府旧址，附近居民来此挖煤土、挖掘房基残砖破瓦和王府来不及带走的珍宝。地皮被挖得坑凹不平，雨后常有积水。70多年后贡院东、西、北三面被水包围，积水渗入院内，水无涸期，排泄不畅、垫高不易。雍正九年（1731）河东河道总督田文镜请风水先生觅得城东北隅的上方寺内旁一地，购买过来197

顺治十六年（1659），清政府利用明代周王府旧址（今龙亭一带）修建贡院，后因低洼迁移至铁塔附近。

亩，建房舍 9000 间。规模比前扩大了一倍，但由于应试士子增加，考试时还须编架临时棚屋，以便容纳来自四面八方的众多应试士子。道光九年（1829）河南贡院继续扩充，号舍增至 11866 间，颇具规模。耗费银两多达 25556 两。道光二十一年八月二日，黄河在张湾决口，开封城危难之际，河南巡抚牛鉴命令拆房、毁寺，就地取材，贡院房舍的数百万块砖瓦也被当作防洪物资。水退后，第二年鄂顺安、牛鉴负责主持复建河南贡院，建公所 783 间，修葺旧房 1857 间，新建号舍 10009 间，凿井 5 眼，《重修河南贡院碑记》记载"鳞次栉比，万厦一新"。

河南贡院与北京顺天贡院、南京江南贡院、广州两广贡院并称中国四大贡院。河南贡院大门外的路对面，有两个高 22 丈、长 6 丈的影壁，气势雄伟，二坊上镌"明经取士、为国求贤"8 个大字，这是科举揭榜的地方。

借闱开封选人才

  如果不是八国联军，河南贡院还是普通的省级招考中心，按照正常的程序举行乡试、选拔举人。河南贡院进入中国科举史主要是因为壬寅科、癸卯两科会试在这里举行，会试是各省乡试录取的举人参加的全国考试。清代规定每逢子、卯、午、酉年举行的会试，称为正科，遇庆典加科称为恩科。光绪二十八年（1902）壬寅是光绪30岁庆典，例为恩科。会试应在顺天（北京）贡院举行。但此时正值八国联军入侵，光绪、慈禧在西逃中，顺天贡院已被联军焚毁。这在离散的时期，眼看常例已无法如期。光绪二十七年十月，光绪、慈禧在开封行宫做了一个应急的决定：壬寅会试，顺延到癸卯（1903）举行；顺天乡试于光绪二十八年八月间暂借河南贡院举行；河南本省乡试，于10月举行；次年会试，仍在河南贡院举办。（注：癸卯年应为正科，因壬寅恩科移至癸卯，故癸卯正科就顺延至甲辰年）这样一来，河南贡院就增添了额外负担，1902年顺天、河南的乡试，壬寅、癸卯两科会试接连在开封举行。

  金梁在《光宣小记》中记载了借闱开封的原因："癸、甲二科会试均借汴闱，因顺天以庚子拳祸，勒停考试也。"《辛丑条约》附件八："光绪二十七年七月初六日内阁奉上谕：本日奕劻、李鸿章具奏，各国议定，滋事地方停止文武考试各5年一折，据称顺天、太原地方乡试，仍应停止。"其他一些外国人被杀的县五年内均应停止文武考试。开封不受影响，在短短不到两年的时间，河南贡院要承接6次科举考试：两科顺天乡试、两科河南乡试和两科会试。几乎每个季度都要来一次大考，于是全国科举考试中心转移到了河南省府开封，一时间，全国举子会聚开封，文昌星闪烁夜空。

  1902年顺天、河南乡试统一在河南贡院举行。这次两省乡试爆发了震惊全国的举子闹考科场案。乡试头场半夜就开始点名，街头挂一个灯笼标志着第一场开始入场点名搜检，规定分牌点名，每牌50名，以悬灯为记，以为先后标准，各街口亦如之。谁料想，其中一个管灯公差睡着了，突然起来后犯了糊涂，连悬十几个灯笼，各街口见状，于是齐悬灯笼。那一年士子超过万人，两省考生见状，误以为迟到了，匆忙携考具、竹竿、网篮争先奔赴辕门外，拥挤

河南贡院考试号舍，西德尼·戴维·甘博拍摄，现藏于美国杜克大学图书馆。

不堪，从半夜开点至日午，点入场者没有多少人，士子们又饥又渴又热，于是乎有人一声呼打，众竿齐举，先从西门打起，臬台亮帽被打落，抱头鼠窜，东门有的开始骚乱，把藩台打跑，中门巡抚见状连忙逃窜。当年17岁的马佛樵参加了这次乡试，他随行在后，入贡院门，看到试卷、签筒、笔架狼藉满地。众士子齐集明远楼前，以没有试卷为由，相对默默。

主考和临监等官因此事关系重大，立即重新造卷，不再点名，凭试前所发的卷票领卷，以后二、三场均依此办理。这就是震惊全国的"举子闹考案"。河南巡抚、河南学政、直隶学政为了收拾残局，不得不做出重大让步，宣布允许考生从东、西、中三门不经搜检进入贡院考场。从此乡试点名搜检制度在河南贡院被废除了。

李叔同曾以河南纳监的身份到开封参加1903年河南乡试。在河南贡院，李叔同凌晨即被点名，先是被搜检，看是否藏有夹带、小抄。贡院的大门、二门、三门均安排搜检差役，李叔同过此3关后，始得进入号舍，一人一间应试做题。每个考生每间号舍，号舍的东、西两面墙上砌有两层砖缝，一上一下，上层木板当桌，下层木板作凳。晚上将上层木板移至下层又可组成卧榻。铁塔的风铃声不时传入他的耳膜，汴水秋声在夜晚也曾声声入耳，汴京秋景的华美再也无心观看了。他在开封参加河南乡试以失败告终，由此断绝了他对仕途的进取之心，对他而言是最极致的华丽转身，从此开始了半世文人半世僧的生活。

光绪三十年（1904）七月，清政府在河南贡院举行了最后一次会试，次年9月宣布"著即自丙午科（1906）为始，所有乡、会试一律停止"。河南贡院举行的中国科举史上最后一场考试，为科举制度送葬，更使河南贡院独树一帜而意义非凡。对于开封城而言，这两年的科举给开封带来的新思想，促进了新学堂和近代高等教育的滥觞。从明朝至清朝光绪二十七年，科考一直都考八股文。光绪皇帝下诏废除八股，改试策论，却因变法失败未成。1901年8月29日，慈禧太后发布上谕，要求"一切考试不准用八股文程式"，改八股文为策论经义。在开封的这两次会试却有重大的改革，一是试题变革，头场试中国政治史论5篇，二场试各国政治艺学策5道，三场试"四书""五经"义，规定"四书""五经"义均要避开八股文程式。关于这几场的考试题，我在《癸卯汴试日记》一书看到了当时参加考试的学子所写日记，日记完整记录下当时的考题，容我随机摘录如下。第一场，《管子内政寄军今论》《汉文帝赐南粤王佗书论》《威之以法行则知恩限之以爵爵加则知荣论》《刘光祖定国是论》；第二场，《泰西最重游学斯密氏为英大儒所论游学之损亦最挚切应如何固其质性限以年例以期有益无损策》《日本学制改用西法收效甚速然改制之初急求进境不无躐等偏重之弊取长舍短宜定宗旨策》《工艺商贾轮船铁路辅以兵力各国遂以富强然其所以富强者果专恃此数者欤抑更有此致之本欤觇国者无徒震其外宜探其精微策》；第三场，《敬事而信节用而爱仁义》《故为政在人取人以身义》。

这些考试题目对那些整天钻在"四书""五经"中讨生活，熟习八股程式的老派考生来说，无疑是一个崭新的课题和挑战。就像复读生遇到了教材更换，需要清空内存，花费更多的精力重新开始。

科举带来新思想

为了抢夺新科举的市场，从上海、天津、汉口等地涌来大量书贩，出售介绍西洋政治、文化以及文章作法之类的新书，康有为、梁启超的维新思想以及评介西方民主思潮的书刊，一时在开封传播，打破了一潭死水的思想界。光绪二十九年二月十日，刘大鹏父子从山西太谷县启程赴汴参加会试，他们花费32两银子雇马车到开封城，行驶将近一个月到达开封，刘大鹏发现在山西并不多见的时务之类的书在开封却是"汗牛充栋，凡应试者均在书肆购买，故书商高抬其价"。王维泰在《汴梁卖书记》中记道："汴省向无售新书者，去秋有上海友人开设'时中书社'，所售皆场屋书，间带新书，颇有顾问者，"王维泰是开明书店的股东，为了卖书，他和同人相约到开封开拓市场。"载书二十余箱，为数二百余种，趁轮启行。……十八抵汴城，复有友人代为安寓，赁考棚街屋设肆，大书'开明书店专售新书'布牌，并写'广开风气，输布文明'招牌，遍贴通衢，以招同志。"1906年7月，商务印书馆应河南省政府邀请在

两次会试促进了开封文化和教育的发展

开封建立分馆，中华书局开封分局于1913年建立。

借闱开封，让河南贡院成为汇聚全国参加科举考试的精彩舞台和各大出版商争夺客户的大市场，万千怀揣梦想的读书人，为这个古城带来了新思想，一如闷热的三伏天刮来的一阵凉风。

河南贡院旧址后来成了河南留学欧美预备学校，也就是河南大学的前身，今天的河南大学校园内河南贡院遗址上，矗立着两座石碑，分别为雍正十年所立的《改建河南贡院碑记》和道光二十四年所立的《重修河南贡院碑记》。碑文铭刻着河南贡院一次改建、一次重建的过程。下凡的文曲星们搭上了中国科举的末班车，河南贡院见证了中国科举制度的落幕。

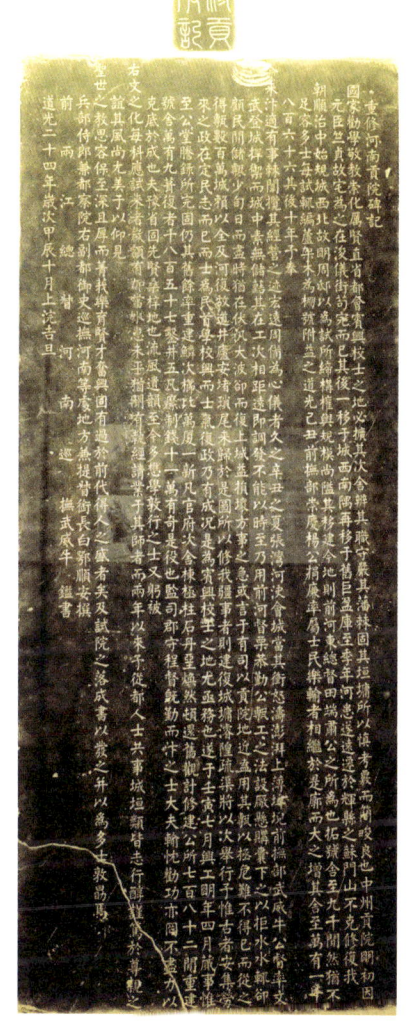

《重修河南贡院碑记》拓片

近代教育在这启航

开封曾长期是河南省的政治、经济、文化、教育中心，人才荟萃，教育起步早发展好，学校多、质量高、门类全，被誉为"教育城"，蜚声遐迩。近代教育更是紧跟时代脉搏，从旧学转换为新学，书院改为新式学堂。1902年河南大学堂创办，1905年清廷废除科举，提出兴办学堂，在开封，师范学堂、法政学堂、农业学堂、工业学堂、商业学堂、武备学堂、医学学堂等如雨后春笋般生长起来。据《开封市教育志》统计，当时在开封的新式学堂有30多所，成为河南全省现代教育发展的基础。

河南大学堂和河南高等学堂

光绪二十八年（1902），河南巡抚锡良奉命创办河南大学堂，地址在开封前营门原游击署，聘中西教习13人，年经费白银30000余两，由省库支拨。该学堂成为当时河南最早的一座高等学府，也是近代河南省高等教育的开端。

河南大学堂有学生200名，学堂教学以四书五经纲常伦理为主，以历代史鉴、中外政治、学艺为辅。开设课程计有：经史、文学、中外史地、算学、格致、英语、日语、图画、体操等。

1903年，清廷颁布谕旨："京师已有大学堂设立，各省不得设大学堂，以别等级。"于是河南大学堂改名为河南高等学堂。进入民国之后又改名为河南高等学校。

1905年,因学堂中客籍学生多系官僚和外地商人子弟,与河南学生常有冲突,故根据当时学部关于客籍学堂可以单独设立的规定,由河南高等学堂分立出"豫河客籍高等学堂",校址在开封老府门原信陵君祠。河南高等学堂先设预科,1907年始设正科,直到1910年方有首届正科68名学生毕业,其中一部分入仕为官,一部分考入京师大学堂或出国留学。

河南公立法政专门学校

河南公立法政专门学校的前身是河南法政学堂。1907年,河南巡抚林绍年根据清廷"宪政"之议,认为地方自治与预备立宪得需要大批法政人才,作为地方政府要加大人才培养的力度,于是将河南仕学馆改设河南法政学堂。依照京师法政学堂办法,先办预科、讲习科,预科毕业后再办正科。1908年正月开学,收预科学生83人。1908年3月,河南当局划拨库银于后院东北隅改

河南公立法政专门学校大礼堂

建大讲堂一座，9月落成。1909年，因为学堂学生增加，官方又购置了后院西北隅民房扩充了校址，并在大讲堂的西面添建南、北、西讲楼3座。

清代的时候，河南法政学堂为近代河南培养了大批法政人才。1912年，河南省法政学堂更名为河南公立法政专门学校。同年河南巡警学堂奉令裁撤，并入此校。1913年奉令改称河南第一法政专门学校。1914年与豫北迁汴的第二法政专门学校合并，称河南公立法政专门学校。1927年，河南省政府将河南公立法政专门学校、中州大学、河南公立农业专门学校合并成立国立开封中山大学。

河南留学欧美预备学校

河南留学欧美预备学校是河南大学的前身，创建于1912年，是在清雍正九年（1731）建的河南贡院的旧址上创办的，当时全国创办的此类学校仅有3所。

当时为改善河南落后的面貌，河南教育界进步人士纷纷提出设立留学欧

河南留学欧美预备学校旧址

美预备学校、向欧美派遣留学生的建议。1912年春，时任河南省教育总会会长、河南教育司司长的李时灿与河南提学使陈善同、省学务公所议员王敬芳等人上书当局，力陈办学之必要，倡议效法欧美，引进西学，谋求强国富民之道。后经河南省临时议会决议，立即筹设一所主学外语、以派遣赴欧美留学生为主的预备学校。委任林伯襄为校长，择定原河南贡院东半部为校址。

1912年9月，河南提学司发布留学欧美预科招生广告，首届设英文科两班，招录肢体健全、语数优异的12岁至16岁的高小毕业生。9月下旬，首届140名新生入校上课，中国近代历史上这所全新的学校在开封古城正式诞生了，河南现代高等教育的序幕也由此拉开。

河南留学欧美预备学校原定学制4年，后参照清华留美预备学校的学制改为5年。自1912年9月开办，到1923年3月改为中州大学，历时10多年，共招收学生7届10班，计662人。学校薪火相传，奋发图强，培养出许多在全国有重要影响的学人，有高济宇、李俊甫、张伯声、冯景兰、冯友兰、嵇文甫、马可、姚雪垠等。

河南大学

河南大学大门在河南留学欧美预备学校时期是清代河南贡院遗留的老大门，古建衙门式5大间。中州大学以后，改为牌坊式。1936年，刘季洪校长根据其前任许心武先生和李敬斋先生设计的校园规划蓝图修建大门。正楼写着"河南大学"，次楼匾额镶古典花纹，檐下额枋、雀替均作彩绘，彰显了河南大学在河南教育界的重要地位，也使得整个校门厚重沉稳、庄重大方。校门背面柳体书写的校训"明德新民，止于至善"，出自《大学》开篇"大学之道，在明明德，在新民，在止于至善"。这句话言简意赅地道出了办大学的原则在于发扬光明的德性，革新民心，达到完善。

6号楼因李大钊在此讲演而出名。1925年7月，李大钊为争取岳维峻，第二次来开封，与于右任同行。在中州大学六号楼发表了《大英帝国侵略中国史》，勉励爱国青年要为打倒帝国主义、打倒军阀，为国民革命而献身；号召

李大钊在中州大学（今河南大学）6号楼演讲

河南大学礼堂

河南大学大门

各族劳动人民、知识分子联合起来，共同努力为完成中山先生遗志而奋斗。

1930年9月，国立第五中山大学改名为河南大学后，校长许心武和李敬斋先生对河南大学校园整体规划作了调整与补充。学校原来仅有一大席棚为师生集会活动的场所，雨雪天不能使用。许先生首先提出建设大礼堂的动议，得到李敬斋先生的支持。为精心建好大礼堂，学校组成了大礼堂建筑委员会，由从欧美留学回国在河南大学工学院土建系任教的教授设计。1931年11月20日破土动工，1934年12月28日落成，历时3载，耗资29万元。大礼堂整个建筑设计之精美，工程进度之快，质量之高，全国罕见。

1937年抗日战争全面爆发，河南大学的一部分同学联合北仓女中的学生在大礼堂演出了反抗侵略的话剧《阿比西尼亚的母亲》。在这次演出的基础上，他们又联合了更多的话剧爱好者组成"大众话剧社"，还组织了唱救亡歌曲的"怒吼歌咏队"。"上海救亡演剧队"来到开封，洪深、冼星海等率队在大礼堂多次公演，冼星海的"上海救亡演剧队"和河南大学的"大众剧社""怒吼歌咏队"在大礼堂舞台上演出救亡话剧和抗日歌曲，把开封的抗日救亡运动推向了高潮。

冯玉祥建设新开封

冯玉祥在1927年6月就任河南省政府主席，这是他第二次主持河南工作。冯玉祥曾说："我常跟外国朋友闲谈。他们总说中国只有村庄，不见花草，我告诉他们说，中国不是没有花草。中国的花草都是养在私人家里，不会种在公共的地方。他们对这种习俗，很觉奇怪，我也觉得这是自私的办法，实不合理，因此我有意要在各处添设公共花园，以为社会倡导。"（《冯玉祥回忆录》）冯玉祥在主政河南的时候，在开封推行一系列改革，加强城市建设和管理。

改建中山公园

冯玉祥是孙中山的忠实"粉丝"。他在开封不但扩建了中山路，而且还把当时的龙亭公园改为中山公园。龙亭公园旧址原为清代康熙年间的万寿宫，嘉庆年间增修龙亭。1925年胡景翼督豫的时候，成立开封市政筹备处，筹款40000元左右，把清代的龙亭改建为龙亭公园。而冯玉祥经过政府会议研究决定，把它更名为中山公园。把原来的建筑进行了修缮，公园最南端是一个牌楼，门额上书中山公园，东西有副对联。在公园大门内照壁前，新建"革命殉难者烈士暨阵亡将士纪念碑"一座，东侧建有地球场，西侧设有平民游艺室。龙亭台上改为中山俱乐部。东偏院原来的清虚堂改为图书室，西院辟为茶社。

龙亭围墙外东阁改为金声馆，以纪念冯玉祥的部下郑金声，西阁原来是关帝庙改为黄花馆，以纪念黄花岗起义阵亡烈士。

修建革命纪念园

革命纪念园始建于1927年11月下旬，园址在开封城南郭屯的西南角，紧邻开封至朱仙镇大路，前后共有两个大门，四周是高高的土墙，墙外种植有柳树，里面安葬的是国民革命军殉难将士。1927年11月上旬，奉鲁联军从豫东和豫北分两路进犯开封，国民革命军分头迎击，白刃肉搏，战死者不计其数。冯玉祥深痛烈士无葬身之地，于是在城南购买120亩地用以安葬死难将士。为了纪念死者激励生者，冯玉祥令河南省政府在此地创设一个革命纪念园，莳花种木，修建亭宇，以慰忠魂。"革命纪念园"分为4部分。由前门入内，是一个砖砌的花园，里面有4个小草亭和两个小门，花园种植花草无数。花园西侧建有庭院一处、上房7间，为烈士祠，陈列烈士的遗像和相关牌匾等。南厢房7间为学校，北厢房7间，是古玩陈列所和图书馆。花园的南侧是一个菜园，供职员四季菜蔬，花园北面是烈士坟墓。

相国寺千手千眼佛，险些被冯玉祥毁掉。

开辟开封市公园

开封市公园是冯玉祥当年的大手笔，在开封火车站附近征用40余亩土地，建筑一个开封市公园，它是当时河南第一个大型公园。这位将军不断学习和借鉴西方建筑的优点,并将之融于开封本土建筑中。如今在开封市已经很难找到当年开封市公园的遗存了。

开封市公园以李公甫为工程师负责设计,于1928年4月正式修成,向群众开放。公园内分3部分。中为世界园,南为休憩场所,北为运动场。世界园分设亚洲部、欧洲部、非洲部、澳洲部、北美洲部、南美洲部。每洲各国都以该国的名胜古迹模型作为代表。世界园是该公园的主体,其宗旨是使游园者不仅身心得到休息,更可通过观赏景园而感知世界之大概,是集娱乐、地理、历史知识教育于一体的设施。园中每个国家,除有一处或几处特别名迹外,另标有其国名,还有一面该国的国旗作为标志。世界园中的中国部分,专门标识了中国当时丧权辱国割地赔款的城市,对游客进行别开生面的爱国主义教育。此外,在中国部建有孙中山铜像一座,后来不知道什么时间被移到中山公园了。当时的这尊孙中山铜像是国内外建起的第一尊孙中山铜像。中国部的南部修八角亭一座,平民俱乐部一所。北部建六角亭两座。公园北部为运动场,除儿童游乐项目外,还有铁杠、篮球场、旱地滑冰场等。

在世界园中央建有一座革命纪念塔,"高七丈余"。建塔的初衷是为纪念冯玉祥的挚友成慎。成慎为赵倜部下第一师师长,冯玉祥当年是吴佩孚所属混成旅旅长,吴佩孚与赵倜有矛盾,赵倜发觉成慎于己不利,将成慎解职,冯与赵也有矛盾,吴佩孚遂怂恿冯、成反赵,成亦返回旧部,在开封发动反赵活动。吴佩孚先是坐观成败,后又迫于奉系军阀的压力,转而支持赵倜,出兵迫成慎缴械,成慎遂愤而自杀。冯玉祥对挚友的遭遇十分痛惜,主豫后计划给成

冯玉祥把相国寺改为中山市场。

冯玉祥建设开封市公园。

慎建造一座纪念塔,这一构想在会议讨论时被幕僚建议修改为阵亡将士纪念塔,以纪念国民军历次战役中殉难的将士。成慎的纪念塔改在商丘单独建造。

该公园的大门在南部,门楣为开封市公园,建有八角亭一座、俱乐部一所、土山两座,其下有鱼池、莲花池等。此处原为义地,乱坟起伏,经过整修,面目一新。此处后为中山路一小校址。

增设开封新公园

开封新公园在中山路南街路西,原系萧曹庙旧址,东西宽南北窄,面积约3亩。1928年4月,冯玉祥命省府利用此址,创设开封新公园。除供人休憩之外,教育意义也十分突出。当时园内有一中国地理小模型,有黄河、长江、珠江和鸭绿江四大河流,有昆仑山、喜马拉雅山、天山、阿尔泰山四大山脉。有京汉、陇海两大铁路,并且,将我国自鸦片战争以来被列强侵占及割租的港湾、领土一一标出,使人触目惊心。园内花草禽兽错落有致,是风格独特的文化主题公园。

在大南门城楼上，冯玉祥建了一座金声图书馆。

另外，冯玉祥还在省政府前营建有省政府平民公园，给民众不断开辟休闲娱乐场地。1927年，冯玉祥指令开封各街道均要种植国槐，绿化环境。

冯玉祥在第二次主豫的时候，还在开封共设了20多个图书馆。一些学校、公园等场所也建有图书室，以供读者借阅观览。如：省政府平民公园西部设有平民图书室，有普通阅书室和妇女阅书室；河南省立平民学校设有3处平民图书馆，所藏书刊，以平民读物为多，其事务由学校教员负责管理，并指导校外民众及校内学生阅书。冯玉祥支持建立的私立中原民众教育馆，内设图书室，有图书千余册。

KAIFENG
THE BIOGRAPHY

开封 传

黄河名都醉开封 『一带一路』助复兴

第九章

信陵门下识君颜,骏马轻裘正少年。
寒雨送归千里外,春风沉醉百花前。

——唐 韩翃《送高别驾归汴州》

琪树明霞五凤楼,夷门自古帝王州。
衣冠繁会文昌府,旌戟森罗部曲侯。
美酒名讴陈广座,凝笳咽鼓送华辀。
秦川王粲何为者,憔悴嚣尘坐白头。

——金 李汾《汴梁杂诗》

中原民居"线装书"

开封城中一座座四合院仿佛一部部经典线装的史书，在历经岁月长河的洗礼之后，有的册页残损，有的内容遗落，有的整章消失……一如这些四合院里的童年时光，再也回不去了。

方正朴素的开封四合院

开封四合院是中原民居的代表，据考证，历史上的北京四合院就师承开封。开封四合院在民居建筑中堪称典范。从北宋到明清甚至民国，在开封居住的不少达官贵人对家居环境的要求不断提高，促进了开封四合院的发展与完善。在开封四合院中，通常把南向的房屋称作"正房"或"上房"，北向的房屋称作"倒座"，东西两侧的房屋称作"厢房"。其中正房供长辈居住，厢房供晚辈居住，倒座则用作客房或仆役的住室，另有耳房和小院作为厨房和杂屋等。院子的四周建有封闭式的围墙，房屋所有门窗均朝向院子内侧，以保持安全和宁静。大门多开在南面围墙的东部，大门内有高大的影壁，使外人看不到院内的动静。大门和二门之间称为"前院"或"外院"，前院的南侧有一排倒座。古人按照中国传统观念中的"内外有别"，将四合院分为内院和外院，用以处理人与社会之间的关系。

于安澜故居的石榴树

    垂花门是连通内院与外院的一道装饰精美的门，坐落在整个院落的中轴线上。垂花门以外算作外院，是用来接待客人的；垂花门以内为内院，一般不允许外人进入，也就是我国古代所谓的"宾不入中门"。垂花门内一般设有屏门，起到遮挡视线的作用，除非家中有红白喜事，否则屏门一般是不能打开的。在有抄手游廊的四合院中，垂花门与抄手游廊相连接，通过抄手游廊可以进入内院的各个房间。

    开封传统民居建筑的基本形象，可以概括为方正朴素、厚实稳重、端庄高大、明快有力。不管是一层民宅的轻快平缓，还是两层楼房的高大伟岸，造型都简洁、明朗，屋顶和屋脊曲率适中，出檐厚重、深远，立面外实而内虚，设计简洁、朴实。建筑风格不似南方的轻盈、精细，也不似北方的封闭、凝重，是对北雄和南秀的兼收和融合。不管是独院（一进院）还是二进院、三进院，无论朝向如何，均以主房为中轴线，呈左右对称、配合均匀，而且布局严谨、主次分明，显得错落有序。

近代开封民居的典范

四合院作为一个家族生活聚居的空间，用四面的房屋围合出一个有别于外部环境的独特空间，按照中国"尊卑有序"的传统伦理观念，各家庭成员分别居住在构成院落空间的正房、东西厢房中，一家老小围绕四合院的内院空间生活聚居、和谐共处。但遗憾的是，清末民初时期的开封四合院大部分已遭破坏，保存比较完好的有许家老宅、田家大院、刘家宅院以及张登云故居等。就整体而言，这些四合院无论是从高度还是开间、进深等标准来讲，都是主房高于且大于配房，主院高于前院。其大门大多不在中轴线上，而是在左侧配房山头处，往往以配房山头作为照壁装饰。从建筑形式上看，均为清代小式建筑，青板瓦或者筒瓦屋面，正脊和垂脊多为叠瓦式扣瓦花脊，多以无吻兽或仙人小兽作为饰件。其前檐多为出厦檐廊，后檐不出厦，青砖墙，砖封檐，两山多作硬山，主房多作廊心墙，大部分以土木结构为主。

许家老宅位于后保定巷6号，为开封商人许正源在1936年所建，现在只余中院和前院，现有建筑除部分屋前的厨棚及二门过厅已拆除外，其他均保存完好。其建筑构造受西方建筑影响，除主房外，其他房屋均无外檐装修，窗为带有亮子的双扇玻璃平开窗，门为带亮子的双扇玻璃门扇，其门窗均为弧形雕砖花牙砖拱旋，门上和窗上均安有弧形木质雕纹金钱旋心板，整个门窗改变了过去槛窗、格扇门的构造形式，其室内装修一般为木板隔断、砖铺地坪、芦席天棚，仅上房明间为水磨方砖地坪，内间为木地板，所有油饰一律为棕色，整个建筑显得朴实无华。因其墙壁已作承重作用，不再设檐柱，除主屋3间外，均无前廊。3间主房两山各加一耳房，中间3间有出厦前廊，有前檐柱、前檐及廊心墙，两侧的耳房则无前廊……其正脊为叠瓦花脊，其垂脊为叠砖扣瓦脊，陈两山有墀头外，其他各房均为前后砖封檐。后保定巷6号院的构造形式，是1930年后一个时期开封中下等级民居的建筑构造形式中的典范，开封不少民房按此形式建造，因而具有一定的代表性。

乐观街45号院为田家宅院，建于1924年，原为三进院，中院为主宅。其后院原为杂物院，新中国成立后被改造成工厂，现只存两院。田家宅院中院

刘青霞故宅中的一个四合院

正屋保存相对完好，得益于田家后人非常强的保护意识。其整个建筑布局为坐北朝南，现存的后院有主房3间，东西配房各4间，中有客厅3间，客厅东侧有厨房3间，前院无东西配房。所有建筑采用清代小式民宅建筑形式，均带有前廊出厦，主房建筑为土木结构，内外装修皆精美讲究，主房明为3间，实为6间，有前屋3间，后有套房3间，中设楼梯。整个屋面为青板瓦屋面，正脊为叠瓦花脊，垂脊为叠砖扣瓦脊，两山为7层方砖博风封檐，前檐为挂板堼头，主屋两山头用水磨方砖砌成廊心墙，上书"纳福""迎祥"4字，使廊壁更加生辉。在外檐装修方面更为精美讲究，檐枋之上挑出深远的方椽飞檐，檐枋与板材之间装以雕花荷叶墩，下挂垂花柱与花牙板。垂花柱与花牙板均系透雕，雕刻得玲珑剔透、线条精细、栩栩如生。在室内装修方面，明间设一客堂，正面为6扇屏风玻璃隔断，并装以菱角金钱花框，两侧有4扇玻璃木隔扇一道，所有格扇下部的上下涤环板及群板，均为雕饰精美的图案花纹，整个门窗格扇内外装修不仅做得精美细腻、光泽照人，而且非常牢固，从建成至今，虽已近百年，依然完好如初，未发现有变形裂纹、脱漆龟裂等现象，这也证明了当时建筑工人技术之精湛。

清末，尉氏县富豪刘耀德之父在开封市内购置土地，于1880年建造大宅院。整个大院的建筑物沿中轴线左右对称而又层次分明，体现出中国传统民居建筑风格。刘家宅院为典型的三进四合院格局，整座院落左右对称、层次分明，从前院向后院的屋檐和屋脊逐步高升，错落有致。整座院落除了沿着中轴线可到上房之外，在东侧还有一条贯穿南北的通道，可达二进院和三进院，还可直达后花园。刘家宅院所有的房屋都是小式建筑，承重结构为木柱、梁、檩条和椽子组成的框架。三进院堂屋与中厅都有前后檐柱，所有房屋都设有前廊，每个院落都与前廊相通，这就是"出厦风雨廊"。走近细看，房屋的墀头、檐板、砖雕等饰件精美绝伦。这里所有的房屋均为小式建筑、硬山瓦顶，朴素大方、雅而不俗。整座建筑群房屋为砖木结构、青板瓦屋面，正脊为叠瓦花脊，配房为小花脊，脊头有吻兽，左右两山为硬山封顶。后墙为青砖风檐，并装饰有精美的砖雕、荷叶墩以及椽头飞子、勾头滴水檐。客厅的东侧有一道门，装有垂花门楼、垂花柱、垂花楣子以及各种透雕花心板，两山安有木博风。在西院，整个建筑大门以里东侧有一条纵贯南北的通道，因此，不但一进大门向西进前院，沿中轴线各门可直通中院及后院，而且可以一进大门向东进入南北通道，通过侧门进入东院的中院、后院或者直达后花园，布局合理，交通便利。所有油饰基本上是黑棕两色为主，只有少数花牙楣子饰以彩色，和青砖灰瓦浑然一体，显得古朴大方，体现出小式建筑的特色。

四合院中的慢时光

在开封还有一些典型的四合院。朝阳胡同19号张钫故居原是一座清式三进大院，青砖蓝瓦、白灰细缝、前廊后厦，有房50余间，门窗格式以及室内装饰木隔等十分考究。北太平街16号张登云故居前院已被改建，仅存后进院的北屋和厢房，原来是一座三进院，有大小房屋30间。正厅内东、西各尚存着珍贵的红木带双门隔扇。此外，如今的小纸坊街、双龙巷也有不少四

信昌银号金库的四合院

合院。

四合院的装修、雕饰、彩绘处处体现着民俗民风和传统文化，如以蝙蝠、寿字组成的图案寓意"福寿双全"，以花瓶内安插月季花的图案寓意"四季平安"。四合院中的宅门、垂花门和格窗多饰以木雕，能工巧匠在门上雕刻蜿蜒盘绕的花卉植物以及龙、象等瑞兽头形，使原本呆板笨重的材料显得生动并富有活力。

四合院建筑墙体的砖雕、门窗局部构件的石雕和木雕、庭院铺地的图案等元素都经过颇具匠心的深入雕琢。例如柱体和房檐之间设置的雀替，其功能是扩大柱体支撑面，有利于分散对屋檐的支撑力，从而减弱柱体的受力程度。就是在这小小的功能性部件上，工匠们精心雕刻出了如藤蔓、云彩、几何纹样等丰富的图案，看起来非常醒目，和柱体以及廊道形成一种富有节奏的美感。

曾几何时，开封城内街巷里的叫卖声回旋悠长。清晨，遛鸟的老先生衣摆随风飘荡，街坊邻居或抽着旱烟，或呷嘴儿品茗，无论是哼着小曲，还是晃着二郎腿坐在摇椅上闲话家常，都十分惬意。城市现代化的进程逐渐打碎了悠闲的梦，四合院记载的这座城市的过往越来越模糊。重回四合院，吃饭、喝茶、生活，仿佛成了现代人的一个终极梦想。因此，保护四合院的意义不仅仅是保护一幢旧房,更是保护一种悠久的文化传统。如果这些活生生的历史见证消失了,那么我们就无法真切地体会到先辈们曾经是如何在这静谧的环境中生活了……

古城老街宋朝味

风味美食誉九州

在一座古城，有两样东西一定不能错过——小吃和老街。美食可以满足口腹之欲，老街可以弥补人文历史知识。恰好，开封的小吃都隐藏在老街中，可以边吃边看，边看边吃。

居住在新区的市民想吃好的早餐，一定得到老城区。比如小纸坊街的油条、胡辣汤、豆沫、绿豆糊涂很是吸引人。都知道油炸食品吃多了不好，还是冒着血脂高的危险去一饱口福。

小纸坊街在宋代州桥遗址的西侧，这个油条店铺竟然没有任何的招牌，但是一早就是人们排着长队等候购买。油条是北方人常吃的早餐，在开封，这样的早点摊儿处处有，市民都喜欢吃，我经常看到穿着睡衣的男人或者女人用一次性筷子挑着几根油条招摇过市。民间传说，油条起源自南宋时的杭州。清人顾震涛《吴门表隐》中讲："油炸桧，元郡人顾福七创始，然始于宋代，民恨秦桧，以面成其形，滚油炸之，令人咀嚼。"

小纸坊街这家店，店主制作的油条正是正劲小杠油条，店主讲说这是正劲三棱剪，这种油条和一般油条的用料和制法基本相同，但与在打面糊时加碱不同，他一直保持传统工艺，用的是土碱，不是工业化的碱面。另外水温不

开封街巷亲民的杠油条

同、下锅时拉条动作不同；下锅后的翻动方法不同，先炸底儿，再翻左右，最后出锅再坐底。熟后呈独特的三棱长条，黄焦酥脆、不疲不软、放在桌上用筷子夹起来，用手指能敲断，扔在地上能摔成两截，正劲小杠油条是油条中的佼佼者。我要了一根焦油条、一个鸡蛋圈儿（就是油条围起来中间打一个鸡蛋），再配上半碗绿豆糊半碗豆沫，佐以凉拌咸菜丝，吃起来十分舒爽，香而不腻，得劲得很。

在书店街有一家包子铺，天天排长队，说明味道很好。说到包子，小时候，我对包子的印象就是母亲包的角子，就是到镇上市场上卖的也多是角子，像个楦头一样，里面有素馅或者肉馅，我最喜欢吃母亲做的南瓜馅的角子。长大后，到开封读书，发现这个城市多是卖包子的店铺，包子就是这座古城的另一种象征，历史的厚重，文化的包容。一张面皮儿，可以包下几千年的历史故事和民俗风情。城墙宛如一张皮儿，豫剧、斗鸡、胡辣汤、花生糕、木版年画、书法、河南坠子等都包容进去。灌汤包子内容精美别致，吃面、吃肉、吃汤被整合成一个包子，这就是开封文化的魅力。一座城市一个包罗万象的文化包子，不但有夏朝味儿、北宋味儿这样的古都包子，还有明清、民国的河南味儿，常言道："根在中原，家在河南"，离开开封谈河南与离开包子谈开封一样

开封夜市的小笼包

是不完整的。

包子之名最早出现在《清异录》中，据记载，五代后周京城汴州城间阆门外的张手美，随四时制售节日食品，他在伏日制售的有一种叫"绿荷包子"。这是开封包子的最早记载。

由于发酵技术的革命，包子发展到北宋，成为首都开封的全民食品，包子铺和酒肆、茶坊一样，在开封人的生活中处于重要地位，有史可考的就有"汤包""素包""豆包"等，这种饮食风尚后来影响了整个大宋乃至今天河南人的饮食，甚至大江南北的饮食，南方的生煎包子似乎与此关联。至今，豫东农村包的三角形的包子，里面放糖还叫糖包。

不过，那时候的包子以冷水面制皮，多为素馅。而馒头以发酵面制皮，馅心为肉类，也就是今天的肉包子。北宋以后，馒头在中原地区渐成为无馅之发酵面制品，包子则成为以多种面团制皮，包有荤素各类馅心的面食的统称。

宋神宗特别喜爱吃包子，元丰初年的一天，宋神宗去视察国家的最高学府——太学，正好学生们吃饭，于是令人取太学生们所食的饮馔看看。不久饮馔呈至，他品尝了其中的馒头，食后颇为满意，说："以此养士，可无愧矣！"从此，太学生们纷纷将这种馒头带回去馈送亲朋好友，以浴皇恩。"太学馒头"

开封小吃——黄焖鱼　　　　　　　开封小吃——桶子鸡

的名称由此名扬天下，成了京师内外人人皆知的名吃。北宋南迁之后，太学馒头的制法又传到了杭州，成为那里著名的市食之一。《鹤林玉露》记载，北宋蔡京的太师府内，有专做包子的女厨。这些女厨分工精细，有切葱丝的、有拌馅的、有和面的、有包包子的等。京城有一个读书人娶了一个小老婆，她说自己曾在当时太师蔡京的家里做过厨娘，专门负责蒸包子。读书人就让她做包子，她又说不会做。读书人就问她："你既然在蔡京的家里专门蒸过包子，怎么不会做包子？"她回答说："我在那里是只专门负责给包子馅切葱丝的。"流水线的包子制作，都反映了宋代包子制作技术的精湛。

《东京梦华录》载汴京城内的"王楼山洞梅花包子"为"在京第一"，另外，鹿家包子也很著名。《东京梦华录》中有"更外卖软羊诸色包子"记载，虽未点出包子的具体名目，但从"诸色"一语中可见宋朝时开封包子品种之多。

《舌尖上的中国2》第五集《相逢》中说："杭州小笼包拷贝的是古代开封的工艺，猪皮冻剁细，与馅料混合，皮冻遇热化为汁水，这正是小笼包汤汁丰盈、口感浓郁的奥秘。"开封第一楼的包子全国驰名，第一楼源于民国时期的"第一楼点心馆"，当时清末举人祝鸿元题写的匾额。第一楼的包子原为大笼蒸制，20世纪30年代由第一楼店主黄继善改用小笼蒸制，每笼15个，就笼上桌，故名小笼包子。特点是皮薄馅大，满汤满油，提起似灯笼，放下像朵白菊花。

北宋开封的酒楼，有名的"正店"即有72家。《东京梦华录》载："八荒争凑，万国咸通。集四海之珍奇，皆归市易。会寰区之异味，悉在庖厨。"明代的开封王府众多，号称"中原首邑"。开封"势若两京"，酒楼、饭店、饭铺与摊贩等依然排门挨户，十分兴旺。民国以后，开封小吃，中西兼具。开封名厨，集古今经验，取南北精华，尽地方特有，各有擅长，他们在甜、咸、苦、辣、酸五味的基础上，挖掘探讨，不断推陈出新，不断引领"吃货"们的口味儿。

老街隐逸慢时光

著名文化学者余秋雨说开封"像一位已不显赫的贵族，眉眼间仍然气宇非凡"。而我却认为，开封的老街巷就像这位贵族身上的环佩和珠宝，即便满是尘土也掩饰不住其熠熠生辉的灵光，仿佛在瞬间就能重新唤醒开封的古都气韵。

开封作为首批国家历史文化名城之一，遗留了较为完整的老街巷，其中以宋代街巷最为著名。北宋时由于坊市分离，街巷间充满浓厚的商业气氛，人们的日常生活热闹非凡，这在《清明上河图》中得到了最充分的反映。

开封人喜欢把街道小巷叫作"胡同"，民间素有"七角八巷""七十二胡同"等说法。其中，七角分别是指吴胜角、行宫角、丁角、都宅角、崔角、府东角、府西角。七角的名称虽沿用至今，但其中有两个名称已经有所改变：丁角，明代称为"丁家角"，清初改称为"丁家桥"，清光绪年间又更名为"丁角街"；吴胜角，明代时因该街北端有一座五圣祠，被人称为"五圣角"，清康熙年间更名为"吴胜角"，新中国成立后复称"吴胜角街"。八巷则含有双龙巷、贤人巷、南京巷、保定巷（前保定巷、后保定巷）、金奎巷、聚奎巷、慈悲巷、第四巷。其中，第四巷的名称前后有所变化：宋时叫"第四甜水巷"，明代称为"第四巷"，清代又更名为"前第四巷"，民国时则称为"和平巷""中第四巷"，原本是开封城内妓院比较集中的地方。1951年，开封市人民政府一举关

开封的老街巷隐藏着古都气韵

闭了全市妓院,组织被压迫妇女参加生产劳动,让她们走向了自力更生的光明道路,此街因而改名为"生产中街"。

随着时代的变迁,开封旧城不断改造,道路不断拓宽,部分胡同已经是旧貌换新颜,有的甚至已经消失。由于城市建设步伐的加快、房地产开发浪潮的冲击等等,开封的老街巷不断减少,好在多年来,开封街巷的格局变化并不大,基本是东西和南北走向,从而构成一种棋盘型的城市格局。尤为有趣的是,开封老街巷的名称由来十分多样,蕴涵着丰富多彩的地方文化。

一些街巷以历史传说命名。比如游梁祠街,据说就讲述了公元前319年孟子拜会梁惠王的这一段历史。双龙巷的传说,则是关于宋太祖赵匡胤和宋仁宗赵光义的故事,据说这两位皇帝都曾在此居住,因古代皇帝为真龙天子,故名;卧龙街,据民间传说,赵匡胤陈桥兵变后,微服回东京看望家属,被周兵认出后受到追捕,他便遁入一座玄帝庙中,因追兵逼近,就藏在一尊神像背后。追兵进庙后,见神像四周蛛网密布,以为赵匡胤已逃往别处,便出庙分头追寻,赵匡胤这才躲过一劫,这便是"卧龙"一词背后的故事。

陈慰儒故居

有的街巷以历史遗迹命名，比如以祠庙寺观命名的街道就有30多条，包括无量庵街、三元街、卷棚庙街、无梁庙街、城隍庙后街等等。其中，文庙街原是清顺治年间知府朱之瑶修建的左庙右学。起初，这条街因位于布政使司后面，被人称为"司后街"，后来在这条街上建了开封府孔庙，便改称为"文庙街"；旗纛街最初为唐代建立的太公庙，宋代又在此建立武庙来祭祀姜尚及历代名将，于是改称为"武庙街"，到了清代又更名为"旗纛庙"，以此纪念在战场上手握军旗的将士们。

还有以过去的建置命名的街巷，如北道门街、里城大院、辇子街、开封县街、省府后街、御街、大兴街、柯家楼街等等。其中，与北道门街相关的是北道，它曾是清代开封的衙门之一。当时，开封城有东司、西司、南道、北道等衙门，北道专门负责粮盐事务；里城大院源自清康熙年间建立的满洲城，里城是旗人的聚居地；大兴街在宋代是大晟乐府的所在地，它是当时全国音乐最高学府，金宣宗迁都开封后仍旧设置音乐机构于原址，改名为"大兴乐府"，大兴街由此而来。

另外一些街巷以用途命名，如馆驿街在宋时被称为"小御巷"，因名妓李师师曾在此居住，民间便俗称为"师师府"。到了明代，该街为驿站，名叫"大梁驿"，是一处专供传递公文的人或来往的官员在途中歇宿、换马的地方。民国时期，大梁驿又改名为"永康街"；马道街在宋代是大相国寺的一部分。到了元代，因开封多次遭受水灾，大相国寺呈衰败之势。明代中期，大相国寺的香火重新兴旺了起来，加上当时的祥符县衙（现为开封市祥符区）设在寺院西侧，街上开始出现不少赶脚儿的人，他们或牵着骡马，或赶着马车在此聚集，等候雇佣。当时的牲口（尤其是马匹），仍是人们出行的主要交通工具，因此这条街上终日熙熙攘攘，车马不断。后来，有人在这里建房开店做生意，祥符县的马快班也驻在此地，此处便开始逐渐形成街道，人们称之为"马道街"。一直到清朝，马道街还开设有骡马车行……此外，诸如柴火市街、磨盘街、油坊胡同、旋匠胡同、鱼市口街、烧鸡胡同、鹁鸽市街、磨盘街、书店街等街巷，都是以用途命名的。

不过，也有以姓氏命名的街巷，比如高家胡同、侯家胡同、屈家胡同、王家胡同、刘家胡同等。

街巷名称具有相对稳定性，能保留较多的历史信息。保留至今的开封街巷名称中，以宋、明、清时期的最为丰富，从特定的侧面记录了社会变迁和历史映像。以现在的三民胡同为例：传说三国时期，曹操曾在这里歇马，盖了3个草亭，故有"曹三亭"和"草三亭"之说。明代，由于街道南北两口互不对照，中部有一个很大的转弯，整条街形似一只凤凰——两头是首尾，中部大转弯就是凤凰的腹部——故称"凤凰巷"。明弘治年间，巷中建了一座寺庙，名曰"凤凰寺"，是开封城内最早的一座清真寺。清代，人们废除了凤凰巷的街名，恢复古代的"草三亭"旧名。到了冯玉祥将军主豫时期，又改草三亭为"三民胡同"。不过，虽然这个名字的意义是全新的，但仍然含有一个"三"字，而日寇占领开封期间，"三民"一词成了他们的忌讳，便将这条街巷改名为"东光胡同"。日本投降后，恢复三民胡同原名至今。

开封现存的老街巷大部分是历史上遗留下来的，有着深远的历史渊源，以明清之际形成并命名的街道居多，也有的是民国以来更换了名称的，甚至还有宋代街道的踪迹。这些街道和胡同，一方面既承载了古城的历史，蕴涵着精彩丰富的文化内涵；另一方面又浓缩了古城的俗世百态，反映出开封的民风民情。

在老街巷行走，可以看到保存完好的四合院或者老门楼，而这些看似寻常的小院，或许就有名人住过；如今略显寂寞的门楼，砖雕、木雕、石雕艺术依旧精美。每逢节假日，常有一些画家、三五成群的摄影师或者兴致勃勃的游客，走进开封的老街巷中寻找灵感，开启一场美妙的文化观光之旅。小胡同中移步换景，四合院里竹影摇曳，老门楼下铃铛发出悦耳的铃音，街巷悠扬的叫卖声，偶尔传来的相国寺的霜钟、铁塔的风铃、汴水的秋声，都为老街巷这幅油画点缀了更加悦动的笔触和明亮的色彩。

虽然在历史的长河中，一条条老街、一座座老房遭到了损毁，但是放眼古城，仍然可以看到成片的历史街区，保存完好的四合院、老房子。这不仅让人感叹这些建筑顽强坚韧的生命力，也让人不得不佩服其厚实绵延的人文力量。

遛鸟生活慢时光

古都开封的一天一定是从一声鸟鸣开始的。清晨，爱鸟的"老开封"们手里提着鸟笼，笼外罩着布罩，悠闲地散着步，轻轻地摇晃着鸟笼，这就是古城一奇特景观——遛鸟。

开封遛鸟习俗已久，据岳珂《桯史》记载，宋徽宗在当皇帝之前，业余时间"颇好驯养禽兽以供玩"。即位之后，宫中养了一只鹇，"蓄久而驯，不肯去，上亲以麈尾逐之，迄不离左右"。宋高宗也十分喜欢养鸟，《古杭杂记》载："高宗好养鸽，躬自飞放。"民间则盛行养白鸽、鹦鹉、倒挂雀等鸟。《东京梦华录》载："相国寺每月五次开放，万姓交易。大三门上皆是飞禽猫犬之类，珍禽奇兽，无所不有。"

开封遛鸟人多年以来习惯于每天提着鸟笼子到环境优美的树林和水岸边，尽情享受大自然的恩赐。在包公湖畔，北侧是一溜儿的画眉，南边是清一色的

爱鸟的开封市民对鸟"爱不释手"。

百灵,每天清晨,多位遛鸟者便如约而至,两手两只鸟笼,肩上还带一只鸟笼,一辆自行车4只鸟笼,一辆三轮车6只鸟笼,优哉游哉。他们经常聚在一起,一个个带来自己的爱鸟儿,小心翼翼地揭开笼罩,把鸟挂在树上或者附近的横杆上后便开始聚精会神地欣赏自己的鸟儿了。喧嚣的都市,不时传来清越的鸟鸣,给古城的繁华增添了些许幽静。

遛鸟,讲的是物以类聚,养百灵的主儿绝不会提着鸟笼往遛画眉的堆儿凑。同样,不同层次的百灵或者画眉也不敢往优良的鸟身边凑,要不非得丢人打家伙不行,鸟不但气馁,连主人脸上都挂不住。

开封是中原重镇,各路达官贵人皆居古城,闲情逸致者多,在当时,开封推崇画眉,"鸟白眉如画,善歌"。民国时期,张履谦《相国寺民众娱乐调查》一书中专门分一章节叙述了开封遛鸟的情形并对遛鸟者进行了调查:"在相国寺中的玩鸟者,比之开封城内的玩鸟者的数目,是少极了,但据我们调查,也有三十五人。茶店中,民众公园以及相国寺内的其他地方,总常有他们的足迹。只要我们一走进相国寺内去,便可以见着不少的玩鸟者分散在各处,他们将鸟笼搁在地上，挂在树上，放在桌上，除一面注视鸟儿外，一面是在谈闲，乃至乎谈论党国大事或者日本在华北的行动等等。"到了1956年，相国寺经整顿、修复后，东廊归商业占用，西廊绝大部分归手工业占用。相国寺西院除戏剧、曲艺外，以饮食业、旧货、服务业为主，八角殿前后布置摊贩、禽鸟、杂耍活动等。

在开封，据养鸟的行家里手讲，鸟儿必须要"遛"，主要是为了鸟儿的健康，还能使鸟儿见多识广、遇变不惊。

汪曾祺说，鸟儿不遛不叫。鸟儿必须习惯于笼养，习惯于喧闹扰攘的环境。等到它习惯与人相处时，它就会尽情鸣叫。

遛鸟人不但重视鸟儿自身状况的良莠，还重视鸟笼的优劣。有的鸟食罐竟然是青花瓷。我曾听开封日报报业集团的赵国栋先生讲述过开封一养鸟者非同寻常的鸟笼。2001年3月，有人给赵国栋和赵西红说他的朋友有两只鸟笼挺有意思，他们到地方一看，发现那两只鸟笼果然和一般鸟笼不一样。在笼的底部，分别镶有四幅浮雕，浮雕内容均取材于《三国演义》。第一幅是《吕布刺董卓》，第二幅是《斩蔡阳》，第三幅是《张翼德怒鞭督邮》，第四幅是《走马荐诸葛》。这些浮雕都很小，但如仔细看，就会发现上边的人物栩栩如生。这位收藏者还收藏有两块鸟食罐象牙盖板。盖板上也有雕刻，一块上刻的是秦桧跪庙，一块上刻的是游西湖。据说这两块盖板乃袁世凯之子袁四少遗物。

遛鸟不但自娱而且益人，遛鸟不但是一样艺术活动还是一项体育运动。遛鸟更能使人们的起居、饮食及活动变得有规律。人们为了养好心爱的鸟儿，定时起床，提着鸟笼，踏着朝露，迎着晨曦，在习习的晨风中，把鸟儿带到幽静的树林、老街的街心花园或城区的公园里去。徜徉于美景，呼吸清新空气，群鸟争唱，人们聊着天、喝着茶、听着鸟叫，相互品评着、议论着、交流着，像是"不知有汉，无论魏晋"。

可以说，开封之所以为"开封"，正是因为有了这些老街，这些老街的烟火气息以及美味小吃，我们的祖先才书写了一首首唐诗、一阕阕宋词，画出了一幅幅旧影……

文脉传承贯古今

这是一条历史之街,它穿越千年,历久弥新;

这是一条文化之街,它书香氤氲,文化繁荣;

这是一条复兴之街,它贯穿古今,文化传承。

千年帝都,一条街开启了开封文化复兴的闸门。

开封书店街是一条与日本东京神田书街齐名的世界古街。书店街200多家商户中经营图书和棋、琴、书、画等文化用品的就有120多家。走进书店街,宛如步入千年梦华的古老书院。书店街多为两层阁楼式建筑,飞檐挑角,青砖白缝,店铺门窗栏杆上都有造型别致的木雕。雕花门窗,精巧华丽;横额牌匾,拙朴凝重;坡顶花脊,古朴典雅;部分建筑中西合璧,精巧别致。全国没有一条街像书店街一样,既有浓郁厚重的文化气息,又有悠闲雅致的古老韵味,就像时光酿制的一坛琼浆,墨香中尽显儒雅。

繁华闹市书香浓

书店街位于开封市热闹繁华的商业中心区。书店街距今有近千年历史。可追溯至北宋时期,那时称为高头街,与大宋皇宫毗邻,自然热闹非凡,是东京城里最繁华的街市。明代,称为大店街。《如梦录》"街市纪"、"形势纪"中

古色古香的书店街

曾数次提及，大店街多经营文房四宝。到了清代乾隆年间，开封为中原文化重镇，文化产业极为兴盛，这条街因许多店铺经营书籍字画、文房四宝而闻名，书店鳞次栉比，碑帖字画充盈市面。"书店街"这个墨香飘逸的名字就开始传开了。光绪年间把书店街分为两段，成为南书店街和北书店街，清代光绪《祥符县志》卷九建置中记载："宋门街在县治东第二隅：宋门大街……南书店街。"清人李于潢在《汴宋竹枝词·东京书肆》诗云："鬻书多在殿门前，板照杭州着意镌。文秀采豪潘谷墨，姚家五色研光笺。"生动地描绘了书店街繁华的情景。世界上另一著名的书街——日本东京的书街是在1890年以后成为书店聚集区的，比这里晚了100多年。

民国十七年（1928），在冯玉祥将军第二次主政河南时，则把书店街改名为"新华北街"，而马道街改为"新华南街"。民国二十一年（1932），刘峙任河南省主席后，才恢复了书店街之名。1927年，河南省政府在开封设立，曾经因黄河泛滥而颓败的开封古城从此面貌一新，在河沙层层堆砌的老城基上开始了城市近现代化建设，当年，西式的和中西合璧式的建筑在古城内外大兴土

夏天书店街绿树成荫，书香氤氲。

木，标志着古城的新生时代。开封书店街，正是在这样的历史背景下发展起来的一条街市。历史上各地的专业街道不少见，但是开封这条以文化为内涵，以书店为龙头的书店街，却早在20世纪30年代已经誉满全国了。

书店街传统风貌遗存既是开封人宝贵的文化遗产，也成为具有生命力的城市的一个组成部分。与传统的商业街不同，书店街几百年来一直保持着明清时代的风貌。该街有许多书店和经营笔墨纸砚的文具店，以"书店"命名的街道全国都是很少见的。街名的本身命名也体现了开封文化古城的特色。书店街不但书香弥漫，而且老字号商铺随处可见，如邱文成笔庄、鲍乾元笔墨店、晋阳豫、包耀记、信昌银号、工丌照相馆、五美德酱菜园等。每一家老字号都有着厚重的文化历史。

鲍乾元为开封生产毛笔的著名老字号，生产的毛笔享有盛誉，狼毫、羊毫毛笔种类繁多，在众多的产品中，以尖齐头圆、开峰齐正、能软能硬、书写流利的元字笔最为有名。酱肉名店陆稿荐坐落在南书店街南头路东，三开间二层小楼，古朴典雅，门楣上悬黑漆金字招牌。陆稿荐起源于苏州，清末来汴，

老字号遍布其间

数易其址，后才迁于现址。包耀记，创始人包耀庭，祖籍南京。清同治年间，他只身来到开封，以扛篮卖笔为生。以后又经营古玩、绸缎。发迹后，遂于南书店街路东（现址）购买房屋，筹建包耀记南货庄。晋阳豫，创始人为苏州人唐禹平，咸丰三年（1853）为避战争，他携大量南方名贵货物，跑到山西晋城落脚经商，生意做大后来到开封徐府街落脚，并取名晋阳禹南货庄。光绪年间，唐禹平年老体衰，思乡心切，将晋阳禹盘给火神庙后街的王慰春。王慰春将晋阳禹的"禹"改为"豫"。1938年，租南书店街路东冯姓门面五间，粉刷整修，请上海书法家唐驼题"晋阳豫"金字匾，并增设糕点、时令鲜果。

进入20世纪，当时的省城开封开办了新式学堂，新式文具开始广泛应用。于是，两合书店、大东书店等以书店冠名的商铺正式出现，振华阁文具店和钢笔大王"义聚馗"等相继在书店街闪亮登场。当时的名店就有振兴隆、德五祥、凤麟阁、博雅斋、环文阁、梁苑锦南纸庄等十几家。《实业日报》1913年创刊于开封，地址在北书店街。《中国时报》，1945年10月创刊于开封，地址也在北书店街，1947年与南阳《前锋报》出联合版。全国有名的印书馆也竞相来此开设分店。

1906年7月，商务印书馆应河南省政府邀请在开封建立分馆，当时因为在书店街找不到门面，最后只好在东大街路北开张。中华书局开封分局建于1913年，地址在南书店街酱醋胡同附近，1935年迁至北书店街路东营业，一年后又迁至南书店街路东现79号新华书店少儿门市部。广益书局开封分局建于1919年，店址在北书店街路西，当时3间平房、玻璃门面，后因拓宽街道，改建为两层楼房。广益书局常出版石印评弹词话、章回小说、传奇小说等，行销省内外。1925年在中国共产党领导下创建河南书店，地址在南书店街23号，该书店出版发行的进步刊物《中州评论》，推动了马克思主义的传播。开封予郁书店是上海世界书局特邀经销所，1936年撤销后合并成上海世界书局开封分局，地址在北书店街路东，现在为开封市新华书店购书中心。北新书局开封分局1946年由潢川迁来，在南书店街北口路东营业，主要经营上海总局出版发行的各类图书以及中小学教科书，有鲁迅的《彷徨》《呐喊》等，北新书局出版的《新活页文选》发行量较大。

在20世纪30年代，书店街已经誉满全国，成为中原著名的文化一条街。两边书店密布，一家接连一家，有开明书店、大东书局、百城书馆、龙文书局、振兴隆、博雅斋、惠昌山房等30多家。抗日战争以前，沿街还有许多经营古旧书籍、文房四宝、金石字画、碑帖拓片、装裱治印等专业性店铺。除了书店、文具纸张、笔墨庄以外，也有不少其他商铺，比如味莼楼饭庄、容芳照相馆、王开照相馆、五美德酱园等。20世纪50年代中期之前，开封是河南省政治、经济和文化的中心，上海、北京、武汉等地的各家书馆竞相在此独占一隅，开设分号。当时的书店街，是全国书刊、纸张和文物的主要集散地之一，与北京的琉璃厂齐名。随着开封政治、交通地位的变化，渐渐地，书店街的地位不像以往那样"显赫"了。

历史名街载乡愁

位于北书店街路西最北头拐角处的一座两层旧式小楼,曾是20世纪20年代中期中共豫陕区委机关所在地,现为省级重点文物保护单位。还有位于南、北书店街分界处徐府街上的山陕甘会馆,现在是国重点文物保护单位。以及位于南书店街东侧的文殊寺,都是历史悠久且十分美观的传统建筑。

书店街建筑分为两类:一类是经过修复和改建的明清建筑样式,另一类则是中西合璧的民国时期建筑样式。前者多为木结构阁楼式建筑,三开间,上居下店,花格门窗,二层挑出阳台,由黑色或红褐色木柱支撑。额杨和雀替等建筑构件雕工精美。由于以民式小样建筑为主,色彩丰富,手法灵活多样。后者多为砖木结构,三开间,青砖白线,有坡顶和平顶之分,山墙高耸,中式雕刻艺术与西式装饰线脚相结合。

2011年,9月14日下午,阮仪三冒着淅淅沥沥的秋雨走进开封书店街察看。街道两旁多为两层阁楼式建筑,小瓦盖顶、飞檐挑角、坡顶花脊,风格古朴典雅。在那里,阮仪三感觉如同走进了古色古香的画廊。阮仪三称赞说:"作为历史名街,书店街街景修复得非常好。同时要进一步增加文化气息。"

阮仪三认为,在保护城市文化遗产的同时,还要保护它周围的环境,特别是要保护城市、街区、景点的整体环境。整体的环境是要有历史原来风貌的。保护城市文化遗产就是要坚持拯救如故,保存它所留下的原有样子。

书店街以大宋文化、古都历史、人文资源为依托,以书籍文化、书画文化、书房文化为主要内容,以书店街及相连街巷为载体,以旅游、休闲、赏购、展示为业态,2018年河南省公布首批省级历史文化街区,开封书店街与马道街、双龙巷3处街区位列其中。

书店街除了各类图书外,还有笔墨纸张、体育器材、中外乐器、古今字画等数百种文化产品在此经营,重现当年全国书刊、纸张和文物的主要集散地的盛景。

漫步书店街,蔓延古色古香,处处书香盈。南书店街南口西侧,街道指示牌非常别致,创意十分好,采用两根合并在一起的古铜色"毛笔",上面写

冬日书店街游客络绎不绝

着"鼓楼广场、鼓楼街、南书店街"字样，凝重而富有质感。南书店街南口东侧是一个"特色历史文化名街——书店街"立式简介牌，牌上中、英文两种语言对书店街加以介绍，方便外国游客阅读。书店街道路采用花岗岩铺就，显得古朴大方。从南向北，8块2.8米见方的金色地雕均匀排开，地雕上刻有"笔""墨""纸""砚""琴""棋""书""画"字样，点出了书店街的主题和特点，高雅、富贵。"书局""汴梁纸马铺""环文阁"等旗幡迎风招展，与街道两边雕栏楼阁、飞檐斗拱的明清建筑相映成趣。虽历经数百年风雨沧桑，仍保持着浓厚的文化氛围，坚守着古街风貌。书店街大部分是清末明初的阁楼式建筑，朱栏雕窗、坡顶花脊，古朴典雅。还有部分是中西合璧建筑，精巧别致，妙趣横生。美轮美奂的古建长街，显示着开封文化的独特魅力。

毛体红色"新华书店"4字镶嵌在青灰色墙面上，门窗亦为红色，分外醒目。老字号"王开照相馆"修旧如旧。街边石凳雕刻也富有文化气息，或"千秋岁引""湘春夜月"，或"浣溪沙""虞美人"。垃圾箱印上了宋徽宗的瘦金体，空调外机罩上了古色古香的格子罩子。牌坊、廊腰的设置增加了书店街建

书店街北口的牌坊

筑的连续性、整体感。北书店街北口的牌坊形式简洁大方，华丽、高雅。底座上蹲有8座胸挂绣球的石狮，大气威武，和谐祥瑞之气凸现。

目前，书店街已经成为集旅游、休闲、购物为一体，展示开封悠久历史、灿烂文化、城市个性特征的特色历史文化街区，成为展示古城开封亮丽形象的城市名片。如今，漫步书店街，那种浓郁而又厚重的文化气息，悠闲而又雅致的古老韵味，无不使人感受到中国传统文化的渗透力、创造力和深厚的根基，不时触发起人们的怀古悠情。

满城尽带黄金甲

古都开封,千年梦华。宋词与菊花,相得益彰。

每到深秋,古城大街小巷都布满菊花,满目皆是,空气中会弥漫一种醇和的暗香。

傲霜秋菊宋韵香

菊花是秋天的使者和象征,在金风萧瑟的深秋开放,傲寒凌霜,佳姿丽质,承载着丰厚的文化意蕴,袅袅娜娜地步入了宋代文学的殿堂。据统计,在《全宋词》中直接写菊花的词有89首,"菊"意象出现816次,"黄花"意象出现340次,宋代词人对菊花的喜爱,无论数量与种类都远远超越唐诗。

两宋词人用他们的生花妙笔描绘出了千姿百态的菊花。他们借菊咏怀、怡情、励志,把菊花当作自己心灵的客观对应物,在菊化身上寄寓着词人归隐田居的心理、高洁自许的意绪、壮志难酬的悲情、恋恋风尘的咏叹。

李纲《水调歌头·似之、申伯、叔阳皆作,再次前韵》:"坐间有客,超诣言笑可忘怀。况是清风明月,如会幽人高意,千里自飞来。共笑陶彭泽,空对菊花开。"这位参加东京保卫战的爱国将领,在昏庸君主的威逼之下,在国家民族生死存亡时刻也只能投入大自然的怀抱。在林和靖眼中梅是妻鹤是子,

每年十月，开封大街小巷都开满了菊花。

在陈允平眼里，黄花皆如女人，他说"黄花有恨"，黄花还有"泪"、有"梦"。菊花与其他象征爱情的花卉一样，为爱情增加了一缕花香，平添了几许浪漫。菊花成为宋词中使用概率很高的爱情花卉。李清照以《重阳·醉花阴》词函致赵明诚，赵明诚自愧弗如。于是闭门谢客，废寝忘食三天三夜，得词50阕，把李清照的作品混入其中，展示给友人陆德夫。陆德夫品评再三，说："只有3句写得好。"赵明诚问哪3句，陆德夫回答说："莫道不消魂，帘卷西风，人比黄花瘦。"这正是李清照的词句也。她把对丈夫的幽幽深情寄寓在爱菊之中，瘦比黄花，在词人眼里，人瘦花也瘦，清寒之中的黄花也会和自己一样，因思念而为伊消得人憔悴。李清照的瘦黄花成了后人传诵不已的最典雅最销魂的爱情之花。

菊开深秋，傲霜怒放，凌寒不凋，与梅、兰、竹一起并称为花中"四君子"。菊花以大规模数量、大摇大摆的气势走进两宋词坛，可谓空前绝后。

菊花见证了宋代的政治经济、民族矛盾、风俗习惯、乡土人情。宋词亦赋予菊花深刻的文化内涵和审美价值，构建了丰富的菊花意象：或蕴涵着隐逸

菊花文化节,满城黄金甲。

退让的道德文化,或具有刚正不阿的君子品格,或反映一种坚强不息的进取精神。就这样,一代文学和菊花在开封开出了韵味非凡的奇葩。

菊花佳肴美味长

菊花气味芬芳、绵软爽口,其吃法多样,可鲜食、干食,生食、熟食,焖、蒸、煮、炒、烧、拌皆宜,还可切丝入馅,菊花酥饼和菊花饺都自有可口之处。菊花虽品种很多,但人们多食用黄菊、白菊。

战国时代,屈原就有"朝饮木兰之坠露兮,夕餐秋菊之落英"的吟咏。两晋时期,钟会在赋中称赞菊花为"神仙之食"。唐朝的陆龟蒙,他家住在荒郊野外,房前屋后空地宽敞,便种了许多杞菊。春天,嫩苗恣肥,就采来当下酒菜;夏天,枝叶老梗,不好吃了,他仍督促儿孙去采摘,简直是食菊上瘾了。宋代文人苏东坡更是食菊成癖。他春食苗,夏食叶,秋食花实而冬食根。宋代刘蒙在《菊谱》中称真菊为甘菊:"甘菊,一名家菊,人家种以供蔬茹

菊花绽放　　　　　　　　　　　　金钩倒挂盛世菊

凡菊叶皆深绿厚，味极苦，或有毛。惟此叶淡绿柔莹，味微甘，咀嚼香味俱胜，撷以作羹及泛茶，极有风致。"南宋赵希鹄《调燮类编》卷3记载了一种将菊花直接拌食的做法："甘菊花春夏旺苗，采嫩头汤焯，拌食甚佳。"还有菊花与其他原料混合做菜。

南宋人林洪，也就是林和靖的后代，写了一本书叫《山家清供》，全是素食，其中有三种食菊方法，一种叫"紫英菊"，做法是："春采苗、叶，略炒，煮熟，下姜、盐，羹之，可清心明目，加枸杞叶尤妙。"一种叫"金饭"，做法是："采紫茎黄色正菊英，以甘草汤和盐少许焯过。候饭稍熟，投之同煮。久食，可以明目延龄。"如果能用南阳的甘谷水来煮，效果更佳。还有一种叫"菊苗煎"，做法是："采菊苗，汤瀹，用甘草水调山药粉，煎之以油，爽然有楚畹之风。"这道油炸菊苗吃起来不但不腻，还很清爽可口。传说慈禧太后爱品尝菊花美食，用铜火锅盛鸡汤或肉汤，以急火烧沸，再投入鸡片、腰片或肉片，并杂以白菊花瓣，则形成一道名吃"白菊乌鸡涮红锅"。

饮菊花茶的明确记载始见于唐代。宋代的菊茶与唐代以及今天的菊花茶不同。今天的菊花茶是以菊花花头加工而成，如大观菊茶、杭白菊等。菊花经过蒸气杀青之后，晒干至含水率70%以下，手捻花瓣即成粉碎时，便可饮用。不是所有的菊花都可以做成菊茶。景区、广场展示的菊花是不可以入茶的，因为为了景观造型，喷施了大量化学药剂，还是野生菊花做茶好。

开封市养菊能手们培养的大立菊一棵可达三四米，一两千多朵花，枝繁叶茂，色彩艳丽。

宋代的菊茶什么模样呢？原来，宋代菊茶是用菊苗的鲜嫩枝叶做成，与现代的龙井茶、毛尖一样。

菊花酒的制作与饮用最早见于汉代，关于菊花酒的酿制方法，《西京杂记》所载方法是用菊花及其茎叶和黍米一起发酵酿制而成。到了宋代，仍然采用这种工艺方法。宋代还有将包括菊花在内的原料透过蒸馏，以加速其发酵的酿造工艺。传说宋代的陆游病中饮用菊花酒，病居然好了，于是写诗歌咏菊花说："菊得霜乃荣，性与凡草殊。我病得霜健，每却稚子扶。岂与菊同性，故能老不枯。今朝唤父老，采菊陈酒壶。"

《梦粱录》中记载，宋代每年重阳节都要用饮用菊花、茱萸制作的酒，还给菊花、茱萸起了两个雅致的别号，称菊花为"延寿客"，称茱萸为"辟邪翁"，宋人认为，重阳节饮用茱萸酒和菊花酒，"以消阳九之厄"。

据孙润田编写的《豫菜志》载，开封第一楼研制的大宋菊花宴由凉菜、热菜、面点、汤羹组成，菜品具有造型优美逼真、色味鲜香诱人、营养丰富保健的特点。其中有以食用菊为原料的菊花菜，也有以多种原料（如海鲜、肉类、菌类、蔬菜类）制成的象形菊花菜点。小笼灌汤包子被制作成外形酷似朵朵盛开、五彩缤纷的菊花。国家特二级烹调师、宋都宾馆菊城食府餐厅陈伟于1992年秋研制的宋都秋菊宴上市后，备受食客赞赏，曾被香港电视新闻制作有限公司和开封电视台分别录制播放。宋都菊花宴无论菜肴还是面点，每道或是菊花香味，或是以秋菊美姿呈现在食客面前，形成坐下赏菊、食之品菊、情趣盎然、回味无穷的格局。

  2022年10月8日，央视频《可爱的国 美丽的家》系列直播走进开封，在《开封菊花篇》中，开封市豫菜文化研究会会长王国君受邀直播展示"菊花宴"，含八凉、八热、两汤和两点心。菊香脱骨鸭掌、菊形桶子鸡、菊花耳丝、菊味墨鱼仔、拌菊叶、冰糖白菊、菊味雪梨和黄菊豆腐干丝8个凉菜，碧绿龙虾、菊花鱼、炸菊花签、菊香鲍鱼黄金球、扒菊花广肚、蜜汁黄菊、飘香清汤东坡肉和菊苗珍菌8个热菜。汤分甜咸，甜汤是滋补菊花羹，咸汤是太极菊香羹，两个点心分别为菊花酥和菊花小笼包子。王国君创制的菊花宴以菊花为核心，或直接取材菊花，或仿其色、形，或取其味，展示了开封宋韵深厚的菊花文化。直播的时候他还展示了刀工绝技——"气球上切菊花鱼"！

菊香凝固风韵存

  "开封菊花甲天下"，连续创造多项吉尼斯世界纪录，开封是全国唯一一座被命名为"中国菊花名城"的城市。1983年5月27日开封市七届人大常委会第十七次会议表决通过了菊花为开封市的"市花"，每年10月25日至11月25日举办菊花花会（自2000年改为每年的10月18日至11月18日）。自2000年，河南省委、省政府将中国开封菊花花会确定为省级节会，2012年更改为"开封菊花文化节"。2013年又升级为国家级节会。

  "十月花潮人影乱，香风十里动菊城。"四方游客纷至沓来，车水马龙，花如海，人如潮。不大的山陕甘会馆经常游人如织，那是一座艺术殿堂，精美绝伦的砖雕、石雕和木雕引人瞩目。会馆内的清代建筑群，布局严谨、建造考

每到秋天，开封各个景区都会布展精美的菊花。

究、装饰华丽；院内青石铺路、斗拱飞檐、曲径回廊、金碧交辉。在会馆，我的镜头捕捉到几处有关菊花的雕刻图案，有砖雕也有木雕，这意外发现给我很大的惊喜。那些凝固的菊香，原来几百年来一直都在这里守候着。

原来，会馆一直盛开着菊花，数百年来一直羞答答、静悄悄地开。菊花在传统吉祥图案中的寓意除了"耐寒长寿"之外，还有多种寓意，如与"聚"同音，有聚财之意，也有"聚会"之意。菊与"居"谐音，有安居乐业之意。在会馆临街的照壁上，精美的砖雕琳琅满目。娴熟的刀法、精湛的技艺、美好的寓意无不为会馆增加丰富的文化意境。照壁上部采用最高规格的庑殿顶，檐部以下全部以砖雕装饰。砖雕内容十分丰富，众多图案寄托了漂泊在外商人的良好意愿。有一组砖雕刻画的是"金菊向阳"，花朵盛开，枝叶简单却有动感，花朵层次分明，刻画细致，寓意这些客商旅汴期间会馆就是他们的家，就是他们的"故乡"。

在东厢房雀替上面，梅兰竹菊以及荷花组成了一组组精美图案，大殿大门的裙板上按照春夏秋冬4个季节，雕刻了以"梅兰竹菊"为主要元素构成的

山陕甘会馆木雕中的菊花

图案，花插瓶中，该浮雕寓意四季平安。大殿门梁上的木雕最为精美，从上到下共分为7层，各种图案造型栩栩如生。我在7层木雕之间看到，鹌鹑立于菊花的枝蔓之上，菊花叶茎清晰、工艺复杂、手法高超，连叶片上的纹路都清晰可见。因"鹌"与"安"谐音，鹌鹑与菊花的组合，意味着"安居"。在大殿的东面墙上雕刻的菊花更是逼真。先说垂柱上玲珑剔透的大菊花，花朵分为4层，两层向下，两层向上，中间是花蕊，花瓣排列整齐，次第开放，花朵上面是由菊花的枝叶通过变形、拉伸成两层，围绕着花朵，枝叶扶疏，一律倒立，通透、高贵、大气。还是在大殿的东侧最下层的平板上，雕刻有梅花、兰花、菊花等花卉图案。每一种图案都配有不同的饰物。但是，更吸引我眼球的那组菊花图案，木雕加上丹青，经过岁月的沉淀，望去如砖雕。菊花花开两朵，左右伸开，一朵含苞待放，一朵静静开放。菊花在金色的花瓶内，花瓶两边分别是象牙笏板（一说是曹国舅的云板）和金元宝。古代大臣上朝的时候，将要奏请的事记录在笏板上，多是高官才用。象牙笏板、金元宝和瓶中菊花的组合，寄托了商人在外求财、求平安的同时，也寄托了希望子孙能获得高官厚禄的美好愿望。

会馆这些凝固的菊如一位旷世独立的佳人,她见证了山陕甘三省商人在外经商,为寻找故乡感觉而集资建造了场馆;她见证了会馆的热闹和繁华,见证了人们对关羽的敬仰和尊崇。她听过京剧名家和正宗祥符调的精彩演唱……春天的风曾经轻抚她的枝蔓,夏天的雨曾经冲刷她的灰尘,秋天的月曾经映照她的花容,冬天的雪曾经飘过她的身影。仿佛穿越时光而来,留下了永恒的菊香。

丝路黄河汴京城

她，风华绝代，曾是世界上最大的都城；

她，独具风骚，写就了现代城市的开篇；

八朝古都，一城宋韵；

梦华开封，丝路繁荣；

四千年文明，一千年繁盛。

蜿蜒东流的汴河水，流淌着"杨柳岸、晓风残月"的宋词风韵；禹王庙传诵着"大禹治水"的千古传奇；三贤祠绽放着盛唐文明的灿烂芬芳。

静静伫立的繁塔，无语书写着大宋的优雅；

渐露芳容的州桥，尘沙中拂去岁月的风华；

巍峨高大的龙亭，讲述着开封的地标传奇。

一幅《清明上河图》览尽北宋开封的风流雅韵；

一册《东京梦华录》展现富贵东京的市井烟火。

东西文明在这里交汇，丝绸之路从这里出发，近代工业在这里滥觞，河南革命在这里起步，高等教育从这里发展……

开封，人杰地灵，任侠尚义，纸香墨飞，词赋满城。

开封，人文荟萃，名胜众多，文化丰厚，文物遍布。

古碑石刻流芳，满城菊花留香。古老悠久的历史文化，无不在书写开封

龙亭公园九龙壁上的龙图案

厚重的底蕴。

这是一座历史之城，也是一颗黄河明珠。

2005年5月22日，美国《纽约时报》在评论版中罕见地以中文标题发表著名专栏作家克里斯托夫的评论文章：《从开封到纽约——辉煌如过眼烟云》，文章写道："11世纪的开封是宋朝的首都，人口超过100万，而当时伦敦的人口只有15000人左右。""北京的故宫博物院藏有一幅长达17英尺的古画（指张择端版《清明上河图》），展示了古代开封的繁华：街道上行人如织，摩肩接踵，驼队载着商品沿着丝绸之路云集而来，茶楼酒肆熙熙攘攘，生意兴隆。""古代中国繁荣的原因之一，是采取促进经济增长，促进贸易往来的政策，鼓励技术创新，如铁铧犁、印刷术、纸巾等方面的技术革新。"是啊，1000年的北宋东京城是当时世界上的大都市，规模巨大、繁荣豪华、人逾百万、独一无二。北宋以来，中原文明的起起落落，黄河的层层淤泥堆积，潜藏的文明滋养了皇城根儿下开封人的个性。那些曾经被战火抑或黄河水摧毁的街巷和建筑，在废墟之下一次次被刷新重建。寂寞斜阳，寻常巷陌，城池变幻

353

开封经上千次试验培育出的七彩绚菊

的只是大王旗,而永远遗存的是在老地方重新营建的新家园。

这是一座记忆之城,也是一座文物宝库。

开封是一座历史名城、文化名城、民俗之城、园林之城、北方水城……诸多标签无法完全定位开封的精气神,唯有"记忆"一词似乎可以涵盖这座城的厚重。在英国历史学家迈克尔·伍德看来,开封与雅典、巴格达相比毫不逊色。迈克尔·伍德盛赞开封是一座"记忆之城",因为黄河水患,开封的地下掩埋着几个朝代的都城遗址,可以说是东方的庞贝古城。他认为中国城市的记忆只能在开封找到,开封通过书画、语言等展示北宋厚重的历史。记忆中的开封城,千百年来一直隐藏在文人墨客的词句中。"琪树明霞五凤楼,夷门自古帝王州。"开封城虽屡毁屡建,但城址和中轴线始终不变。那些千年以来街巷的名字穿越千年,行不改名、坐不改姓。一条街道,贯穿帝都南北;一个胡同,经历风雨和岁月嬗变后,依然逶迤于老城。一个名字矛盾的城市,却在史书上书写了最潇洒的瘦金体和最经典的长短句。四合院摇曳的竹影、小胡同幽暗的路、相国寺的霜钟、铁塔的风铃……无不如梦如幻，令人神往。

这是一座文化名城，也是一座梦幻古城。

从夏都老丘到启封故城，从五代十国到繁华北宋，开封，在历史的颠簸中走上历史的顶峰。在中国历史的长河中，北宋具有划时代的意义，它终止了五代十国以来的政治不安定，政治上不再崇尚武力，而是靠文治造就了一大批杰出的诗人、词人、书画家、思想家。那是一个人才辈出的时代，造就了文化大繁荣，政治清明、国富民丰。古代中国"四大发明"中活字印刷术和指南针均出自北宋时期，火药从宋朝开始用于军事；"唐宋八大家"韩愈、柳宗元、欧阳修、苏洵、苏轼、苏辙、王安石、曾巩，8人中北宋占6人。至今我们可以从张择端的《清明上河图》中窥视宋人生活的滋润和从容。从来没有一幅画和一座城市如此水乳交融。多少次梦里走进画卷，置身于千年的时空。梦回大宋，看汴河两岸繁花似锦，观街肆巷陌百业兴隆。一个叫孟元老的宋人，在"靖康之乱"后南渡，晚年回忆北宋开封繁盛的情景，生动记述了北宋汴封的都市生活、风土人情、城市建筑、商业服务、勾栏瓦肆等情景。他在自序中提到，此书以"梦游华胥之国"的典故命名为"梦华录"。孟元老认为开封是世上最好的地方，就将怀古之情寓于书名中。之后的《梦粱录》《如梦录》等关于开封的书籍都沿袭"梦"之主线，重现开封之城。

大宋上元灯会中的花灯

延庆观，始建于元朝，为纪念道教中全真教创始人王喆在此传教并逝世于此而修建的道观。现为全国重点文物保护单位。

"它背靠一条黄河，脚踏一个宋代，像一位已不显赫的贵族，眉眼间仍然气宇非凡。省会在郑州，它不是。这是它的幸运。曾经沧海难为水，老态龙钟的旧国都，把忙忙颠颠的现代差事，洒脱地交付给邻居。"余秋雨说。

"开封这座城市有大喜大悲的过往，用开封话来说，那就是'吃过大盘荆芥'。城市和人一样，悲喜之后历练出的是一种波澜不惊的淡定。这样的城市经得起繁华，也承受得了冷清；担得起盛誉，也扛得起不屑。"郭灿金说。

这是一座北方水城，也是一座宜居之城。

开封，这座历史上著名的"北方水城"，在新时代立足悠久的历史文化资源和自然资源，以护城河水系为载体，改善城市生态环境，构建清水型水生态系统，提升城市品位，打造生态宜居之城，满足群众对美好生活的向往。2013年，开封市委市政府组织编制并批复了《开封市水系总体规划》。按照《水系总体规划》，开封市致力于打造"十河十湖十湿地"，在新区构建"一湖两区三

"一渠六河"与开封沿黄生态廊道贯通，开封西湖彩虹桥成网红打卡地。

横四纵"的水系网络格局，在老城区构建"六河连五湖"的宋都水系网络布局，做好"以水润城"这篇大文章。

"一渠六河"包括西干渠和东护城河、西护城河、南护城河、利汴河、惠济河、涧水河，建成后形成1条环城滨水风景绿道、5个城门节点、5个滨河公园、8段绿色滨水岸线。工程通过截污控污、河道清淤、桥梁建设、水生态修复和景观提升，构建起连接新老城区的水系，维持生态平衡、服务周边百姓。黄河水经过西干渠被引入开封黑岗口蓄水水库，随后经涧水河被引入东西南护城河，之后再被引入老城区湖泊，最后注入惠济河，清澈的河水一路向东汇入淮河，不仅把护城河死水变活、污水变清，实现了开封城墙内外河、湖贯通，而且连通了黄河、淮河两大流域。

2016年9月，开封市启动"一渠六河"项目前期工作。2017年8月，"一渠六河"正式开工建设。2020年5月1日该工程全线通清水，6月1日全区域对市民开放。"一渠六河"已与开封沿黄生态廊道贯通，把深邃的八朝文化与厚重的黄河文化紧紧融合在一起。如今，"一渠六河"已是"黄河明珠、八朝

开封这座历史上著名的"北方水城"如今再次呈现。

古都"的生态名片,以文为魂、以水为脉,进一步彰显"黄河明珠、八朝古都"的独特魅力。

这是一座开放之城,也是一座丝路名城。

开封,这座曾经辉煌的城市,正在全力打造新时代的丝路名城。

"一带一路"建设为经济发展新常态下的开封带来了一个发展外向型经济的新契机,这也为开封调整产业结构、实现产业升级提供了新机遇和新挑战。同时,开封加大生态环境投入力度,着力打造独具特色的古城文化品牌,把开封建设成为"一带一路"上一个宜业、宜居之城。开封不仅是河南乃至全国重要的交通枢纽城市,而且已与多个"一带一路"沿线国家城市建立了友好关系,并在很多领域开展了交流合作。

2015年10月,开封以"新丝路、新旅游、新合作"为主题,成功举办了"一带一路"城市旅游联盟成立大会,来自"一带一路"沿线33个城市的代表共同发布了《"一带一路"城市旅游联盟开封宣言》:"一带一路"沿线城市旅游资源互补性强,彼此合作潜力和空间很大。"一带一路"城市旅游联盟各成员，弘扬"和平合作、开放包容、互学互鉴、互利共赢"的丝绸之路精神，积极构建"一带一路"城市旅游交流的平台。

开封成为联盟永久秘书处，掀开"一带一路"沿线城市间文化旅游协作的新篇章。开封成为丝绸之路经济带上的一个友好合作的支撑点、一个重要发展的增长极。

2020年12月，中国（河南）自由贸易试验区开封片区成功申建综合保税区。2021年8月26日，商务部、中共中央宣传部、文化和旅游部、国家广播电视总局联合发布第二批国家文化出口基地名单，认定16个行政区（功能区）为第二批国家文化出口基地，中国（河南）自由贸易试验区开封片区成功入选。开封片区紧紧围绕"要推动文化繁荣兴盛，传承、创新、发展优秀传统文化"和"大胆试、大胆闯、自主改"的重要指示精神，统筹整合"宋文化""黄河文化"，探索了一条以特色文化推动内陆型自贸试验区创新发展之路。2022年11月16日，"中国（河南）自贸试验区开封片区推动共建'一带一路'高质量发展，文化贸易之吉尔吉斯斯坦站发车仪式"在开封自贸区国家文化出口基地顺利举行。装载瓷器、团扇、刺绣、丝绸等几十种品类千余件的车辆从开封启程向吉尔吉斯斯坦进发。

开封抢抓"一带一路"倡议、中原经济区建设及郑汴一体化发展、郑州航空港经济综合实验区建设"三大机遇"，建设实力开封、文化开封、美丽开封、幸福开封。

开封对接4条丝路：空中丝路，共享新郑国际机场，依托"郑州—卢森堡"国际货运航线，帮助开封产品走进欧洲、走向世界；陆上丝路，通过开封国家陆港铁路专用线的建设，向东可以推动陆海相通，向西可以加入郑欧班列；网上丝绸之路，依托海关特殊监管区域、电子商务产业园，集跨境电商运营，实现"买全球、卖全球"，让百姓在家门口买到全球的好商品。海上丝路，加强与东部沿海地区港口战略合作，构建以"直通"为主的大通关机制，把"出海口"搬到了"家门口"。

开封，以"封"扬韵，以"开"出新，成为"一带一路"交汇处的重要节点城市。

开封，曾以"古"闻名，正以"新"出彩，开封实施"一都一城"战略目标，即高水平建设世界历史文化名都，高标准打造国际文化旅游名城。开封把握未来，勇做新时代高质量发展开路先锋。

开封，未来已来。

后　记

这是一本对开封城的致敬之作,也是我研究开封历史文化具有里程碑意义的一部著作。

必须要感谢我的家人对我的全力支持,如果没有贤惠的妻子默默支持我20多年来收集研究地方文献,就不会有今天的系列著作成果。开封是一座文化富矿,需要我们深挖开采,黄河淤积在地下埋藏着无尽宝藏,古籍文献也把开封藏在线状的册页中。几千年来,开封一直在这里,静待有缘人走来。与一座城相比,我们是何其渺小与不堪;和一个人相比,开封是多么的无私与豁达。城从不负我们,她给予我们生路和活路,她馈赠我们坚持和隐忍,她指引我们展翅和飞翔。

这是开封历史上第一本城市传记。

这是我20余年深耕开封历史文化、私藏万卷地方文献,注定要打造出的一把剑。

这把剑,霜刃未曾试。

这把剑,今日把示君。

这把剑无刃、无柄、无形、无影。

这把剑有诗、有歌、有哭、有爱。

她是仓颉造的字、嫘祖纺的丝、李煜填的词、赵佶点的茶;她是汴河的水、黄河的船、梁园的雪、艮岳的石；她是赵匡胤的酒、孟元老的书、张择端的画、刘子翚的诗；她是信陵君的夷门、范成大的州桥、于少保的铁犀、林则徐的大堤；她是向风刎颈的侯嬴、士为知己的朱亥、壮志未酬的柴荣、指痕深处的包拯；她是千年繁塔的丝路传奇、是大宋御街的宝马香车、是黄河归故的艰辛谈判、是家国情怀的汴京记忆；她是千年不变的中轴线、是三城环套的东京城、是四水贯都的水运网、是科举制度的终结地；她是美轮美奂的隋堤烟柳、是悠扬深远的相国霜钟、是和风扑面的铁塔行云、是雨打荷叶的金池夜月……

倚天万里须长剑，故都宫阙尚巍然。

感谢外文出版社把《开封传》纳入"丝路百城传"系列，这是开封之幸，也是开封之荣。

2021年3月14日我在新书《宋：吃货的黄金时代》发布会上，出版社编辑说当下叶兆言的《南京传》、邱华栋的《北京传》等城市传记已经上市，开封历史上是东京，问我会不会写一本《开封传》，现场我就夸下海口说一定要为这座城市写一本传记。写开封有一万个切入点和一千万个话题，没想到这次签约是从丝绸之路写起，对我而言，这是一次全新的挑战，也是一次正式的检阅，更是一次体力的考验（写作早就不是智力问题而是一个体力问题），从去年秋天谋划，经历冬天和春天，到今年盛夏，打乱架构3次、增删5次，2022年6月底书稿全部完工，提交出版社编辑审阅。2022年12月按照本书编辑的意见再次进行了调整。

为一座城市立传，不是写城市史，所以难免挂一漏万。只能选取重要的节点来展示这座城市几千年的文化和历史。

关于人物的遴选，初稿我写有颛顼、祖逖、董宣、阮籍、蔡邕、蔡文姬等人物，大约五六万字，后来痛下决心，果断删掉，围绕主题，大胆取舍。郭灿金先生建议围绕"开封对所选人物的影响，所选人物对开封的影响"设定人物。于是苏轼、李清照等名人也就没有收入本书。而信陵君、孟元老、张择端、林则徐等人对开封的发展和贡献意义深远，相继单独成篇写进此书。

因是"丝路百城传"大型丛书中的一册，本书专门列了开封与丝绸之路的章节，其实不仅仅是这一章，其他章节里面也多次出现开封与丝绸之路的内容。

开封是一座濒临黄河的古城，黄河对开封的影响很大，党和政府高度重视黄河的防洪安全。1952年10月，毛泽东主席视察河南，站在开封柳园口险工段望着黄河，接连感叹："这就是悬河啊！"他在开封发出"要把黄河的事情办好"的号召。习近平总书记在黄河流域生态保护和高质量发展座谈会上要求"沿黄河省区要落实好黄河流域生态保护和高质量发展战略部署，坚定不移走生态优先、绿色发展的现代化道路"，开封再次迎来重大发展机遇。随着大运河文化保护传承利用、宋都古城保护与修缮等国家、省重大战略的深入推进，开封将驶入高质量发展的快车道。开封这几年的发展有目共睹，城市变美了，空气质量更加优质，更加宜居了。

最后，感谢开封市各级领导和诸位文友师友的帮助，知名历史作家、河南大学郭灿金博士为本书写作提出了建议；感谢恩师郭灿金和好兄弟著名畅销书作家李开周倾情为封底撰写了推荐语；感谢外文出版社的王际洲编辑的前期对接和建议，感谢本书责任编辑李黎的精彩创意和付出；感谢刘一玮同学在学习之余为本书全程摄影配图。同时感谢我身边的所有朋友和恩人，不再一一提名。

唯有拿出好作品才不负期待，不负开封。

由于本人水平有限，书中错误之处在所难免，敬请读者批评指正！

刘海永

2022年12月22日于河南开封

图书在版编目（CIP）数据

开封传：夷门自古帝王州 / 刘海永著. -- 北京：外文出版社，2023.8
（丝路百城传）
ISBN 978-7-119-13570-0

Ⅰ. ①开… Ⅱ. ①刘… Ⅲ. ①文化史－研究－开封 Ⅳ. ①K296.13

中国国家版本馆CIP数据核字（2023）第070774号

出版指导：陆彩荣
出版统筹：胡开敏　文　芳
责任编辑：李　黎　王际洲
特约编辑：杨　耘　孙乙鑫
封面供图：开封清明上河园
装帧设计：冷暖儿　魏　丹　邱　彬
印刷监制：章云天

开封传
夷门自古帝王州

刘海永　著

©2023 外文出版社有限责任公司
出 版 人：胡开敏
出版发行：外文出版社有限责任公司
地　　址：北京市西城区百万庄大街24号　　邮政编码：100037
网　　址：http://www.flp.com.cn　　电子邮箱：flp@cipg.org.cn
电　　话：008610-68320579（总编室）　　008610-68996182（编辑部）
　　　　　008610-68995852（发行部）　　008610-68996183（投稿电话）
印　　刷：北京盛通印刷股份有限公司
经　　销：新华书店 / 外文书店
开　　本：710mm×1000mm　1/16
装　　别：精装
字　　数：300千
印　　张：23.5
版　　次：2023年8月第1版第1次印刷
书　　号：ISBN 978-7-119-13570-0
定　　价：99.00元

版权所有 侵权必究　如有印装问题本社负责调换（电话：68995960）